跨國移動的困境

美國華日兩族的族群關係，1885-1937

王秀惠 著

臺灣 學生書局 印行

推薦序

　　移民美國的亞裔人口中，華人與日本人是最重要的兩個族群。從 19 世紀晚期，至 20 世紀中期，在美國之華人、日本人兩族群的關係，有合作，也有競爭。分析影響華人、日本人兩族群關係的原因，包括外在與內在因素，前者為中、日兩國外交關係之演變及軍事衝突、美國對中、日兩國之態度與政策等；後者則為移民者本身對移居地與移出地的主觀認同與調適力。過去的研究中，往往偏向於前者的部份，即從移出地之角度，將民族主義置放在美國之華人與日本人，間接地忽略了移至美國之華人、日本人的處境及其所面臨之問題，也就是說，移民者本身為獨立的個體，事實上，這一方面才是不可忽視的關鍵因素。

　　王秀惠教授任職於國立臺灣師範大學歷史系、所及華語文教學研究所。她長期的投入美國華人的研究，針對華人的生活及職業等議題，陸續發表專題論文及專書，剖析深入，所提出的論述及看法，具有其新義，參考之價值甚高，獲得學術界的佳評。在這樣一個堅實的基礎之上，王教授又以跨國移動為主旨，針對 1937 年 7月，即中日戰爭爆發之前，在美國之華人、日本人之關係進行探討，關照美國華人與日本人的困境與發展，提出有系統及細緻地分析，並且提出個人的見解與觀點。

　　本書共分為七章，除了導言及結語外，分別為美國移民法規變革與排日運動、華日兩族的經濟互動及社交來往、美國白人排日風潮與華人之回應、1915 年華人「抵制日貨」運動與民族主義新意，及國際局勢與華日兩族關係等。誠如王教授所言，華人、日本人的關係，受制於美國社會的種族觀念、經濟開發、法條規定及族群生態變化等。基本上，以白人為主流的美國社會，華人、日本人及其他亞洲來的，都是外來移民族群。過去，我們對在東南亞之華僑的民族主義瞭解較多，例如日本出兵東南亞時，對新加坡等地華僑的欺壓，及華僑義不容辭的捐錢出力的支持中國抗日的行動等，至於其他地區，如美國，相對而言，知道較少，王教授的專書正可以補充其不足，協助讀者瞭解華人與日本人之關係的演變。

　　王教授風塵僕僕地前往四個美國西岸地區最重要之圖書機構與中心，目的就是要閱讀及影印有關華人及日本人的第一手資料，如在美國發行之華文及日文報紙，包括：最重要的《中西日報》、《世界日報》及日文版的《日米新聞》、《羅府新聞》等，並參考在美國加州大學柏克萊分校族裔圖書館所收藏之亞裔研究的相關資料、加州大學洛杉磯分校亞裔圖書館之華人、日本人的資料，她也專程前往在西雅圖市政府圖書館特藏室、史丹佛大學胡佛研究中心閱讀資料。王教授熟稔地運用上述重要的史料，藉以重建 19 世紀晚期至 20 世紀前期，華人與日本人、白人之複雜關係網絡，具有高度的說服力，是值得讀者留意的。

　　本書透過比較研究方法的途徑，以在美國的日本人與華人的進行比較性的探討，在美國所面臨問題之具體的狀況，因而能夠得到全面性地解釋。因此，本書的出版，可以協助讀者深入瞭解中日戰

爭發生之前，在美國之華人及日本人之處境及兩族群之競合關係，個人對美國夏威夷之華人與日本人關係之議題亦深感興趣，有機會先閱讀王教授的作品，獲得的啟發良多，爰為介紹以對華人研究有興趣者之參考。

湯熙勇　識於臺北南港
中央研究院人文社會科學研究中心
2008 年 8 月

自　序

　　女兒口中的「萬言書」終於要付梓了，而這也代表我持續關注美國華人的議題之一將要告個段落。

　　我會注意到華人與他族的來往關係是在研究華人洗衣館時，發現美國西部白人洗衣廠仇視日人洗濯所的程度，相較於其對華人洗衣館，絕對是有過之而無不及。從此引發我探究日本移民的興趣，且注意到日本移民並無「寡佬」單身漢社群的特性，促使我更加注意比較兩個少數族群的發展歷程，思索跨國移動所涉及的外交、政治、經社、文化層面。

　　本書以觀察美國當地華人、日本人、和白人社會三者間的互動為宗旨。因為美國政治、經濟、法規的壓制，少數族群被置於社會底層，他們不得不採取各種謀略，自我保護並對外擴展，確立自己族群的最大利益。這項研究由美國社會特有的族群關係出發，探究華人與日本人的經社關係，並分析華人面對主流社會的排日氛圍，如何藉著母國抵日、拒日，配合當地的排日風潮，展現其族裔自信的作法。顯然華人將中國之受制於日本，等同自身之受歧於白人與在美日本人，在美國社會鄙視華人的過往歷史中，藉著排日運動爭取應有的尊嚴。本書又探究國際關係變化對跨國移動者之命運所扮演的角色。全書並非只侷限於單一國家之內，而是將美國華日兩族

的族群關係，置於中、美、日三方的脈絡裡，藉由跨國視角來檢證其發展經過與特質，希望對現今跨國移動之研究提供歷史經驗。

美國華人的跨國移動經驗顯示，華人掙扎在居留國和母國之族國建制過程的夾縫中。在兩方族國建制的壓力下，華人必須調和舊有的隸屬身份和新的居留身份，找出折衷方案，抒解兩種身份的矛盾處。當我們析論美國華人的艱辛命運，探索他們受母國和居留地兩方的經濟開發、國際外交、種族觀念等族國建制力量所牽絆拉扯之際，只有全面性地感同身受他們的掙扎歷程，才能解釋他們的抉擇和作為。

本書的研究過程，特別感謝中研院人文社會科學研究中心暨中國民國海外華人學會理事長湯熙勇教授的幫忙與購置，讓我可以利用該中心的中日文報紙微捲，如中文的《中西日報》、《世界日報》以及日文的《新世界》。國科會的專題計畫補助與出國會議補助，則大力挹注筆者研究經費及資料收集、討論修正等的便利。在美國的資料搜尋過程中，不少圖書館的特藏室提供筆者閱讀許多重要史料，如加州大學柏克萊分校族裔圖書館余慧子小姐所介紹的區籠玉收藏（Yuk Ow research files），加大洛杉磯分校（UCLA）Charles Young Research Library 特藏室 Jeffrey Rankin 及其他館員推薦的 Japanese American Research Project（JARP），以及西雅圖市政府圖書館特藏室的報紙收藏和史丹福大學胡佛研究中心收藏的族群關係調查等。經由這些館員無私的推介、建議與分享，讓我的研究工作得以進展順利。

師大歷史系的師長、同仁、同學對我的研究與教學，助益甚多，尤其是王啟宗老師常指導並幫助我掌握日文史料的解讀。此

外,中華民國海外華人研究學會、中研院海華研究群、玄奘大學海外華人研究中心等單位,以及東海通識中心的古鴻廷教授、曹淑瑤教授,暨南大學歷史系李盈慧教授,中興大學歷史系陳靜瑜教授,成功大學歷史系張四德教授等,他們對我的建議與心得分享,都使研究路途上,不致孤寂無聊。書中漫畫授權自美國 Stone Bridge Press 所出版山木義喬先生(Henry Yoshitaka Kiyama)生前在美留學期間所繪之漫畫,謹此誌謝。學生書局的陳蕙文、吳若蘭小姐提供編輯的具體建議,書中若有任何疏漏,皆由作者自負。

　　最後,研究與教學之進行,有賴家人的全力奧援。家母於去年因病過世而家父發現罹患肺腺癌,兄長與我往返醫院,相互支援、幫忙照顧,讓我感受到全家人的向心力。此外,我的公公、外子紀聖和兩個女兒對日常家務的投入,不在話下,才能讓我可以專心完成這項研究。不論研究與教學的成果如何,家人的支持是生活中不可或缺的最要項。

跨國移動的困境：

美國華日兩族的族群關係，1885-1937

目　次

導言：
移民、跨國主義、族國建制

　　1937 年「七七蘆溝橋事變」之後，中日戰爭全面爆發。隨後在 1941 年十二月，日本偷襲夏威夷珍珠港，美國正式對日宣戰。這些發展都對身在美國的中、日移民具有重大意義。但是早在七七事變與珍珠港事件之前，中國與日本早已各自有其長久的移外歷史，兩國之間亦敵亦友的複雜關係也波及他們在美國的子民。

　　跨海移動對華人而言，並非近代而有的特殊現象。從第七世紀起，福建地區的居民已經跨過臺灣海峽，到達臺灣及其鄰近島嶼。隨後的幾個世紀，廣東地區的人民也出洋而去。這兩個地區的居民逐漸以固定週期的模式，或工或商地到東南亞去營生。華人的海洋活動於十五世紀的明朝初期，即鄭和下西洋時，達到高峰，最遠曾到達非洲東岸。不幸的是，明代以來的海禁與貢舶政策，使中外交通和貿易大受影響。清初又以國家安全為理由，欲圖打擊反清復明的勢力在海外坐大，而再施行海禁政策，連帶地波及原先例常的跨洋活動。然而，這些禁令的執行過程，嚴弛不一，成效不彰，因而仍見閩粵人士陸續出洋。到了十九世紀中葉，西方帝國主義挾其軍事優勢，強迫中國開港通商，此後西潮勢力步步進逼，中國的政

經、社會受到強大衝擊，促使閩粵地區人民加速移外，尋求生機。

日本也有悠久的海洋活動。歷史上，日本與鄰近的中國、臺灣、菲律賓持續保持來往。到了德川幕府時期，國內人民因經濟壓力，藉著天主教徒的群眾力量引發「島原之亂」，使日本疑懼外國勢力而走向鎖國。鎖國期間，德川幕府禁止人民出洋或移居國外，並嚴禁外來宗教、文化、書籍資料等傳入日本，只留荷蘭，而成特有的「蘭學」。這段鎖國時期延續到 1853 年才結束。該年，美國東印度艦隊司令官培理（Mathew C. Perry）率領四艘「黑船」抵達浦賀，要求遞交國書給天皇，以武力威脅日本開港通商，最終簽下「美日親善條約」。此後俄、法、英、荷陸續與日本締結條約，鎖國政策就此瓦解。這些外來刺激雖然引發國內高漲的排外主義，但嚴峻的局勢迫使日本加速改革，於 1868 年結束幕府統治，大政奉還，年號改為明治，並展開一連串令日本脫胎換骨的富國強兵政策，即「明治維新」。其中，日本政府修訂國內法規，鼓勵學生出洋學習西方先進技術與知識，也不再嚴禁人民移外，使日本人民越洋出國的機會增加。

移居到美國的華人與日本人，彼此之間的互動可以溯源到十九世紀末葉。1882 年美國國會通過排華法案，禁止華工進入美國境內。由於西部地區仍處在開發階段，人力需求孔亟。自 1880 年代中期開始，日本工讀學生到美國西部地區或日本勞工到夏威夷尋求工作機會，為當地華人和日本人的來往歷程，掀開了新的一頁。日本在十九世紀明治維新之後，希望受到歐美國家重視、躋身大國之列，因此積極參與國際事務，和歐洲國家結盟。但是國內人口增加與隨之而來的經濟壓力，迫使日本鼓勵人民移居海外。除了移往朝

鮮和中國的東三省之外，另一個重要選擇就是前往新大陸的美洲國家，如北美地區的美國、加拿大，或是拉美地區的墨西哥、祕魯等。他們移居新大陸的時間大抵都是步華人後塵，華人與當地社會的互動模式因而大大影響隨後而至的日本人。以美國而言，隨著經濟開發和國體建制，以及中日外交局勢的發展，在美華、日兩族的族群關係益趨複雜。

可惜的是，有關華日兩族關係的研究，不論是美國華人抗日愛國運動或是美國亞裔移民的研究，通常都只重 1937 年之後的華、日兩族對峙，而忽略七七事變之前彼此互動的歷史變革。❶尤其當我們深入探究美國的華人與日本人在經濟、社會等層面的交流，發現兩個群體之來往糾葛，遠超過單純回應其母國之間的外交過節，其中還反映華人對美國社會的觀察與省思，特別是有關種族歧視和移民問題。這段歷史變革，對之後美國華人抗日救國熱潮的發展，以及他們對居留地的認同轉化，都具有重大意義。

近來學界常用的跨國主義（Transnationalism），宣稱可以更加全面的觀察移民活動，連結種族、階級、族裔、民族主義等面相，重視移民自我調適與認同變化，以及他們超越國界、種界限制的努力

---

❶ 有關一九三〇年代至二次大戰的中日兩國衝突而延燒到海外移民團體的研究，日裔和華裔學者都各有成果，例如 Yuji Ichioka, "Japanese Immigrant Nationalism: The Issei and the Sino-Japanese War, 1937-1941," *California History* 69:3 (Fall 1990): 260-311. 華裔學者則有于仁秋 Renqui Yu, *To Save China, To Save Ourselves* (Philadelphia: Temple University Press, 1992). 至於專研二次大戰之前的時期，則參見 Gay Michiko Satsuma, "Japanese Immigrant Patriotism during the Sino-Japanese and Russo-Japanese Wars, 1894-1905" (M.A. Thesis, University of Hawaii, 1990).

成果。❷跨國主義理論其實並非單一體系，各有重心和宗旨。結構導向的跨國主義承續華勒斯坦（Immanuel Wallerstein）的世界體系觀點，聚焦於全球資本主義的發展裡，跨移者如何流動、尋得經濟契機，以及他們如何在此過程中建構新型式的社會連結。❸亞洲人的跨國移動只是全球性發展中的一環，亦即資本家啟動跨國的資本、勞力、技術交流，使之可以在世界各地取得原料、開拓市場。尤其在當地勞力不足之際，歐美資本家或殖民者不計困難，跨洋尋求廉價勞力。運送黑奴是最初的作法，由非洲運出千萬以上的人力，役使他們在巴西、中美洲、美國南方種植經濟作物和開採貴重礦產。1833 年，英國廢除奴隸制度並禁運奴隸後，印度人和華人成為跨國移動的重要勞力來源。印度人多往英國的其他殖民地，如南非、馬來亞、中美洲；華人則前往東南亞、南北美洲、夏威夷。由於資本主義所追求的是最低成本和最大效益，因此外移者主要是年輕力壯、無特殊技能的男子，不會攜家帶眷，有更多時間投入工作，也更容易受資本家管控和剝削，成為開拓邊地不可或缺的重要廉價勞

❷ Nina G. Schiller, Linda Basch, and Cristina Blanc-Szanton, "Transnationalism: A New Analytic Framework for Understanding Migration," in *Toward a Transnational Perspective on Migration: Race, Class, Ethnicity, and Nationalism Reconsidered*, ed. by Nina G. Schiller, Linda Basch, and Cristina Blanc-Szanton (New York: The New York Academy of Sciences, 1992), 1-20.

❸ 參見 Edna Bonacich and Lucie Chang, eds., *Labor Immigration under Capitalism: Asian Workers in the United Sates before World War II* (Berkeley: University of California Press, 1984).

力。❹

　　文化導向的跨國主義重視文化體在離散情境的混雜性、異質性、或土生性，強調跨移者的頻繁來去，以及因為他們在多國政經、文化環境同時佔據某種位置，而衍生多種認同意識又彼此流通。❺這種跨國主義有時與「離散」（Diaspora）一詞相互通用。對於「離散」的定義與解釋，有些學者堅持要以猶太人的模式為範本，再加以類推；有些人則將之定位為一種認同的概念。針對遠離母國（或原居地）而四散的族群，近來有些學者著重這類族群之彼此維繫和相連網絡。大體而言，「離散」一詞大約包含三個層面：一是社會關係和型式；二是意識的形塑；三是文化異地再現。❻但本書不採「離散」的原因在於，該詞將原居地視為一種共同記憶或想像情懷，比較適用於第三、四代以後、落地生根日久的族裔；但對於第一、第二代移民而言，原居地母國仍然保有支配或掌控力量。以本書而言，中國、日本對其移到美國的海外子民仍具有重要的支配作用。

　　以上這些跨國主義的意涵雖然有其共同基礎─即跨國跨界的移

---

❹　Aristide R. Zolberg, "Global Walls: Responses to Migration, 1885-1925," in Wang Gungwu ed., *Global History and Migrations* (Boulder, Colorado: Westview Press, 1997), 287-91.

❺　參見 Arjun Appadurai, *Modernity at Large: Cultural Dimensions of Globalization* (Minneapolis: University of Minnesota Press, 1996); Ulf Hannerz, *Transnational Connections* (New York: Routledge, 1996).

❻　James Clifford, "Diaspora," *Cultural Anthropology* 9 (1994): 302-38; Steven Vertovec, "Three Meanings of 'Diaspora,' Exemplified among South Asian Religions," *Diaspora* 6 (1997): 277-99.

動，但鑑於移民所面對的抉擇與難處，跨國主義的字意絕非等同於今日所謂「地球村」之無國界，也不意味去除國族意識、達到「四海一家」境地。回顧歷史，許多跨國移動的社群仍受到傳統勢力的影響，如國家建制和族群政治角力等。移民不得不游離在母國和居留地之情感歸屬和各種勢力牽絆之間，因而使得跨國移動所牽連的層面其實非常複雜，而需要思索一個可以更深入分析移民掙扎過程的研究典範。

族國建制（State-building）對立於跨國主義的穿流性，強調國體建構的威權面向。以美國華人而言，居留地社會發展中，重大特質之一就是種族或族裔混雜現象。早在白種人到達北美之前，印第安人已經在那裡生活上萬年。近現代以來，頻繁的人口流動造成移居、遷徙的現象，並由此衍生不同文化間的接觸、衝擊、調適和交流。最先移民到美國的英國人憑藉自己人數眾多和獨得先機的優勢，為美國的制度、宗教、文化和種族關係定下基調。

十九世紀中葉以降的美國社會，因黑奴解放、外來移民湧入，呈現多樣文化之特質。尤其自南北戰後，美國走向工業化建設，需要大量勞力，吸引外來人民移入；國家版圖往西擴展的歷程，更使其種族問題益加複雜。這些不同膚色、宗教信仰、文化習俗的族群要如何吸納進入其社會，遂成為其族國建制過程的難題。

美國境內的華人、日本人，在初期短暫地受到歡迎後，即開始遭受排擠、迫害、攻擊。不論世代多久，他們仍然是不屬社會一員的「外人」（foreigners）。從早期的排華和排日運動，到制訂排華法案和各種移民法，以國家力量立法限制而使華人、日本人無法歸化入籍，以致於將其與母國的聯繫視為通敵助敵，如珍珠港事件後將

日人關入拘留營、韓戰後指責華人匯款回鄉，質疑其忠誠，都是如此的思維。

再就母國來看，中、日兩國則是將海外子民視為其勢力的延伸，欲圖拉入其族國建制過程內。❼十九世紀起，大量華人陸續出洋，尋求工作機會。到了二十世紀初，許多旅居異地的華人，面對國界和國家所連帶而有的領土主權意識，開始思考家鄉、文化、忠誠等議題，以及這些議題與個人自我的關聯。他們感受到強國、弱國的差距使其在居留地的待遇有別，一股恨鐵不成鋼的民族主義油然而生，企盼中國的政治、經濟、社會能走向現代化，以富強之姿站上國際舞臺。

這種因國際意識而有個人、社群、家國的覺悟，固然是海外華人與其周圍環境互動而生的結果，但有時也是來自中國的知識份子或官員所激發出的產物。自 1868 年中美「蒲安臣」條約之後，海禁名存實亡，清廷官員逐漸改變觀念，不再將外移華人斥為「天朝棄民」。❽反之，清廷借用海外華人的移動網絡，四處宣導效忠意識，企圖建立海外華人與清政府之間的聯繫。初期動機是設立外交代表和護僑，藉以提升中國國際地位，日後則逐漸發現僑匯對當時財政窘迫的清廷是重要的挹注，於是鼓勵海外華人捐官納貢，此舉對清朝既有經濟實效，也有爭取海外華人效忠的象徵意義。二十世

---

❼ 有關日本移民與其母國關連，參見 Eiichiro Azuma, *Between Two Empires: Race, History, and Transnationalism in Japanese America* (New York: University Of Oxford, 2005).

❽ 吳劍雄，《華人與海外社會》（臺北：允晨文化事業公司，1992），頁 10-11，20-24。

紀初葉，從中國流亡出來的康、梁保皇會人士和孫中山的革命黨更是大力尋求海外華人的捐助與支持，許諾日後改革或建國的願景。進入民國之後，這股爭取及攏絡海外華人的作用力持續發酵，於抗日時期達到高峰。❾

經由這些清廷或民國時期官員，以及改革或革命人士的穿梭努力，華人對自身移居海外的命運、對家鄉的理解和認識，開始有所改觀。家鄉不再僅是家族祠堂所在之處而已，它還是一個更大實體的其中部份。各地的人藉由同文同種、相同歷史感情而結合於一個祖國之下，彼此與中國有著不可分割的聯繫，由此建構出所謂的民族主義（nationalism）。由上可見，居留國和母國的建制過程不免影響跨國流動的移民，而形塑他們界定自身與居留國和母國間的互動模式。

有關美國華人的歷史研究，一直較少涉及華人與其他少數族群之間的互動。本書以美國的華人和日本移民為主體，檢視這兩個少數族群彼此之間在美國的經濟和社會關係，並兼及母國政經、外交之催化作用，由此探究移民的角色地位與認同變化。藉由探討此一議題，本書論及跨國主義的不同面向，及其與族國建構的衝突調適，而耙梳其間的糾葛關係。我們從中也可以重新檢證海外華人民族主義的本質，發掘居留地因素在形塑該民族主義所扮演的角色。

針對海外華人的愛國意識和民族主義之發展，中外學術界已有

---

❾ 上引書，頁 41-2；亦可參考 Prasenjit Duara, "Transnationalism and the Predicament of Sovereignty: China, 1900-1945," *American Historical Review* 102:4 (October 1997): 1029-51, esp. 1043-48.

許多研究討論。但是研究議題多集中在處理華僑與中國之間的關係，例如海外華人對祖國的各種抱注，如匯款僑鄉、助學興業、革命籌餉、籌募抗日經費等，或是僑務政策對海外華人民族意識之影響力。❿麥禮謙教授對於美國華人之民族主義的形成，曾指出其中緣由：

> 海外華人關懷家鄉的發展，是很自然的心理。但華僑及土生華裔在美國遭受排擠與歧視，更進一步促使他們關注中國的政治局勢，甚至直接參加中國的政治活動。中國的國際聲譽提高，也可以幫助改善華人在居留國的待遇與社會地位。⓫

　　海外華人之民族主義，固然可以解釋為華人因其所出身的地區、所慣用的語言、和其他文化象徵而形成一個以母國傳統為情感核心的歷史認同。但是海外華人日日所處的環境，卻是更現實的壓力。以美國為例，當地的經濟、社會發展以及白人的種族觀念促成十九世紀下半葉排斥華人之風潮不斷。直至 1882 年排華法案通過，以及隨後的陸續修法，白人在就業機會和社會地位等層面將華人排擠於主流社會之外；從此，華人面對嚴峻的生活環境，激發他們心向祖國的民族情感，期望中國的國際聲譽提高，也可以幫助改善華人在居留國的待遇與社會地位。

---

❿　如李盈慧，《華僑政策與海外民族主義（一九一二～一九四九）》（臺北：國史館，民 86 年）。

⓫　麥禮謙，《從華僑到華人》，頁 174。

　　本書的中心主旨並非推翻麥禮謙先生的論述，但是就促進海外華人民族主義形成的因素中，除了居留國社會歧視華人之外，是否存有其他原因催化華人的民族意識？除了寄望祖國強大之外，是否有其他更為直接的途徑，可以操控在我、靠著自我力量而改變現狀？王賡武教授在研究二十世紀初期南洋華人民族主義的特質，曾論及海外華人心向中國的民族情懷，固然是與中國政經變革密不可分而同步發展；但我們也需要注意將華人社群變化放入東南亞歷史發展的脈絡，如此才能了解許多沒有明確立場的華人大眾心中的民族意識是如何取捨決定。⑫他在另一著作中又說明，有些南洋華人在當地反殖民抗爭、二次大戰反日本侵略，以及隨後的獨立建國過程中，願意認同居留地的民族運動，主張與被壓迫的殖民地人民合而為一，其實是冀望華人在西方或日本帝國主義被逐出之後，可以保障其身為少數民族的權益。⑬此中顯現南洋華人已經有意識地逐漸變更他們的身分認同，採取行動，爭取操控自我命運。

　　近來有關少數族群的民族主義之研究，也提供一些可茲相互對比的論述。例如在分析歐洲地區各國境內因人口流動、移民而出現少數族群時，有學者以三方勢力、相互較量來剖析少數族群的民族情感歸依和認同困境。第一方為少數族群所進入的居留國，其正在形塑自身成為一個新的民族國家；第二方是少數民族所從出的母

---

⑫　Wang Gungwu, "The Limits of Nanyang Chinese Nationalism, 1912-1937," *Southeast Asian History and Historiography*, eds. by C. D. Cowan and O. W. Wolters, (Ithaca: Cornell University Press, 1976), 420-1.

⑬　王賡武，《中國與海外華人》（臺北：臺灣商務印書館，民 83 年），頁 237-8。

國，也可能正在調整其族國意涵；第三方則是移民團體所發展出來的特有民族主義，強調少數族群已有自我意識地以整體國家而非族群的概念，去尋求居留國對該團體之民族獨特性的承認、接受、或肯定，並要求以族群為基礎的政治、文化等權益。❶④這個論點的要義指出少數族群所具有的角色和作用力；他們在居留國和母國兩者間的民族情感取捨和認同過程中，顯然已經根據自身處境而逐漸建構民族意識的內涵。此外，在美日本移民之民族主義發展也可以和華人相互對比。前此有關的研究顯示，日本移民的民族主義一如海外華人的歷史情懷，牽繫著日本移民和母國的緊密關連。但是日本移民社群有一不同於華人之處，即他們有為數可觀的土生第二代，因此當 1930 年代，這群第二代逐漸進入青年期，其民族意識便雜揉了美國本土因素。❶⑤即便如是，在第一代移民社群裡，由在美的日族和菲律賓族的來往中，卻已見因應當地農產分工之生活型態而生的日本民族主義。❶⑥

　　固然東南亞或歐洲的狀況與美國有所不同，南洋華人的狀況與

---

❶④　Rogers Brubaker, *Nationalism Reframed: Nationhood and the National Question in the New Europe* (Cambridge University, 1996), 5-6.

❶⑤　Brian M. Hayashi, *'For the Sake of Our Japanese Brethren': Assimilation, Nationalism, and Protestantism among the Japanese of Los Angeles, 1895-1942* (Stanford University Press, 1995); Eriko Yamamoto, "Cheers for Japanese Athletes: The 1932 Los Angeles Olympics and the Japanese American Community," *Pacific Historical Review* 69 (2000): 399-431.

❶⑥　Eiichiro Azuma, "Racial Struggle, Immigrant Nationalism, and Ethnic Identity: Japanese and Filipinos in the California Delta," *Pacific Historical Review* 67:2 (1998): 163-200.

美國華人也有其差異性，但是這些觀點確實值得重視，啟發筆者思考美國華人民族主義的新方向：海外華人民族主義之興盛，是否可以視為被歧視之華人顯現自我覺醒的方式，並藉此成為其表達反抗的管道。乍觀華人民族主義之含意，通常是指海外華人和母國之間的聯繫，但它也可以是華人在美國白人社會的歧視機制下，一種發聲的方式。美國華人以此途徑，表達其在被壓迫的體制之下，仍有一些可以操控在我的自主空間；因此民族主義是一種傳達意見的新方式，對受壓迫的華人具有移情作用。以本書所關注的議題為例，美國華人對日本移民的仇恨，其實還包含華人欲贏得主流社會尊重的意味。當大量日本移民湧入美國，取代被排華法案阻絕的華人，侵入舊有華人的工商機會，加上日人揭露華人生活之賭博、吸食鴉片、嫖妓等黑暗面而激怒華人，使得華人試圖凝聚民族情感，對抗日本移民。這些發展其實是有華人已經受白人歧視，如今還要再受日本人歧視，憤而以民族主義，經由抵制日貨、聲援母國抗日等行動，作為其表達反抗的方式。因為禁絕購買或交易，甚至焚毀日本製造之貨物等抵制行為，具有濃厚的反抗意味。華人此舉，既是向在美的日本人抗議，也是意圖讓美國白人社會認識華人不是麻木不仁、可以任意壓迫之一群人，以此爭取白人社會的尊重。

　　于仁秋教授在其著作探討 1930 年代紐約地區的衣聯會發展時，剖析身處華人社群下層的洗衣館工人階級意識與民族意識之關連。他的著作指出，洗衣華工在此一組織的發展過程中，形塑出一種新的民族主義，其中的本質包含人們對自我權益的覺悟和努力去爭取的意願。洗衣華工不但運用習自美國社會的觀念來批判華人社群的不合理結構，也延伸到批評國內政局，更融合政治上的自覺意

識逐漸轉換身分認同；換言之，逐漸由客居異鄉的華僑，蛻變成在居留地紮根的華人。洗衣館工人藉由被上層中華會館壓制而新生的階級意識，強化他們對祖國被日本帝國主義壓制的狀況感同身受，這種移情作用激勵出中國民族主義，並且以此訴求，贏得美國白人社會支持中國抗日，華人也獲取白人社會的尊重。**⑰**

上項研究以紐約地區為主，但是東部地區極少日本移民，族群生態迥異於西部地區。至於近年一些研究舊金山地區的華人生活，有的論著仍是側重華人與主流社會的互動；有的雖然論及華人的民族意識，但卻是由性別角度，觀察華裔婦女的中國民族主義如何受白人教會基督教義的啟發，以及如何在二次大戰時期走出家庭，或就業或參與公眾活動。**⑱**

雖然于著的論點值得欽佩，但是筆者認為此一新民族主義，應有其更早的起源。因為華人的抗日風潮不是肇始於 1930 年代的「九一八」瀋陽事變、「一二八」淞滬戰役和此後的「七七」事變。可能因為東部的紐約地區極少日本移民，所以于著忽略其更早期的發展。當我們將焦點放在美國西部和夏威夷地區，可以察覺在

---

⑰ Renqiu Yu, "To Save China, To Save Ourselves": *The Chinese Hand Laundry Alliance of New York* (Philadelphia: Temple University Press, 1992), 尤其是第五章。

⑱ 前者如陳永 Yong Chen, *Chinese San Francisco, 1850-1943: A Trans-Pacific Community* (Pala Alto: Stanford University Press, 2000)，以及 Shehong Chen, *Being Chinese, Becoming Chinese American* (Urbana: University of Illinois, 2002)；後者則以楊碧芳之著作為代表，Judy Yung, *Unbound Feet: A Social History of Chinese Women in San Francisco* (Berkeley: University of California, 1995).

華人和日本人的互動中，早已出現這股融合居留地生活經驗的民族主義。陳永的著作在探討舊金山華人社區的轉變時，曾簡略提及這種華人和日本團體之間因祖國恩怨而滋生的摩擦現象。[19]可見美國西部地區的華人確實早在 1930 年代之前已經存在民族主義。因此檢討海外華人民族主義之產生，應可再往前追溯，並慎查其中所蘊含的居留地推動力。

本書以觀察美國當地華人、日本人、和白人社會三者間的互動為宗旨。因為美國政治、經濟、法規的壓制，少數族群被置於社會底層。他們不得不採用各種謀略自我保護並對外擴展，以保障各自族群的最大利益。[20]本書由美國社會（尤其是美西和夏威夷地區）特有的族群關係出發，探究華人與日本人的經社關係，華日兩族之間如何逐漸由互賴共生走向競爭局勢，並分析華人對主流社會排日的態度，以及華人在此氛圍下如何形塑其民族意識。書中以「抵制日貨」運動為中心，析論華人藉著母國抵日、拒日，配合當地的排日風潮，努力爭取尊嚴的作法，將中國之受制於日本，等同自身之受歧於白人與在美日本人。在美國社會鄙視華人的環境中，華人欲圖藉此運動拓展本族利益，展現其族裔自信，爭取應有的尊嚴。

本書又探究國際關係變化對跨國移動者之命運所扮演的角色。母國的國際地位高低，當然對移居海外的人在居留地之身份地位具

---

[19] Yong Chen, *Chinese San Francisco, 1850-1943*, 200-1, 233.但是作者對於日本移民如何回應則無討論。

[20] Chris Friday, ""In Due Time": Narratives of Race and Place in the Western United States," in *Race, Ethnicity, and Nationality in the United States* (Westview, 1999), ed. by Paul Wong, 102-152, esp., 117-127.

有重大影響。華人在海外當地受到欺凌，這是因為中國在國際上喪失地位、沒有得到尊重，由此可以見證海外華人的民族主義是隨著國界、國家主權、民族國家意識崛起而生的一種現象。但是其他因素也會左右這項論述。居留國和母國各自之對外策略與兩者相互之外交關係就是一項重要環節，牽動跨國移民的命運。本書即從美國國內政治、經濟、社會問題出發，搭配美國在外交上與中、日兩國的競合發展，探索跨國華人的思考與行動。換言之，全書主題並非只侷限於單一國家之內，而是將美國華日兩族的族群關係，置於中、美、日三方的脈絡裡，藉由跨國視角來檢證其發展經過與特質，希望對現今跨國移動之研究提供歷史經驗。

書中以美國的華人和日本人為主體，比較甲午戰爭、日俄戰爭、中國抵制美貨運動、民國建立、一戰、戰間期等不同時段，美國社會輿論如何受國際關係影響，而對當地華人和日人的態度產生差異和轉變，並探究其中變化之緣由與發展趨勢。尤其本書檢視日俄戰爭之後美國排日運動的熱潮，探究此一戰事對日本移民和華人地位的衝擊。1904-5 年的日俄戰爭結果，日本以一個新興的亞洲勢力擊敗歐洲大國之一的俄國。此舉固然強化日本的國際地位，卻也將日本的侵略性格，烙印在美國民眾之中，並加深美國輿論的疑慮，深恐戰後返鄉的失業士兵將會大量湧入美國，因而推動排擠日本移民的行動，對日裔美國人之發展具有重要的指標意義。1906年舊金山市將日籍學童隔離到專為亞洲人而設的學校，就是一個例證，引起當地日本人反對，更造成美日政府關係緊張。相對於日本移民的景況，美國社會對華人的態度稍有改善。尤其在 1905 年，中國各地因為不滿美國無限期延長排華法案，發動抵制美貨運動。

這次運動沒有給美國對華貿易造成很嚴重的打擊，因此也就沒有具體地迫使美國改變其排華政策。但是這個運動是近代中國首次為了爭取國家民族地位的平等和尊嚴而發生的群眾示威活動，美國政府不敢加以輕忽；此外，社會大眾也因為華人人數漸少，與華人相處時日已久，歧視華人的程度漸減，而促使美國社會改採溫和態度以待華人。本書就試圖仔細探討日俄戰爭這段時期國際局勢的變化，並比較美國境內華日兩族的運途發展，以重新評估美國華人在排華法案期間的生活經歷。

第一次世界大戰期間和兩戰之間的戰間期，因「二十一條要求」、德國歸還山東問題等問題，中日外交局勢日益緊迫，中國反日情緒日增，而引發美國華人團體附議中國的「抵制日貨」運動，展開抵制在美日本人的商業、金融貸款和航運等行動。在美的日本團體卻信服母國所指稱的說詞，以日本為東亞版門羅宣言的保衛者。㉑日本移民反制華人的抵制日貨行動，尤其禁止日人出入華人所經營的賭館，藉此和華人之賭徒、抽鴉片等負面形象劃清界線。除此之外，此一時期正值美國國內因為加入一次大戰和戰後興起之濃厚本土主義和排外之風，致使西部白人仇視日本移民的行徑日愈加劇。到了 1920 年加州重訂「外人置業禁例」，修改 1913 年法規的漏洞，嚴禁日人以第二代美籍日人之名義購置田產。當日本移民揭露了華人生活之賭博、吸食鴉片等黑暗面而激怒華人，華人凝聚民族情感，團結對抗日本移民，顯示兩造團體間的糾葛，其來有

㉑　Jere Takahashi, *Nisei/Sansei: Shifting Japanese American Identities and Politics* (Philadelphia: Temple University Press, 1997), 26-7.

自。華人認為自身已經受白人歧視、如今還要再受日人詆毀，遂順應當時白人社會迫害日本移民之舉動，大力推展「抵制日貨」行動和其他反日文宣。

本書資料來源，以美國西岸地區所發行的中、日文的報紙為主。中文報紙以西部地區發行量第一和第二的《中西日報》和《世界日報》為主，兼及《少年中國晨報》，偶有參考發行於紐約的《民氣日報》和芝加哥的《三民晨報》。❷日文報紙則以《新世界》為主。以上的《中西日報》、《世界日報》、《少年中國晨報》和日文報《新世界》都發行於舊金山。選擇這些報紙，有以下的考量因素。首先，舊金山是華人和日人的入美起點和社群重鎮，是華人抵制日貨的起源地，也是衝突最多的焦點所在。雖然日後華日兩族逐漸擴散至其他都會，如洛杉磯、加州首府沙加緬度（Sacramento）和鄰近鄉鎮，但是即使如此，舊金山發行的新聞也會針對同族人所聚集區域的動態加以報導。第二，這幾個日報涵蓋期間大致相符，《中西日報》的收藏年限由 1900 至 1947 年；《世界日報》則涵蓋 1909 至 1969 年；日文的《新世界》則是由 1906 到 1941 年。❷此外，加州大學洛杉磯分校亞裔圖書館收藏有關日本移民的報紙（如舊金山發行的《日米新聞》以及洛杉磯發行的《羅府新報》），也略加參考。

---

❷ 有關美國地區的華文報紙之歷史發展和發行數量演變，參見 Karl Lo and H. M. Lai, comps., *Chinese Newspapers Published in North America*, 1854-1975 (Washington, D. C.: Center for Chinese Research Materials, 1977).

❷ 《新世界》中間數度改換報紙名稱，1932-35 年稱為《北米朝日》，1935-41 年則又改為《新世界朝日》。

資料內容還參考一些研究圖書館的特藏。其中最重要的是加州大學柏克萊分校族裔圖書館內有關亞裔研究的重要資料，如 Him Mark Lai research files, Yuk Ow research files。加大洛杉磯分校也有重要收藏，如亞裔圖書館所藏有華裔和日裔移民的資料，以及研究圖書館內 Japanese American Research Project Collection，則是彙整有關排日運動和二戰時拘留營的資料，可供比較美國社會排華與排日的異同，由此分析其中緣由。此外，史丹佛大學胡佛研究中心的檔案館（Stanford University, Hoover Institution Archives）藏有 1920 年代芝加哥大學社會學系大師 Robert Parks 從事族裔關係調查（Survey of Race Relations）的原稿。這些資料都頗為珍貴，有助於本議題的研究工作。

美國華人的跨國移動經驗顯示，華人掙扎在居留國和母國之族國建制過程的夾縫中。華人在兩者之建設路途上，受到內部的種族意識、法條規章、社會藍圖規劃之箝制，又受到外交策略、國際關係的牽絆，衍生出許多困境。雖然華人會隨之修正步伐，但終究無法恣意去留、跳脫國家體制之外。他們的生存與調適策略是在既有的國體架構和價值體系裡加以理解和詮釋，而非將之拒斥。

就因美國華人是處在中美兩國社會的既有架構，他們必須調和舊有的隸屬身份和新的居留身份，找出折衷方案，抒解兩種身份的矛盾處。我們可以在此過程中，分析跨移者的仲介角色與效能，釐清他們如何選擇性的理解和詮釋中美兩國的國族意識、種族觀念、或社會組成之願景，以符合自身景況，俾利於開創最大生存空間。

本書針對美國社會朝向現代化的建制中，由族群互動的層面切入，分析華人如何連結居留國和母國的國家發展，而形塑其價值意

念和行動。全書雖以跨國移動為題旨，卻主要關照華人在美國社會的困頓受挫與發榮滋長。華人移民及其子弟，不論經社、文化生活，固然仍與母國保持密切聯繫，但不爭的事實是，他們仍是生活在美國經社體制和政治管控之下。因此本書由跨國主義的居留地層面切入，分析美國國內社會的族群生態演變如何影響華人建構其折衷思維和作法，讓個人與社群得以安身立命；華人又如何在跨國脈絡中，延引母國和居留地兩方的資源，加以利用，扮演連結、仲介角色，創造對自身最有利的成效。

本書第一章檢視美國移民發展，以及相關移民法規的變革與緣起，尤其是針對日本人部份。第二章和第三章分析美國排華法案之後，華日兩族的經濟活動和社群來往之演變。第四章以美國西部社會的排日風潮為焦點，檢視華人的回應。第五章描述美國華人如何順應排日風潮，分析他們推動「抵制日貨」所具有的在地因素、引發的困局，以及解決之道。第六章延續此一議題，但是將時間置於戰間期。

在美華人與日本人的關係受制於美國社會的種族觀念、經濟開發、法條規定、族群生態變化，但這並非意指全美皆然。事實上，地區性的環境差異造就不同的社群關係和互動模式。近年來，隨著全球化的風潮所及，也激起一股在地化的反思。跨國主義理論不可避免地會關照全球化和在地化的衝突與搭配。本書先採微觀方式，針對美西和夏威夷有眾多華日兩族的區域，著重跨移者的生活環境變革，檢證華人對在地勢力的理解、競合、反擊，進而如何形塑其民族情感或族群意識。尤其值得注意的是，不同階級的華人有其各自的立場和視角，他們由此看待和回應當地經社關係和族群互動，

因而不免造成族群內部對他族或對母國出現不同調的景況，而這些都是跨國移動所造成的難處。當析論美國華人的艱辛命運，探索他們受母國和居留地兩方的經濟開發、國際外交、種族觀念等族國建制力量所牽絆拉扯之際，我們只有全面性地感同身受他們的掙扎歷程，才能解釋他們的抉擇和作為。

第一章
美國移民法規變革與排日運動

　　美國號稱是移民的國度。自十六世紀末葉起，歐人開始抵達新大陸，歷經殖民時期、獨立建國，陸續有來自世界各地的人民，於不同階段加入這個新國度。本章以美國建國後的移民發展為中心，探討其中移民法規的變革緣起，並特別聚焦於美國社會的排外風潮——尤其是排日運動——對移民法規的作用力。

一、美國移民發展之歷程

㈠ 建國後第一波移民高峰

　　美國獨立後，歷經 1812 年英美之戰，再次擊退母國勢力，站穩腳步，開始邁開建設新國家的步伐。1812 年到 1860 年是美國歷史上規模最大的移民潮之一。至 1860 年，全國人口達到三千一百五十萬左右；儘管如此，國內仍然人口稀少，缺乏勞動力。1812年到 1840 年代中期以前，移民人數只是逐年稍增，移民總數不過60 萬人左右。1845 年以後移民人數才開始快速增加，1840 年代為

170 萬人，1850 年代則激增到 260 萬人。❶ 1820 年至 1860 年期間，來自愛爾蘭的移民經常佔移民總數的三分之一以上，1840 年代時還幾近半數，來自德國者，則佔四分之一；還有少數的移民來自挪威、瑞典、丹麥、荷蘭、法國、瑞士等。❷

這一階段來自亞洲的移民主要是華人。華人進入美國主要始自十八世紀中葉，從 1849 年加州發現金礦到 1850 年代，華人約有三萬餘人進入美國，在美國加州、內華達山脈，及英屬哥倫比亞區淘金採礦。此外，1852 年有近兩百個華工被引入夏威夷的甘蔗田工作（但當時夏威夷尚未成為美國領土）。因為夏威夷和西部都還屬邊疆地區，亟需人力開發，而美國資本家又尋求廉價勞工，使得早期華人可以輕易進入美國，甚至受到歡迎。

這次移民潮導致美國歷史上第一次大規模的排外運動。排外主義興起的原因，首先是種族主義的偏見。許多土生美國人認為外來移民會污染盎格魯—薩克遜人的純正血統；他們還指責移民道德敗壞，入境後成為公共負擔。排外主義者又擔心移民沒有主見，為政黨所支配，會破壞美國的民主政治制度。經濟原因是排外主義興起的另一個重要原因。19 世紀上半葉時，這個問題雖不突出，但1837 年經濟危機時期，有些東部城市的土生美國人成立排外主義組織，要求政府採取措施，保護土生美國人免受移民工人的競爭。

但這一時期排外運動最主要的因素是反天主教的情緒。美國新

❶ Roger Daniels, *Coming to America: A History of Immigration and Ethnicity in American Life* (New York: Harper Perennial Publishers, 1990), 124, Table 6.2.

❷ *Ibid.*, 127, 145-6, 164-5

教徒之反天主教情緒，歷史悠久、根深蒂固，這種情緒是由於擔心天主教會可能影響世俗權力，以及針對基督教義的分歧而產生。這一時期入境的外來移民中，愛爾蘭人全部是天主教徒，不少德意志移民也是天主教徒。隨著天主教徒的增加，與之有關的宗教機構及其建立的教會學校也相應增加，加速刺激美國排外主義者的敵視情緒，掀起針對天主教徒的排外活動。❸然而，當時美國南北對峙的問題更為嚴重，使得移民問題被擱置。美國南北內戰時期，林肯政府為了贏得戰爭、發展經濟，特別是解決勞動力短缺的問題，採取鼓勵移民的政策。這種政策體現在 1862 年「宅地法」和 1864 年「鼓勵外來移民法」的頒布。這種鼓勵移民的政策對內戰後的另一移民高潮發揮極大的推動作用。而內戰後因應自由黑人的公民權問題，憲法第十四條修正案給予在美國出生或歸化入籍的人成為美國公民，這項修正案卻為被移民法規（如「排華法案」）限制不能入籍的亞洲人開了一扇門，嘉惠他們的土生第二代可以入籍。❹

(二) 第二波移民高峰

　　南北戰爭結束後，美國又迎來另一波移民高潮。1880 年代突增到 525 萬移民，1890 年代有將近 375 萬移民入境。這些移民主要屬於拉丁、斯拉夫、猶太三個族裔，基本上來自義大利、希臘、奧地利、匈牙利、波蘭、塞爾維亞和俄國等國。1860 年代時，這類移民只佔入境移民總數的百分之一而已，1880 年代則有兩成，

---

❸　*Ibid.*, 265.
❹　*Ibid.*, 270-1.

1890 年代上升到五成，到了 1900 年代時，已經超過移民總數的七成。

十九世紀末到二十世紀初的這些新移民具有一些明顯不同於上一波移民的特點：首先，從宗教信仰上看，新移民基本上是羅馬天主教徒、東正教徒、猶太教徒，很少有新教徒；其次，多數新移民只會本國或本族語言，不懂英語；第三，從社會地位方面看，新移民多來自貧窮國家或地區，處於社會的底層；最後，新移民到美國後，大多於城市謀生，在城市中形成各自的族群聚居區。他們雖然來自原居地（國）的農業地區，但大多數人聚居在日益發展的美國城市，如紐約、芝加哥、底特律等大城市，這主要是因為大城市就業機會多，加上有同族人的聚居區，有助於他們在美國謀生和適應新環境。這些新移民中大多不是永久移居，其中近半數其實是打算賺錢後，返回歐洲家鄉。這些特點妨礙他們充分參與美國社會，也因而導致美國排外主義者對新移民的偏見和歧視。

在這波移民潮中，來自亞洲的華、日兩族則不同於東部的歐洲移民，主要集中在美國西部。1849 年，華人因為淘金潮而被吸引而來。隨著美國領土往西拓展，開礦挖渠、建築鐵路、種植農產，都亟需大量人力，絡繹不絕的華人到來正好填補此一需求。華人入美的另一高峰期是 1867 年到 1870 年「聯合太平洋鐵路」西段部分的建築期間，約有四萬人湧入美國，並有淘金礦工轉成鐵路工人。至 1900 年，美國本土的華人已有近九萬人。然而，華人由初期受到白人歡迎，逐漸因景氣低迷、政客蠱惑而受排擠，終至 1882 年美國國會通過「排華法案」，限制華工入境。

美國的華人與日本人之數量比較

年＼人口數	本土華人	夏威夷華人	本土日人	夏威夷日人
1890	107,488	15,301	2,039	n.a.
1900	89,863	25,767	24,326	61,111
1910	71,531	21,674	72,157	79,675
1920	61,639	23,507	111,010	109,274
1930	74,956	27,179	138,834	139,631
1940	76,560	28,774	126,948	157,905

資料來源：U. S. Census, 1890-1940.

　　排華之後，美國西部對勞動力的需求仍高，促使日本人移往美國。日本人於十九世紀末期開始移居美國，而這與明治維新有關。1868 年明治維新後，日本走上追求國家現代化的道路。由於日本政府每年向農民徵收固定的土地稅，到 1884 年，已有三十萬人因付不出這筆稅賦而失去他們的土地。與此同時，日本人口出生率上升，大量農村人口流向城市。當時，日本的失業率和自殺率快速攀升，說明許多人受到當時社會改革的重大衝擊。面對這種嚴酷的局面，有人選擇去海外尋找機會。美國對日本人產生極大的吸引力，因為海外的工資比日本高出許多，而日本政府此時也放寬國人移外的限制。❺

　　日本人的移外經驗具有濃厚的國家參與色彩，經常是由政府出面召募和管控出洋勞工。此一作法與中國清廷態度大為不同。日本人首先是移居到夏威夷，種植甘蔗。第一批去夏威夷工作的日本人

---

❺　陳靜瑜，《美國族群史》（臺北：國立編譯館，95 年 2 月），頁 363-4。

在 1869 年到達。但由於夏威夷人和日本人之間的衝突導致日本政府出面干預，當即遣送一批人回國，並規定在若干年內不許其他日本人去夏威夷。1870 年代，日本經歷經濟危機，迫使政府開放移居夏威夷的禁令。與此同時，夏威夷駐日本總領事歐文（R. W. Irwin）擔任鷹司真清田公司的顧問，鷹司建議歐文從日本西南各縣招募勞工去夏威夷。歐文隨即與日本政府達成協議。1885 年，日本政府宣布招募六千名勞工去夏威夷。由於當時夏威夷的華人已有一萬八千餘人，白人種植園主引入日本人的意義，不僅是作為勞工，也是作為抗衡華人的一種力量。❻這個時期去夏威夷的日本人，幾乎都成了甘蔗種植園的工人，簽訂三年的工作契約。他們絕大多數是青年男子，懷抱著發財夢去夏威夷。到 1894 年，由日本政府出面招募到夏威夷去的契約勞工已達 3 萬人。

夏威夷之外，日本人向美國本土大量移民是在 1890 年代。1890 年日本人在加州僅有一千一百餘人，其他各州總合約一千人。日本人如同華人一般，主要集中在加州。1900 年，加州日本人有一萬人，佔該州人口總數的 0.7%；1910 年人數已經增加到四萬餘。到 1920 年，加州日本人人數有七萬兩千人，佔 2.1%；同一時期，美國本土的日本人共有十一萬餘人。

初期在美本土的日本人追隨著華人腳步，也是在鐵道、礦山、

---

❻ 華工早於日本人進入夏威夷，且為數龐大。以一八八四年為例，當地約有一萬八千名的華工，佔島上總人口的四分之一到五分之一。這些為數不少的華工，偶有抗爭、罷工、要求加薪等事件，使得當地甘蔗園的白人雇主，頗為頭痛。見 Clarence E. Glick, *Sojourners and Settlers: Chinese Migrants in Hawaii* (Honolulu: University of Hawaii Press, 1980), 18-9.

林場、鮭魚罐頭廠工作。1890 年代起，有些日本人離開這類職
業，投入農業之中，其中不少人逐漸擁有小塊土地。日本人耕種的
農地是依靠承包、分成、租借、購買等不同途徑。1904 年，單是
加州的日人已經或租或有農地達 50,000 英畝；1909 年，美國全部
日人耕種的農地有 150,000 英畝；到 1919 年，達到 450,000 英畝，
此時的日本移民農作物產值為 6700 萬美元，已是 1909 年的十倍，
佔有加州生產總值的 10%。❼農業成為在美日本族群最重要的產
業。以 1925 年為例，五萬四千餘名就業的日本人中，有兩萬五千
人（46%）從事農業勞動。他們一般將農作物賣給在洛杉磯、沙加
緬度、舊金山、弗雷斯諾的市場，形成日本移民特有的族裔經濟：
日本農民依賴同族的城市商人為他們提供勞動力、資金和物品，反
過來農民又為城市商人提供糧食、水果和蔬菜等販賣品。❽

　　美國社會的各項變化也是促使在美日本人走向農業經營的因
素。首先，十九世紀中後期，美國進入快速工業化和城市化，導致
對糧食需求量的增加。同一時期，加州灌溉系統建設促進集約型農
場的出現，並使加州農業生產，從單純的糧食生產轉向水果及蔬菜
等經濟作物生產。1879 年至 1909 年，加州的集約化農業產值在全
國整體農業總產值，由 4% 增加到 50%。其次，全國鐵路網的建
設和冷藏車的發明，為加州新鮮水果、蔬菜運往全國各地提供了不
可缺少的條件。西部的開發建設需要大量人力，華工受阻於「排華

---

❼　Roger Daniels, *Coming to America: A History of Immigration and Ethnicity in American Life*, 253.

❽　*Ibid.*, 254

法案」，正好由日本勞工填補，使之全力投入農業經營。

十九世紀末和二十世紀初的這波移民入境，不僅引起一般美國人的恐慌和不安，更導致排外主義的進一步發展。❾就如十九世紀上半期一樣，宗教信仰問題首先成為排外主義者的一個重要藉口。自 1880 年代以來，因為外來移民多來自東歐、東南歐，而他們又多是天主教徒，使得美國天主教徒從 160 萬增加到 1200 萬。排外主義者以同化問題而主張限制外來移民。他們認為新移民不屬於盎格魯－薩克遜種族，並認為新移民敵視或漠視美國立國價值和準則，反而效忠羅馬教皇或祖國君主。

排外主義者還以經濟問題為理由，排斥外來移民。這種訴求主要是由一些工會組織提出，他們認為移民提供廉價勞動力，加劇就業市場的競爭，導致土生工人失業和工資下降。他們又視移民為工會活動的障礙，因為移民往往在勞資糾紛時期被資本家雇用，取代罷工工人，致使工會的主要鬥爭武器失去作用。這種情況在經濟危機時期更為突出，移民就此成為工會組織和土生美國人所排斥的目標。華人就是受到美國社會、工會和政客以宗教信仰、同化與經濟問題而被大力排擠。

---

❾ 有關研究美國排外主義的經典著作，參見 John Higham, *Strangers in the Land: Patterns of American Nativism, 1860-1925* (New York: Antheneum, 1978). 另有關這類議題的分析研究則參見 Tyler Anbinder, "Nativism and Prejudice Against Immigrants," in Reed Ueda, ed., *A Companion to American Immigration* (Malden, MA: Blackwell Publishing, 2006), 177-201.

二、限制移民的法規

由於移民的大量湧入和排外主義者的鼓吹，美國開始從聯邦層級制定法律來限制移民。制訂這些移民法規的過程中，美國社會同時也在建構自身對哪些移民應歸屬於哪類種族有了新的認知，而建立對「種族」的新定義。⑩研究十九世紀末到二十世紀初美國進步時期（Progressive era）的政治史家經常忽略種族所扮演的角色。但近來研究移民法規的學者已揭露出，移民局的設立理念和組織以及移民政策與施行是政府塑造美國未來社會的重點所在，藉此管束何人可入境或何人可被接納入社會。⑪

內戰後限制移民的第一個重要措施是在 1875 年。在「亨德森訴紐約市長案」（Henderson v. Mayor of New York）中，最高法院裁定各州制定有關移民的法律均屬違憲，只有國會擁有處理移民問題的權力。同年，國會通過「佩奇法案」（The Page Law），禁止妓女和罪犯入境的法律，標誌著要求限制移民的勢力已經得到國會支持。1882 年，美國國會根據對移民應有所選擇的原則，制定通過第一個全面的移民法，規定每一個被接納入境的移民課人頭稅 50 美

---

⑩ Michale Omi and Howard Winant, *Racial Formation in the United States from the 1960s to the 1990s* (New York: Routledge, 1994), 55, 80-1, 83.

⑪ 參見 Erika Lee, *At American's Gates: Chinese Immigration during the Exclusion Era, 1882-1943* (Chapel Hill, N. C.: University of North Carolina Press, 2003); Mae M. Ngai, *Impossible Sujects: Illegal Aliens and the Making of Modern America* (Princeton, N.J. : Princeton University Press, 2004); Kevin R. Johnson, *"The Huddled Masses" Myth: Immigrantion and Civil Rights* (Philadelphia: Temple University Press, 2004).

分，並禁止罪犯、白癡和可能成為公眾負擔的人入境。1882 年的
「排華法案」更是表明，美國以國家立法的形式，排斥來自某個或
某些國家和地區的移民。⑫有些學者將排華運動視為二十世紀美國
本土主義的先驅。「排華法案」的通過，代表聯邦層級的政府措施
開始介入、管控、形塑移民過程、移民社群、公民權定義和種族關
係。「排華法案」不僅成為限制移民的典範，也改變美國對移民、
種族的看法，以及它如何界定自己所要建立的移民國度。⑬「排華
法案」之後，其他移民法案陸續出爐，排除美國社會所不想要的外
來人民。這些措施顯示，美國在其族國建制的道路上，選擇性地限
制移民是其中的關鍵一步。以下分別介紹數個重要的移民法規。

㈠ 「1917 年移民法」

由於 1880 年代以後湧入美國的這波移民不少是文盲，排外主
義者認為以識字基礎的「文化測驗」是限制移民入境的最好辦法，
而要求政府採取有關措施。1894 年在波士頓成立的「限制移民聯
盟」就是鼓吹文化測驗的急先鋒。這類排外主義組織宣稱，文化測
驗法的目的就是決定美國是由自由發展、精力充沛、積極進取的英
國、德國和斯堪的納維亞的種族，還是由受到壓制、返回原始狀
態、停滯的斯拉夫、拉丁和亞洲種族來提供人口。國會在 1896 年

---

⑫　Guillermina Jasso and Mark R. Rosenzweig, "Characteristics of Immigrants to the
United States; 1820-2003," in Reed Ueda, ed., *A Companion to American
Immigration* (Malden, MA: Blackwell Publishing, 2006), 335.

⑬　參見 Erika Lee, *At American's Gates: Chinese Immigration during the Exclusion
Era, 1882-1943* (Chapel Hill, N. C.: University of North Carolina Press, 2003).

通過一項文化測驗法，但為克利夫蘭總統否決。克利夫蘭反駁新移民不如老移民的論調，他說美國人對老移民也有過相同的論調，因而不足為取。這個法案雖被否決，但美國社會要求採取嚴厲措施限制外來移民的呼聲持續不斷。美國開始修定移民法，力圖限制和排斥東南歐和亞洲移民。

　　第一次世界大戰的爆發，進一步刺激美國國內的民族情緒和排外主義。戰時「百分之百美國化」（100 Percent American）運動演變為極端的民族沙文主義，1917 年移民法就是在這種背景下通過。1917 年移民法有以下幾個特點：㈠擴大禁止入境者的範圍，包括文盲、精神變態者、從事非道德職業的男女、長期酗酒者、偷渡入境者、流浪漢、有精神錯亂而生攻擊行為者。其中特別規定 16 歲以上的外國移民，若不能閱讀一段常用的英文或其他文字者，一律禁止入境；㈡設立「亞洲禁區」（Asiatic Barred Zone），其中第三款規定：「不能接納阿富汗到中國西界以西區域的外國人進入美國」。這項規定直接針對印度移民，其目的是使排斥亞洲移民更加徹底。從此，華人之外，印度人也被排擠在外。❹

　　「1917 年移民法」的實施並沒有發揮限制東南歐和日本移民的作用。一戰造成歐洲移民的中斷，但戰後從 1920 年起，入境移民又開始回升。其中義大利、希臘、波蘭、捷克移民仍佔兩成至三成多，至於日本移民從戰前到戰後，一直持續成長。相對於入境移

❹　Roger Daniels, *Coming to America: A History of Immigration and Ethnicity in American Life*, 276-9; Erika Lee, "A Nation of Immigration and a Gatekeeping Nation: American Immigrantion Law and Policy," in Reed Ueda, ed., *A Companion to American Immigration*, 12, 17, 298.

民的要求與日遽增，美國於一戰之後鑑於歐洲的紛擾，走向孤立主義、反對外來移民，開始考慮採取更為嚴厲的移民法，其結果便是通過「1924 年移民法」，實施族裔來源之配額體制。

㈡ 「1924 年移民法」

「1924 年移民法」的立法過程由來甚久。由於一戰之時的工業發展需要，許多美國農民離開土地，造成農業勞力大量缺乏。西部的日本農業勞力因此不斷成長。但另一方面，美國農場主態度保守，反對輸入外來農業工人，要求政府限制移民入境。面對這種情況，國會從 1919 年 5 月開始討論限制移民的問題，其目的顯然是旨在限制東南歐和日本移民。

隨後參議員迪林厄姆（William P. Dillingham）提交一份議案，建議在任何財政年度，各國移民美國的人數不得超過 1910 年美國人口普查時該國移居美國人數的 3%。議案還將移民劃分為配額移民和非配額移民。迪林厄姆議案在 1921 年 5 月由哈定總統簽署，成為「1921 年外籍人移民美國限制法」。但 1922 年國會通過聯合決議，決定將 1921 年移民法延至 1924 年，以便制訂全面的政策。雖然如此，1921 年移民法已經顯示美國開始對移民進行數量限制，族裔來源配額體制初露端倪。

從 1923 年底到 1924 年初，美國的經濟發展卻開始發生變化。生產過程大量使用機器，不再需要低階或無技工人，因此工業界不再要求放鬆移民限制。與此同時，社會各界也紛紛要求修改 1921 年移民法，制訂更為嚴格的移民政策，因為在 1922 年到 1924 年

間，仍有 150 萬到 200 萬的移民入境，其中大多是東南歐移民。❶ 面對這種情況，眾議員阿爾伯特·約翰遜（Albert Johnson）向國會提交另一份議案，建議以 1890 年人口統計為基礎，將配額比例由 1921 年移民法的 3% 降為 2%，配額總數由三十五萬七千人減少到十六萬。約翰遜的提案之所以選擇 1890 年作為計算配額的依據，主要目的是限制東南歐和日本的移民，按照約翰遜的議案，東歐和東南歐在配額中所佔的比例將從 44.6% 下降到 15.3%，而日本的配額只有四十名。

美國國會從 1923 年冬到 1924 年春舉行約翰遜提案之聽證會，聽證會爭論的焦點是配額的比例和確定配額的年份。有些議員反對約翰遜議案，認為有損美國的民主制度，但他們並不反對實行配額制度，只是主張配額的年份應是 1920 年。以勞工團體為代表的排外主義組織在聽證會上當然支持約翰遜的議案。約翰遜的顧問約翰·特雷佛（John Trevor）在聽證會上說明以族裔來源為配額基礎的思考。他認為制訂移民政策時應充分考慮土生美國人的利益，因為他們是美國的開拓者和建設者，所以配額依據應是各族裔已在美國人口中的比例，而不是外來移民在某一年美國人口普查中所佔的比例。換言之，移民配額不應以外國出生居住者的數量為基礎，而是以構成美國人口的「族裔來源」為基礎。❶ 參眾兩院最終通過約翰遜－里德議案（Johnson-Reed Act of 1924），柯立芝總統在 1924 年 5 月

---

❶ Mae M. Ngai, *Impossible Sujects: Illegal Aliens and the Making of Modern America* (Princeton, N.J.: Princeton University Press, 2004), 89-20.

❶ *Ibid.*, 22.

26 日簽署，成為「1924 年移民法」。

　　1924 年移民法有以下幾個指標性特色：首先，它確立新的移民配額。各國移民配額為 1890 年美國人口普查時各國在美僑民人數的 2%，每年移民總數為十六萬五千人。其次，此移民法建立簽證制度，代替美國國內檢查制度。移民簽證制度是 1917 年作為戰時措施而制訂的，1921 年移民法實施後，美國駐外使館和領事館授命按照規定配額發放簽證，但確定移民是否符合入境條件則由國內口岸檢查站決定。1924 年移民法規定，移民在入境前必須獲得美國駐外使館和領事館發放的簽證，入境時還必需接受移民局的檢查，不合格者依然不得入境。第三，此移民法劃分移民的身份，確定配額優先順序。1924 年移民法將移民劃分為配額移民和非配額移民。非配額移民不受數量配額，可以包括美國土生公民和外籍歸化公民的外籍妻子和 18 歲以下的未婚子女、暫時出訪外國的合法移民、西半球國家的土生居民及其妻子和 18 歲以下的未婚子女、15 歲以上來美國修業的學生。配額移民中下列人員可優先入境：⑴ 21 歲以上美國公民的父母、妻子和其 21 歲以下的未婚子女；⑵ 精於農業耕作技術的移民及其妻子和 16 歲以下的子女。享有優先順序的移民人數不能超過該國移民配額的一半。最後，此法禁止不能歸化為美國公民的移民入境，此一部份主要是針對日本移民。因此「1924 年移民法」也被稱是「排日法」。

　　有些學者將「1924 年移民法」的配額方式視為美國限制外來移民的重要里程碑，尤其是族裔來源配額制度的實施標示，陷入孤立主義的美國，移民大門不再敞開，改採限制數量的微開狀態，而

限制的標準則是以族裔來源為主要核心。❼因此族裔來源配額體制的實施對日後產生重要影響。首先，入境移民人數大為減少。1921年至1924年入境移民為234萬餘人，平均每年58.6萬；1925年至1930年入境移民為176萬餘人，平均每年29.3萬。30年代中，沒有一個年度移民超過10萬人，第二次世界大戰時期（1941－1945）共有16.5萬人，平均每年3.3萬。❽1929年到1946年，各國配額的平均利用率為23.2%，其中1942年至1946年僅為7.5%。除30年代經濟大危機和第二次世界大戰的原因外，族裔來源配額制度的實施是入境移民銳減的一個重要原因。❾

其次，外來移民的族裔來源產生重大改變。從1924年至1946年，西北歐移民佔入境移民總數的43.1%，東南歐移民佔18.9%，這確實是族裔來源配額制度的實施結果。但另一個意外的影響是，由於對西半球實行「自由移民」的政策，西半球移民（主要是拉丁美洲移民）在入境移民中所佔比例開始上升，從1924年到1946年達到37.2%，二戰後的美國社會組成從此改觀。

---

❼　*Ibid.*, 21-55.

❽　*Coming to America*, 287, 289, Table 11.2.

❾　經濟大恐慌的1930年代，美國依然嚴格實行限制移民的政策。羅斯福政府雖然實行新政，但美國社會的失業率仍居高不下，就業十分困難。面對這種情況美國一方面嚴格限制移民入境，另一方面加緊排斥美國境內的墨西哥和菲律賓移民，並將其遣送回國。

三、排日運動

　　美國西部是排外運動的重鎮之一，當地的排外運動更強力督促政府制訂州法或聯邦法等各種法規來限制外來移民，將移民法規與排外政治、國界控管結合在一起。自從美國往西拓展時期起，當地人士以西部為天堂，不受東部社會問題的污染，也無南部的奴隸制度，因此他們認同傑克遜總統的理念——西部是自由新天地、拒絕奴隸制度，視黑人和印地安人為低等種族。但華工的存在抵觸這些理念而孕育出一股排華情緒，激勵加州政客煽動排華風潮。❷⓿又因為美西鄰近亞洲，更使西部人士將亞洲人視為威脅來源。❷①

　　在此心態下，日本移民的大量湧入讓西部各州人士感到到不安，要求限制日本移民的呼聲日甚一日。早在 1886 年，當時加州僅有少數日本人而已，卻已出現排日聲浪。有些白人至上的種族主義份子就喊出如同從前排擠華人的口號，咆哮「日本佬必須滾蛋」。再加上不肖政客企圖從排日運動中爭取群眾，累積政治資本，使得排日活動在 1890 年代初露端倪。1893 年夏季，舊金山教育局通過決議，命令所有適齡入學的日本兒童必須進入華人學校就學。日本駐舊金山總領事珍田捨己對此表示抗議，他在致當地新聞界的信件中指出，日本學生只有四十餘名，要求美國在處理這一問題上要發揮自由主義精神。當時加州法律承認隔離學校的建制，讓

---

❷⓿　見 Alexander Saxton, *Indispensable Enemy: Labor and the Anti-Chinese Movement in California* (Berkeley: University of California Press, 1971), 94-6.

❷①　Roger Daniels, *Asian America: Chinese and Japanese in the United Sates since 1850* (Seattle: University of Washington, 1988), 3-4.

「華人或蒙古種人」的適齡入學兒童與白人分離而就讀；華人或其他亞裔子女被迫進入這種學校，而不得進入其他公立學校。舊金山教育局最終改變初衷，撤銷原來的決議，允許日童可以不受此限。

　　1890 年代的排日聲浪之所以沒有形成氣候，主要原因在於日本人的數量尚少。但是進入二十世紀，情況大有不同。日本人開始大量擁入美國西部，1900 年時，加州日本人已達一萬人，因而社會各界開始要求排日。輿論界對排日運動發揮推波助瀾的作用，其中，曾是加州排華喉舌的《舊金山紀事報》（*San Francisco Chronicle*）再次扮演先鋒角色。1905 年 2 月，當日俄戰爭尚在進行之際，該報紙就發表題為「日本的入侵：時間問題」的社論，指出一旦日俄戰爭結束，日本移民入美的涓涓細流，就會成為巨浪狂瀾。此後，該報即不遺餘力地鼓吹排日。❷❷

　　除此之外，又有學者提出排日的必要性和重要性。蒙塔維爾·弗勞爾斯（Montaville Flowers）在 1917 年出版《日本對美國輿論的征服》，從人類學的角度主張禁止日本人入境。書中指出，初期美國人是由最純潔的白人血統人民所構成的，儘管它參雜 1880 年以後到來的東歐、東南歐人種而沖淡美國人的同質性，但若是它與日本人融合，則在種族上更具災難性，因而應完全禁止日本人移民美國。史坦福大學社會學教授艾德華·羅斯（Edward Ross）則指出，排日主要是由於日本人給美國經濟帶來巨大後遺症。在這些情勢的推

---

❷❷　Roger Daniels, *The Politics of Prejudice: The Anti-Japanese Movement in California and the Struggle for Japanese Exclusion* (Berkeley: University of California Press, 1962), 24-6.

動下，排日逐漸成為社會各界的共識。

　　日本政府初期並不關心這些窮困出身的外移人民，也不在乎他們受到白人社會的排擠。但隨著日本國力的上升，多數日本人認為保護海外日本人免遭歧視，也就是維護國家的尊嚴；如果聽任日本臣民在海外遭受歧視，這與日本成為世界大國的目標極不相稱，日本政府遂逐漸改變政策。日本駐美公使真吉高八曾經電告日本外務省應以華人為鑑：貧困華人所產生的可鄙行為造成西方人蔑視華人，並通過法律將他們排擠出美國。因此他建議日本政府禁止下層日本人移民美國，否則日本人將「重蹈華人的覆轍」。數年後，當日本人開始大規模移民美國時，駐美大使珍田舍己也告誡政府，移民要經過挑選，日本應從在美華人被排擠的經驗中學習教訓。

　　只是美國勞工組織一如從前之對待華人，仍是排日運動的強力支持者。1900 年起，他們就開始進行排日運動。美國勞工聯盟（American Federal of Labor）全國代表大會通過決議要求排斥日本移民，聲稱「太平洋海岸和洛磯山各州都深受中國和日本廉價勞工之害」，為此要求國會延長排華法案，並修改成包括所有蒙古種的勞工，亦即將日本、高麗都涵蓋在內。1905 年，舊金山白人勞工首先成立「排亞聯盟」（The Asian Exclusion League），其後該組織迅速擴展到太平洋沿岸各州以及內華達、科羅拉多，甚至在加拿大也建立分會。

　　加州政界也順勢支持排日，使得排日運動更加肆無忌憚。加州州長亨利‧蓋奇（Henry Gage）在 1901 年指出，不受限制的日本移民將會如同之前的華工一樣，對美國工人構成威脅。舊金山市長詹姆斯‧斐倫（James Phelean）也認為，日本人正在進行一股移外浪潮，

如同先前華人一般，而美國在二十年前曾經採用「排華法案」制止這種浪潮，言下之意，如今應該再次以嚴刑峻法阻止日本人來美。因此，加州政府在二十世紀初期，通過一系列法律限制日本人。

㈠ 剝奪受教權和入籍權

加州的日本人首先被剝奪的是他們的受教權。舊金山大地震後的重建過程中，1906 年 10 月 11 日，該市教育局再次命令所有華人、日本人、朝鮮人的子女都要進入專為東方人設立的「遠東學校」。隨後，東京的一些報紙報導這一事件，日本政府也提出抗議，使得一個原本只是地方性的歧視行為演變成一場外交糾紛，由此產生了美日之間的緊張關係。

舊金山日童就學事件發生後，老羅斯福總統（Theodore Roosevelt）不贊成西部的排日運動。他認為日本是個世界大國，應與亞洲其他國家有所區別，基於美日關係的考慮，他要求舊金山教育局會取消這項命令。老羅斯福的態度和立場遭到加州輿論界和政界一致反對。加州州長喬治·帕迪（George Pardee）批評羅斯福不瞭解加州日本人問題的嚴重性，並聲稱加州有權在學校中對亞洲人採取隔離措施，除非最高法院裁定這項措施是違憲行為。面對加州的強硬立場，羅斯福只好讓步，邀請加州和舊金山教育局的官員到華盛頓，地方與聯邦相互妥協：舊金山教育局取消隔離命令，而羅斯福則同意與日本達成限制日本移民的協議。美日兩國政府從 1907 年底到 1908 年初，經過長達一年多的談判，簽訂美日關係史上著名的「君子協議」（Gentlemen's Agreements），以行政命令發佈，不需要美國國會的批准。日本方面同意嚴格限制赴美的移民人數，但仍

可以發放護照給那些「定居在美國的日本人父母、妻子、子女」；
美國方面則允諾同意這些人入境。

　　「君子協議」的重要性是它改變在美日本人的人口結構，大量
日本女性開始進入美國。1900 年，日本女性僅佔加州日本人口的
5.4%，1910 年佔 15.1%，1920 年為 36.9%，到 1930 年則為
42.1%。換言之，「君子協議」雖然限制日本勞工的入境數量，但
大量日本女性移民對日本人在美國的後代發展具有重要的意義，避
免如華人社群般的嚴重男女比例失調和缺乏土生後代。

　　美國排日的另一個重要手段是剝奪在美日本人的入籍權。早在
1906 年美國司法部長就命令各地方法院不得授予日本人公民權；
但地方法院各行其事，有些仍准許日本人加入美國國籍。這種情況
於 1922 年「小澤高男訴美國案」（Takao Ozawa v. United States）的裁定
而徹底改變。小澤高男出生於日本，1894 年以學生名義到美國留
學，他畢業於伯克萊高中，後進入加州大學讀書，在美國居住多
年。他要求加入美國國籍，屢次被加州地方法院駁回後，上訴到最
高法院。最高法院則以小澤高男屬於無權申請國籍之種族，判其不
能獲得美國國籍。這項判例的影響極大，使第一代日本人不能加入
美國國籍。❷

〔二〕 加州「外人置業禁例」的制定和實施

　　美國還從經濟上排斥日本移民，最為典型的是 1913 年、1920

---

❷　Mae M. Ngai, *Impossible Sujects: Illegal Aliens and the Making of Modern
America*, 42, 44, 48, 54.

年、1923 年加州通過的「外人置業禁例」（Alien Land Laws）。1907
年，加州就開始考慮制訂法律，禁止日本人擁有土地。隨著日本人
佔有的土地越來越多，排外主義者要求制訂這類法律的呼聲也越來
越高。1913 年春天，加州參議院通過「外人置業禁例」。該法規
定不能獲得入籍權的日本人沒有資格獲得農業財產。❷❹針對這種情
況，日本人利用該法中的漏洞，採取三個主要的逃避手段：⑴以他
們在美國出生的子女之名義購買土地，因為這些子女在法律上是美
國公民；⑵使用其他美國公民的名義購買土地，而這些人往往是委
託代理人；⑶成立虛有其實的假公司，因為若美國公民是公司中股
票持有者的多數，成立公司並不違法；於是在白人律師的幫助下，
一對日本夫妻與其在美國出生的兩個兒女，再加上一位願意幫忙的
白人律師就可以成立一家公司，而因為三個公民和兩個僑民，名義
上公司裡的公民佔多數。加州大多數律師都樂意效勞。

　　面對這種情況，「排亞聯盟」聯合其他排日團體提出一個更為
嚴厲的動議，終於在 1920 年，加州又通過一個新的「外人置業禁
例」。該法規定：⑴日本人不得成為擁有農業土地的公司成員，也
不得成為此類公司的股東；⑵禁止日本人作為其擁有或租賃土地的
未成年子女之監護人。❷❺ 1921 年以後，太平洋沿岸和中西部的亞
利桑納、俄勒岡、愛達荷、內布拉斯加、德克薩斯、堪薩斯、路易
斯安那、蒙大拿、新墨西哥、明尼蘇達和密蘇里等 12 個州陸續通
過「外人置業禁例」。

---

❷❹　陳靜瑜，《美國族群史》，頁 367。
❷❺　陳靜瑜，《美國族群史》，頁 371-2。

　　加州排外主義者認為這還不夠嚴厲，因為有些白人地主雇用日本人為勞工，但其薪資是依照收成價值而與地主協商比例，而非固定薪資。這種稱為「穀物合約」的方式使得日本農業勞工仍可享受如同租賃土地的利益，於是加州在 1923 年又通過了一項法規，將穀物合約判定為抵觸「外人置業禁例」。由於「外人置業禁例」一次比一次嚴格，日本人佔有的土地數量開始下降，而白人在這些過程中更加鞏固其至高無上的權威。❷

㈢ 日本移民問題與「1924 年移民法」

　　由於美日之間的「君子協議」並沒有收到限制日本移民的效果，排日人士欲圖訂下一個如「排華法案」的排日法案。國務院從外交層面考量，呈送參議院一份報告，請求應給日本人每年 250 名限額，而不是完全禁止。但參議院認為國務院的做法是削弱國會的立法權，要求出示進一步資料。國務卿請日本大使植原正直提供日本方面的資料，植原大使回覆時還附了一封信，稱如美國在移民法中出現排日條款，將對兩國關係產生嚴重的後果。信件披露後在國會引起軒然大波，指責日本大使傲慢無理。雖然柯立芝總統從美日關係的發展著眼，建議此法規應推遲兩年再議，讓國務院有足夠時間與日本人協商移民問題，但遭到國會的拒絕，而通過「1924 年移民法」。按其規定，日本每年配額只有四十名，等於排除日人入

---

❷　Chris Friday, ""In Due Time": Narratives of Race and Place in the Western United States," in Paul Wong ed., *Race, Ethnicity, and Nationality in the United States: toward the Twenty-first Century* (Boulder, Colo. : Westview Press, 1999), 108.

境。「1924 年移民法」於當年 7 月 1 日生效後，日本政府宣布這天為「國恥日」。

　　排斥日本移民的法令對第一代在美日本移民及日本後裔產生一系列消極的影響。首先是日本移民數量不斷下降，大量移民返回日本。但日本人有一個與其他亞裔不同特點，即是在美國出生的第二代日本人比例逐年上升。1920 年第二代日本人佔在美的全部日本人口的 27%，1930 年佔 52%，1940 年為 63%。**㉗**雖然日本出生在美國的第二代日本人比例不斷上升，但大多數日本人都為其子女保留了日本國籍。產生這種現象的主要原因是：第一代日本人擔心自己有朝一日被迫返回日本，他們希望將自己的子女帶回去；同時他們擔心自己的子女遭到歧視和排斥，希望他們回日本發展。

結　論

　　美國自建國之後，來自世界各地的人民仍不斷湧入。不同時段進入美國的移民引來一波波排外浪潮，而督促政府設立各種移民法規。檢視其移民法規的立法緣起和過程，充分反映美國族國建制過程中，對國內族裔組成的考量與選擇。我們從許多法規的討論與對立過程可以看到，不論是地方性的州法或聯邦層級的法規裡，種族歧視是制定這些法條的重要因素，尤其如「1924 年移民法」的移民配額制度是以族裔來源篩選未來的移民。從這一體制的制訂過程來看，「1924 年移民法」已經提出配額原則的精神和具體措施，

㉗　Roger Daniels, *Asian America*, 156, Table 5.1.

形成現代美國移民體制，直至 1965 年移民法才有巨大改變。

　　就華、日兩族移民而言，這種配額體制是由「排華法案」起，一系列排斥亞洲移民法令的總結。美國排斥亞洲移民的政策對亞洲移民在入境人數、男女比例、居住模式以及就業等方面產生極為抑制和侷限的影響。這種現象直到美國參加第二次世界大戰後，逐漸改變對中國、菲律賓移民的歧視和排斥政策。在 1943 年美國廢除「排華法案」後，它對亞洲移民的政策才開始出現鬆動。

　　值得我們注意的是，日本移民來自被當時世界列強接受的強國，這點與其他亞洲國家移民大為不同。雖然日本政府初期並不關心這些窮困出身的外移人民，但隨著日本國力的上升，日本政府遂逐漸改變政策。然而，即使日本政府保護其僑民的政策也未能阻止美國的排日風潮，此中說明美國排外運動的種族歧視因素之深刻。

第二章
華日兩族的經濟互動

　　本章以美國本土的西部地區和夏威夷為研究中心，但兩地族裔組成有明顯差距。所謂的西部地區主要是指落磯山脈以西至太平洋沿岸的區域，包含加州、奧瑞岡、華盛頓、內華達、猶他、愛達荷、蒙大拿、科羅拉多、懷俄明等各州。這些州都是華人與日本移民之來往活動極為頻繁的區域。夏威夷地區自 1898 年併入美國，1959 年才正式成為一州。雖然當地也有許多的華人和日本人，但與本土有許多差異。早在十九世紀中葉的西部淘金熱之前，即有一些華人到夏威夷去尋求發展。1853 年時，夏威夷人口中，當地原住民佔 97%，白人佔 2%，而華人只有 0.5%。到了「一九二四年移民法案」通過之前一年，原住民僅佔 16.3%，華人佔有 9.2%，菲律賓人則有 8.2%，都多於白人所佔的 7.7%，而日本人卻高達42.7%。再以 1920 年的人口普查為例，可以說明亞裔人口在當地所佔的份量。當年的亞裔人士（即具有中國、日本、高麗、菲律賓族裔背景者）佔夏威夷總人口的 62%。與此相較，同一時期的普查結果，美國本土的亞裔只佔 1.7%，即使在加州，其亞裔人口也不過 3.5%

而已。❶正因為夏威夷的族群生態已經被這些來自亞洲的黃種族裔佔據絕對人數優勢，造成他們在當地社會的地位已然有所不同，並使得華、日之間的關係及他們和白人的互動模式，與美國本土相較，有明顯差距。

自從夏威夷正式併入美國領土（但尚未正式成為一州），來自美國本土的白人仲介者，聯合已在本土的日本旅店商人，在夏威夷招募勞工轉進美國本土。因此在 1902 年到 1906 年之間，近三萬五千名日本人由夏威夷進入美國西岸。大量的勞力流失迫使甘蔗園主要求夏威夷領區的政府採取限制仲介業的措施，而老羅斯福總統（Theodore Roosevelt）更於 1907 年頒佈行政命令，禁止日本人持著赴夏威夷、墨西哥、加拿大的護照，再轉赴美國本土。

日本人移入美國本土晚于華人約三十年左右。1880 年有少量的日本人到美國本土，多以青年學生為主。他們出身日本中上階級，在日本已受過教育，胸懷大志前赴美國，屬於開路先鋒者。這些學生採半工半讀的方式，有些進入白人家庭擔任僕役，有些則在寒暑假或課餘時間作雜工。1882 年，美國國會通過排華法案之後，西部地區的排華風潮漸次消退；從此卻也因華工入境不易，造成加州、甚至整過西部地區的農、漁、礦業，以及鐵道建設與維修事業，都面臨人力不足的窘境。1880 年代中葉以後，逐漸有成群結隊的日本勞工抵達加州，初步滿足了勞動力的需求。但大量日本勞工進入美國本土是在 1894 年後，時當夏威夷與日本的契約工協

❶ Ronald Takaki, *Strangers from a Different Shore: A History of Asian Americans* (New York: Penguin Book, 1989), 132.

議結束，且 1895 年中日甲午戰爭結束之後，日本興起一股到海外尋找機會的熱潮。而美國總統麥金尼（William McKinley）於 1897 年就任後，在經貿上採保護政策，使其國內產業快速發展，特別在鐵道方面，因而需人恐亟。此時正好「東洋汽船會社」開通日本與舊金山的航線，造成日人到美國本土的人數在 1900 年普查時已逼近兩萬五千人，到 1902 年則達到四萬人，呈現前所未有的局面。❷

日人移入美國本土漸多之後，從此展開華人與日人的來往互動，為多種族的美國社會添增更複雜的面貌。以下將經濟活動分成郊外與城鎮兩類經濟行業，分別析論其中華日兩族的互賴共生到競合關係的轉變。

一、郊外經濟行業

十九世紀末葉到達美國的日本人，主要從事農業、伐木業、礦業、鐵路維修業以及鮭魚罐頭製造業等的勞力工作；少數則進入城市，經營小本生意的各類商店。早期日本勞工的就業機會，不少是靠著華人工頭的仲介而得來。華人因進入美國西部較早，已經立足於這些行業，但是因為排華法案的限制，阻斷新進的華工，華人工頭只能以日本工人代之，而穿梭于白人雇主和日本勞工之間。

---

❷ 在米日本人會，《在米日本人史》（東京：在米日本人會，1940 年），頁56。

(一) 鐵路修築業

　　橫貫美國大陸的鐵路於一八六九年完成落磯山區段的艱鉅工程，其主要勞動力為華人。「中央太平洋鐵路公司」（Center Pacific Railroad Company）最初於 1865 年試用少量華工。❸華工的能力、耐力顯然超過白人雇主的想像，破除其疑慮，開始大量起用華人。至該年底華工人數已增達三千人，且工作項目不再只限於非技術的部分，還擔任需要技巧和危險性的工作，如鑽鑿、爆破、操作卸土車。❹尤其在 1867 年的冬天，工程進行到內華達地區險峻的塞拉（Sierras）山脈，鐵路要翻山越嶺、開鑿隧道，工程險阻。但華工在寒天雪地裡，奮不顧身地完成使命。據一位白人工程師的回憶，那年有不少華工犧牲性命，葬身於冰雪中。❺

　　雖然華人賣力工作，但橫貫東西兩岸的鐵路完成後，卻是華人悲慘命運的開始。萬餘名的鐵路華工頓時失業。陸續由東部遷移而來的白人反而視華人為競爭對手，引起各種排華風潮，推動立法限制華人活動，終於在 1882 年導致美國國會通過「排華法案」。

---

❸　橫貫美國東西的鐵路計畫起於 1840 年代，但被內戰打斷。內戰結束後才重啟爐灶，由聯邦政府發行公債，並將沿線土地撥給鐵路公司，以利其售地而集資。「聯合太平洋鐵路公司」負責密蘇里河往西的部分；「中央太平洋鐵路公司」則負責由沙加緬度（Sacramento）往東的部分。前者多在平原區，後者則要穿山越嶺。兩方最終於 1869 年在猶他州的波曼特利點（Promontory Point）相接。

❹　劉伯驥，《美國華僑史》（臺北：黎明文化事業公司，民 65 年），頁 276-8。

❺　見 Alexander Saxton, *The Indispensable Enemy: Labor and the Anti-Chinese Movement in California* (Berkeley: University of California Press, 1971), 148.

舊鐵路的維修、新支線的建築，仍然需要大量的人力。尤其是華人建築橫越美國鐵道的太平洋段，此一艱鉅任務的完成使資本家將華人視為最佳的鐵道和礦區工人。排華法案造成華人入境美國愈形困難，使得華工來源後繼無力，間接推動大量日本人來美。後至的日本人顯然被資本家視為取代華工的人選，因此資本家誘引日本人進入鐵道和礦業。❻如此也可見白人資本家不分華、日勞工的現象。

根據移民局調查，1890 年到 1900 年間，鐵道業的勞工分配中，美國土生白人比例沒有變化，但外國生的白人（如希臘人、義大利人、奧地利人）比例降低，反之則是亞洲人、黑人、印地安人的比例增加。而亞洲人當中，日本人取代華人的現象明顯。在 1909 年的資料中，九家白人鐵路公司所雇勞工中，日人人數將近華人的十倍。❼事實上，鐵路勞工的主要成分由早期愛爾蘭工人到華工，進至外國生的白人，再到日本人、墨西哥人。❽這個替換過程顯示資本家尋求廉價勞工，以降低成本。

在所有勞工中，華人、日本人、墨西哥人的薪資最低。❾由雇主眼中看來，日本人不夠強壯、不如墨西哥人之耐熱，不聽使喚，

---

❻　在米日本人會，《在米日本人史》，頁 56。

❼　U.S Congress, Senate, Immigration Commission, *Reports of the Immigration Commission: Immigrants in Industries*, Part 25, "Japanese and Other Immigrant Races in the Pacific Coast and Rocky Mountain States," 61st Cong., 2d sess. (1911), Senate doc., Vol. 25, 8, Table 5.

❽　*Ibid.*, 14-5, 17.

❾　*Ibid.*, 16, 18.

也較奸詐而需要監督。此外，日本勞工要求多，且採用團體力量進行要求。相較之下，墨西哥勞工比較懶散無組織、酗酒，不會要求過多、較易使喚。少數白人工頭曾有管理華工經驗，讚揚華工強壯、勤奮、聽話、飲酒適度，但不如日本人之適應性強、有進取心、學習較快。❿這些都顯示白人資本家的種族偏見，認為白人勞工工作量大，而有色人種不是如亞洲人之虛弱、就是如墨西哥人之懶惰，不值得高薪。這其實是批評勞工之所以廉價的托詞。

　　礙於人力不足，鐵路公司到處招募日本工人，西岸地區日本人經常下榻的旅社或是接待同鄉的日本商人，都成為詢問的對象。如前所述，甲午戰後是日本人到美國最為興盛的時期。人力仲介商通常與舊金山、西雅圖等入港口岸的日人旅館保持聯繫，爭取和互奪勞工來源。其中，由夏威夷轉來的日本人最能滿足鐵道業仲介商的急徵。這些勞工常是一上岸就直接搭車直奔猶他州、愛達荷州、懷俄明州，連港口城市的景貌都不及見到。二十世紀初期，約有一萬兩千餘名日本勞工陸續進入鐵路修築工作。⓫

　　日人資料似乎避談日本勞工與華人人力仲介商的關係，只提到自身的發展。有一資料述及早在 1891 年有日本勞工進入鐵路修築業。當時，「奧瑞岡州短線鐵道會社」（the Company of Oregon Short Line）厭惡華工不夠誠實，有意任用他種勞工，於是有九十餘名日本工人前去工作，是為日人進入鐵道業之先鋒。此次的接洽人物是

---

❿　*Ibid.*, 22, 23, 43.

⓫　*Ibid.*, 24. Yuji Ichioka (市岡雄二), "Japanese Immigrant Labor Contractors and the Northern Pacific and the Great Northern Railroad Companies,1898-1907," *Labor History* 21 (1980): 325-50.

日本夏威夷領事館書記伴新三郎。❶之後，另有日本人長谷川源司在加州試圖「直接」與白人接觸而仲介人力。雖不知此舉是否成功，但顯示前此被非直接、而需藉助其他管道。❸

田中忠七據稱是最早開業的人力仲介商。他原來是一位船員，1891 年時，他在波特蘭（Portland）招募了四十名工人給「聯合太平洋鐵路公司」，而這也是首次由日本工頭直接與鐵路公司簽約。❹來自岡山縣君津郡高松町的田和亥之太指稱，田中忠七早先與一位餐館女侍陷入戀情，而此女和一個名叫亞瑟（Arthur）的華人工頭熟識（一說為其情婦）。田中利用此一裙帶關係，幫亞瑟找日本工人去修築鐵路，並因而與白人鐵路公司有所聯絡。❺藤田美代治早年也曾經任職於美國鐵路公司，退休後居住於華盛頓州史普堪（Spokane）。他在 1910 年代由墨西哥入境美國，先在洛杉磯工作一陣子之後，轉往波特蘭去當修築鐵路工人。藤田任職於 S. P. S.鐵路公司數年後，終於在 1922 年被提拔為工頭。他的任務是監控和維修里比（Libby）區段六英里長的鐵路路段。該區段位於華盛頓州南方城市帕思口（Pasco）郊外，鄰近奧瑞岡和華盛頓州界。夏季

---

❶　柏村桂谷，《實地踏查北米》（東京：龍文堂發行，大正二年，1913 年），頁 220。移民局調查報告中，只提到該公司以日人替代華人，但並無說明原因是華工不誠信。見 *Reports of the Immigration Commission: Immigrants in Industries*, Vol. 25, 15.

❸　在米日本人會，《在米日本人史》，頁 56。

❹　Kazuo Ito（伊藤一男）, *Issei: A History of Japanese Immigrants in North America* (translated by Shinichiro Nakamura and Jean S. Gerard) (Seattle: Japanese Community Service, 1973), 292.

❺　*Ibid.*, 295.

時，他有七、八個人手，冬季則只剩兩、三個人。藤田對於手下的工人，人種不拘，因此不論是日本人、華人、墨西哥人、還是白種的美國人或是歐洲人，他都採用。由上述例子可見，藉由華人工頭的穿針引線，日本勞工取代了人數日減的華工，成為鐵道修築業的重要勞動力來源。一旦日工人數增加，不免出現日本工頭，招募自己同族人。甚至到了 1920 年代，還出現華人在日本工頭之下作事的現象。❻

㈡ 漁業與鮭魚製罐

　　漁業是華、日勞工明顯交替的另一項產業。美國華人在太平洋沿岸捕魚的歷史甚早。由於加州法律在 1853 年開徵外國礦工稅，有些華人被迫離開礦區，轉而從事捕魚、蝦、蟹、鮑魚，或是打撈海菜。❼ 1856 年起，華人開始在加州南部沿岸（如洛杉磯、聖地牙哥等地），採掘鮑魚。美國人不曉此物，但自 1860 年代起，以鮑魚殼作裝飾和首飾，逐漸受到白人重視。華人搭乘白人漁船採鮑，以鮑魚殼付其運費，鮑魚肉則作為自己的利潤，將之鹽醃曬乾，銷回中國。排華法案通過後，華人自製的採鮑艇被視為外國船隻，不得在美國領海作業而被禁止。許多華人改就他業，其地位遂被後來的日本人逐漸取而代之。❽

　　日本人到美國西部之後，也投入漁業捕撈。1898 年，舊金山

---

❻　*Ibid.*, 333.

❼　劉伯驥，《美國華僑史》（臺北：黎明文化事業公司，民 65 年），頁 305-7。

❽　上引書，頁 308。

南方漁港蒙特利（Monterey），有一日人野田音三郎原在果園工作，後嘗試採用日本的浮船於漁撈業，收穫豐碩。一時之間，讓原先已在此業的白人、華人利益受損。這個技術雖不至於擊倒對手，但已足以讓日人自認是其漁業的重要起步。❹

　　漁業之中，鮭魚（Salmon）製罐是最重要的部份。美國西北部沿岸往北，直到阿拉斯加的寒冷海域，都是豐富的鮭魚產地。西北部大河哥倫比亞河（Columbia River）及其支流，經過奧瑞岡州和華盛頓州，最終注入太平洋，也是鮭魚的重要產地。捕鮭季節主要在春夏時節，每年大約由四月到八月左右，全季可長到十個月，製罐季節則主要只有兩到四個月。

　　1870 年代，當鮭魚罐頭廠開始在哥倫比亞河沿岸設立時，華人就進入鮭魚罐頭製造業。當 1869 年太平洋區段的鐵路完工，隨後 1870 年代初期，加州經濟遭逢景氣蕭條，華人遂轉往他州就業，成為西北海岸及阿拉斯加鮭魚罐頭廠的工人。1871 年，奧瑞岡州有鮭魚罐頭廠開始啟用華工。次年，華工也被引入哥倫比亞河流域的其他鮭魚罐頭廠。此後，奧瑞岡、華盛頓、英屬哥倫比亞和阿拉斯加的罐頭廠，幾乎都由華工獨佔，尤其是據舉足輕重的技工地位。其工作內容主要是在廠內，而不包含在外捕魚。華人把鮭魚罐頭廠的工作稱為「魚濕」（Fishing camp），主要都以包工制，由設在舊金山、波特蘭、西雅圖或是溫哥華等地的承包商包下罐頭廠的工作後，以這些大城為集散中心，招攬工人，再乘船到沿海或是河岸的鮭魚罐頭廠去。排華法案前，華人在哥倫比亞河一地的鮭魚罐

---

❹　在米日本人會，《在米日本人史》，頁56。

頭廠人數已達三千人，若含阿拉斯加，則超過五千人。❷因為製作鮭魚罐頭要遠赴他地，工作環境又差，時間緊迫而壓力甚大，算是極為辛苦的工作，因此華人工頭通常會在工作季節之前先預支薪水、拉攏工人，但唯恐工人領取工錢之後卻逃跑，有些工頭具有華人秘密社團的堂人身份，到時恩威並施，確保可以捉拿工人上工。❷

華人初入罐頭廠之時，就曾有日本來的年輕人同行。這種人可能只是出於好奇或探險，而前往阿拉斯加的鮭魚罐頭廠。根據一項日文資料顯示，1867 年，有個幕府將軍家臣旗本的後代，經由白人的安排偷渡入美，他還曾在明治四年（1871）擔任岩倉大使訪問美國時的翻譯。當年，他與一群華人到阿拉斯加的鮭魚罐頭廠去工作，但其動機可能只是基於探險或是增廣見聞，而不是為了生計。❷ 1885 年之後，受到排華法案影響，華工人數漸減，罐頭廠初期曾啟用白人勞工，但白人以工作環境差、薪水又不高，而意願低落。到了 1899 年，日本勞工漸多，已經成群結隊地出現在西北地

---

❷ 劉伯驥，《美國華僑史》，頁 309。
　鮭魚罐頭廠的工作分成捕魚和製罐兩部分。製罐工作詳見下文，捕魚工作則被白人工會勢力主宰，主要以土生白人或移民白人為多。只有在 1906 年以後，英屬哥倫比亞地區的費瑟爾河（Frazer River）的鮭魚罐頭廠才有日人當漁夫。見 *Reports of the Immigration Commission: Immigrants in Industries*, Vol. 25, 389.

❷ Survey of Race Relations (此檔案置於 Stanford University, Hoover Institution Archives，之後簡稱 SRR), Box 28-219-2, Second interview with Mr. Henry A. Monroe, August 26th, 1924.

❷ 伊藤一男，《北米百年櫻》（西雅圖：北米百年櫻實行委員會，1969 年），頁 433。

區和阿拉斯加地區的鮭魚罐頭廠。固然有華人利用偷渡方式由加拿大卑詩省（British Columbia）越界而過，或是以「紙仔」（Paper sons）之名，假借為商人之子，規避禁止華工入美的法條，抵達美國華人集中的大城（如舊金山、波特蘭），再由當地華人仲介商介紹到西北地區的鮭罐廠。但藉由這類違法行徑而來的華人終究不如日本人可以公開來美之多。舉例而言，1900 年四月初抵美的「日本丸」號，上載 246 名日本人入境西雅圖。這些人當然大力補充農、漁各業等不足的人力。❷約 1904 年以後，愈來愈多的華工老去而離廠，雖然罐頭廠主優先考慮白人女性或童工，但日本勞工人數眾多、可以快速遞補而上。他們多只有二十餘歲，四十五歲以上者不及一成；相較而言，華工多是四十歲以上，可見其年輕力壯之程度。❷

　　有趣的是，這些日本工人是經過層層轉介而招募來的，而其上最大的承包商是華人，中間商則是日本工頭。排華法案之後，華工人數日減；在同族人力不足的情況下，華人開始介紹一些日本人進入罐頭工廠，從事較無須技術的工作，如清洗魚身、剝鱗等工

---

❷ "The Route Discovered, Way in Which Chinese Enter Washington from British Columbia," *Seattle Times*, March 1, 1900, p. 8; J. S. Tyler, "Tiny Brown Men Are Pouring Over the Pacific Coast, Chinese Are Also Taking Advantage of the "Native Son" Clause," *Seattle Times*, April 21, 1900, p. 10.

❷ *Reports of the Immigration Commission: Immigrants in Industries*, Vol. 25, 389; "Chinamen Being Displaced, Japanese Labor at Fish Canneries Now Said to be Preferable," *Seattle Times*, June 11, 1904, p. 5；亦見 Chris Friday, *Organizing Asian American Labor: The Pacific Coast Canned-Salmon Industry, 1870-1942* (Philadelphia: Temple University Press, 1994), 114.

作。❷日本人到阿拉斯加主要在 1899 年前後，當時因阿拉斯加傳出發現金礦，吸引不少人前往淘金，正好當地製罐業缺乏人力，所以華人承包商開始募集日工。舊金山的酒卷幸佐和海東盛太郎為華人承包商召集數十名日人，每個人整個季節的薪資約九十美元。但這群勞工不熟悉製罐頭工作，又沒有發現金礦，失望而歸。隔年，酒卷幸佐再度引介四十餘名日人到阿拉斯加，但日本勞工仍不適應當地的工作。1901 年時，酒卷幸佐跳過華人承包商的羈絆，直接與阿拉斯加製罐公司（Alaska Packers Company）簽約，提供日本勞工到其罐頭廠，確立日人自立為承包商的基礎。此後，由舊金山搭船出發至阿拉斯加的日本人，絡繹於途。到 1912 年，已有三千三百餘名日本人在阿拉斯加工作。❷

　　來自福岡縣的菊竹經義也是早期的人力仲介商。1902 年時，他曾為一個在西雅圖的華人勞力仲介商工作，替他找尋日本勞工。這名華人包商不但是個實業家，還具有中國駐西雅圖地區名譽領事的頭銜。菊竹經義在華人手下作分包商，成立「菊竹事務所」，但也只有負責薪資發放而已，而不插手與雇主協商或是管理工人食宿問題等，所以這個事務所還不算是一個統管完整的綜合事務所。在西雅圖，除了這名華人仲介商之外，還有兩個事業更大的華商。在

---

❷　有關鮭魚罐頭業開始引入日本人，可以參見 Chris Friday, *Organizing Asian American Labor: The Pacific Coast Canned-Salmon Industry, 1870-1942* (Philadelphia: Temple University Press, 1994), 93-103；華人承包商與日工間的契約制度運作則見 105-109。

❷　在米日本人會，《在米日本人史》（東京：在米日本人會，1940 年），頁311-2；伊藤一男，《北米百年櫻》，頁 433-4。

此時期，西北海岸地區的大城，如西雅圖、塔可馬（Tacoma）、波特蘭，可以見到為數不少的日本人與華人不斷地前往奧瑞岡州、華盛頓州、加拿大、阿拉斯加的鮭魚罐頭廠工作。❷通常由上列大城出發，約需三天兩夜的時程（若為帆船則要二十餘天）才能到達阿拉斯加，而去到當地的鮭魚罐頭廠時，廠內也擠滿其他的亞裔工人，例如華人或是菲律賓人。❷

到了 1910 年代，日人已經確立自己的包工制度。上南菊三在西雅圖所開設的人力仲介事務所已經跳過華商的關係，直接與白人罐頭廠主簽訂契約，負責提供人力。上南出生於 1885 年（明治十八年），是奈良縣吉野的農家子弟。1904 年靠著同鄉之助，來到西雅圖。原本他是要去加州研究柑橙果樹的農技。他的英語與人際溝通能力不錯，一年之後就在西雅圖開了一家「AB」職業介紹與登記所，並在 1910 年改為「AB」仲介事務所，成為第一個直接和白人簽約招聘日本工人的事務所。上南提及一個有關飲食的小細節：在此之前，日工都與華工一起工作，仲介商所提供的廚師也是華人，日本人卻不太適應中式料理的口味。當逐漸有較多的日工來源時，「AB」仲介事務所就聘用日本廚師，可以提供日式料理，因而更吸引日本工人。其他日本人所開設的仲介事務所也如雨後春筍般的出現，如佐伯一郎、西村文利、永松純一、小昌平太郎、串種二郎等等皆是。其中最大的仍屬上南菊三的事務所，負責仲介七、八家鮭魚罐頭廠的勞工來源，其餘的事務所則依其規模大小，有的五、

---

❷　同上註。

❷　伊藤一男，《北米百年櫻》，頁 433、440。

六家，有的只有三家罐頭廠的人力。無論日本仲介商之規模或大或小，相似的情況就是他們逐漸取代華人仲介商。根據日人說法，西雅圖的三大華人仲介商最後只剩一家，而且它僅負責供應加拿大漁業公司（Canadian Fish Co.）罐頭廠的勞工而已。㉙但其實直至 1910 年代中後期，仍可見到華人承包商和華人工頭的身影。岡山縣総社市的林熊之進，於 1915 到 1918 年間在阿拉斯加罐頭廠工作。當時是由一個日本人力仲介商林石松幫他的上屬華人承包商召集三十個工人。㉚只是由於日本工人快速增加，勢力逐漸茁壯，1910 年代起，有了自己族裔的承包商，開始真正威脅到華人地位。㉛

　　罐頭廠內的工作流程和分工情況大約如下：每次大概有二十萬到六十萬隻魚入廠，工人先用叉子將魚由網裡清出來；隨後將各類魚種分開。再來就是切魚的工作：去魚頭與取魚肉都是仰賴手工，而華工是此中高手。在處理鮭魚的過程中，剖切魚肉的屠夫扮演重要角色。他們需要熟練的技巧，以便在最短的時間取出最多的魚肉，而沒有絲毫的浪費。華人屠夫可以在八刀之內，切出最多的魚肉。一天十小時的工作下來，可以處理兩千條鮭魚。㉜因華人經驗豐富、技術精良，大部分手工技術的工作都由他們包辦，更使資本

㉙　上引書，頁 433-4；亦見《在米日本人史》，頁 312。

㉚　上引書，頁 454。

㉛　Chris Friday, *Organizing Asian American Labor: The Pacific Coast Canned-Salmon Industry, 1870-1942* (Philadelphia: Temple University Press, 1994), 102-3.

㉜　Margaret Willson and Jeffrey L. MacDonald, "The Impact of the "Iron Chink" on the Chinese Salmon Cannery Workers of Puget Sound," in Paul D. Buell, Douglas W. Lee, and Edward Kaplan, eds., *The Annals of the Chinese Historical Society of the Pacific Northwest* (Bellingham, WA, 1984), 80.

家賴其能力，而不易讓外人習得其中竅門。但另有一說，華人以其高位而特別排日，避免日人學到技術。日人對此還曾抗爭，訴求要參與更多部門的工作，以完整學習此一行業，也可見其進取和企圖心。[33]

　　從白人雇主來看，華、日兩類勞工各有其優缺點。日人較無經驗，不能吃苦、也不聽話，對工時和工作環境多所抱怨，甚且不太尊重契約規定。在阿拉斯加，日工常被認為好賭、貪杯，而造成麻煩。當地有幾家罐頭廠在包工契約中明言，日工人數不能多過華工，以保證工作品質。但日工年輕，比華工聰明、適應力強、有進取心，因而被認為是替代華工的最佳人選，而不是其他白人。[34]此一說法就如鐵道業的白人資本家，基本上是將日本人當作華人的延續，都是廉價的黃種勞工。

　　正因為鮭魚罐頭工廠非常依賴這批技巧熟練的華工，當排華法案造成華工日減之後，鮭魚罐頭工廠的資本家開始尋求自動化機械，取代華人屠夫。太平洋美國漁業公司（Pacific American Fisheries Company）在 1900 年宣稱，該公司引進機器設備，可節省人力，因此其雇用的白人勞工首次超過華工，在 1500 名工人中，華工只佔五分之一。[35] 1903 年，一位白人 E. A. Smith 發明一臺機器，可做去魚頭、魚尾的動作，再切腹取肉。這種機器的名稱就叫做「鐵清

---

[33]　*Reports of the Immigration Commission: Immigrants in Industries*, Vol. 25, 391, 393.

[34]　*Ibid.*, 395, 407.

[35]　"Machinery Displaces Celestials," "Fairhaven Fisheries," *Seattle Times*, May 24, 1900, p. 7.

客」（Iron Chink），顯然是與華工技術有關。❸

　　這部「鐵清客」的發明凸顯白人資本家在生產壓力下，欲圖減低對高薪華人屠夫的依賴，以降低成本。該機器號稱只需要兩人即可操作，抵過十餘個人力，尤其是熟練的華工。但即使是藉助排華的順風車，這部機器並沒有立即出現銷售佳績。主要是因手工切魚仍有其優點：物盡其用、不浪費魚肉；又可應付各種尺寸的魚身。機器推出一年以來，西部海岸地區的一百五十餘家罐頭廠，只有五家購買 23 部機器。它們主要被用於簡易的切魚、取肉工作，以生產低價罐頭。由此可見華工熟練技術之不易取代。

　　直到 1910 年代，「鐵清客」才逐漸普及於阿拉斯加。當地漁期短、數量又多，人力不及應付，因此改成用機器，生產低價罐頭。至於在哥倫比亞河流域，因漁期長、魚獲量多，且工人來源穩定，仍以人工為主，生產品質較佳的罐頭。美國加入一戰之後，因人力不足，而政府又大量訂購魚罐頭，遂使此種機器需求增加。但機器切魚過於粗略，浪費不少魚肉，仍是一大問題，要到 1920 年代，操作技術更為進步，才得以改善。❸

　　這部機器的啟用也扭轉罐頭廠內的勞工生態。原來佔有熟手地位的華人，開始由不需特別技術的低薪工人取代，如剛到美國的日

---

❸　因為 Chink 這個字眼對華人的歧視意味濃厚，由機器名稱可以看出發明者對華人的鄙視。有關此機器之說明，見 Willson and MacDonald, "The Impact of the "Iron Chink" on the Chinese Salmon Cannery Workers of Puget Sound," 82, 85；亦見伊藤一男，《北米百年櫻》，頁 441。

❸　Chris Friday, *Organizing Asian American Labor: The Pacific Coast Canned-Salmon Industry, 1870-1942* (Philadelphia: Temple University Press, 1994), 84-5.

本人或菲律賓人。❸當日本勞工的人數漸多之後，華人與日人同處一個鮭魚罐頭廠就成為常見的情況。

　　工作之外，華人和日人的生活相處情況，其實因人、因地而有所差異。1911 年至 1916 年間，幸本信二在阿拉斯加的安柯拉治（Anacortes）和華盛頓州北利翰（Bellingham）的鮭魚罐頭廠工作。工人來源是先由華人人力仲介商與阿拉斯加製罐公司（Alaska Packers Company）簽約承包人力供應，再轉包給下游的日本仲介商提供日本勞工，而中田龜吉是主其事者。幸本信二是個工頭，一個月的薪資有六十五美元，並含食宿；一般工人的薪資大約是五十美元上下。伙食由一個華人廚師主廚，所以都是中華料理。據他所言，當時在鮭魚廠大約有四十五個中國工人，四十個日本工人；彼此之間的相處似乎還算愉快。❸幸本先生是個工頭，可能需要帶領和協調屬下工人，因此其言應大致可信。東京的宮崎伊助憶其 1914 年間在阿拉斯加鮭魚罐頭廠的經歷，談到約有四分之一的工人是華人，廚師也是華人，因此他們早餐吃瘦肉粥，午餐有炒竹筍、香菇等，而他認為以當時生活品質之刻苦，這些食物口味算是很好。❹在懷俄明礦區工作的日本人，也都是集體搭伙，由包工工頭負責找來廚師。工人每月伙食費約十七到十八元，食物中有中國白菜、日式醃蘿

---

❸　Willson and MacDonald, "The Impact of the "Iron Chink" on the Chinese Salmon Cannery Workers of Puget Sound," 81, 86.

❸　伊藤一男，《北米百年櫻》，頁 437。

❹　上引書，頁 369-70。

葡。醬油豆腐等，這類東方食材由一個華人挑夫每週送來兩次。**❹**

　　有些日本人則因為華人為其上司，或是彼此起居、飲食習慣不同，遂與之分離，形成以自己族裔為主的群體，由此衍生微詞與隔閡。退休於西雅圖的鈴木弥八在 1911 年到阿拉斯加的鮭魚罐頭廠工作，他還記得不久之後，同廠的華人將辮子剪掉。雖然廠內有五十多名日本人，華人只有二十五名，但他卻認為那個鮭魚廠算是華人所主控的，因為華人是上司，日本人則是下屬；日本人的工作酬勞只有華人的一半而已。此外，許多華人的年紀遠大於日本工人，約是三十餘歲、甚至四十餘歲。其中不少的華人有鴉片癮，每到下午癮頭發作，就會手腳發抖。這時就得趕快離廠回房去抽一管鴉片煙，才能再回來繼續工作。到了週六休假日，華人與日本人則是各自分開聚賭。**❷**有些日本工人認為華人與日人雖然同是東方人，但許多生活方式仍然有別，因此能在全是日人的鮭魚廠工作遠比在華日混雜的罐頭廠工作還好。任職於西雅圖日本人佛教會擔任輪番（相當於執行委員會總幹事）的久間田先生就是持著這樣的看法。退休回東京的宮崎英夫則是更激烈的看法。他對同廠的華工生活習性頗為批評，認為華人隨地吐痰、用手擤鼻涕、鴉片煙癮大、身體有怪味。華人廚師所烹煮的伙食比起日式料理，口味過重又太過油膩。他還聽說有些日本工人雖然勉強習慣中式食物，還是常會自己下廚，與華人分伙而食。西雅圖的石光吉三郎在二戰之前曾兩度在靠

---

❹　鶴谷壽，《亞米利加西部開拓と日本人》（東京：日本放送出版社，1977年），頁152。

❷　伊藤一男，《北米百年櫻》，頁437。

近阿拉斯加地區肯其康（Ketchikan）的鮭魚廠工作過。這個廠有二十個日本工人，五十個華工，其中半數的日人經常會聚在一起賭博。有趣的是，人力仲介商會找來華人老千，精於賭術，參與這類賭博遊戲。❸雖然石光吉三郎沒有說明仲介商是華人還是日人，但顯然日本人可能輸掉不少錢，心有不甘，才特別提起華人老千。由此似乎透露出，有些日本勞工對於和華人一起在鮭魚罐頭廠工作或生活，其實心中頗有芥蒂。

㈢ 農業

　　美國的日本移民投入最深的經濟活動是在農業方面，與華人的互動也因而非常深入。雖然華、日兩族在夏威夷和美國西部都有不少人從事農業，但兩地的農業經營模式截然不同，連帶地也影響工人的作業模式。夏威夷以單一經濟作物——甘蔗為主，而美國西部的農業以小麥和蔬果栽種為主。兩地的農作都需要大量人力，但前者固定於園裡，而後者因蔬果收成的採摘時節不同，而需隨之移動。且因採摘有時間壓力，必須在兩週到六週內完成，使其工期短絀而更加勞累。美國西部農業工人就隨收成季節而四處尋找工作機會，但工資報酬高，可以累積資金，日後向白人租地、甚至買地，使工人有機會向上爬升。但兩地都出現後到的日本人取代先前華人的趨勢。

　　夏威夷地區，華、日兩族交鋒接替最多的是在蔗糖業。夏威夷本有茂盛的野生甘蔗。十九世紀初期，據說已有華人帶來工具，設

---

❸　上引書，頁438；鶴谷壽，《亞米利加西部開拓と日本人》，頁162-3。

立工場榨汁製糖。當時夏威夷經濟尚未開發，市場有限，所以華人的製糖業還有生存空間。1850 年代之後，擁有雄厚資金的白人蔗園主，大幅發展當地製糖業，小型規模的華人製糖業遂遭到排擠而終致淘汰。此後，華人淪為勞工，受僱於這些白人蔗園。當時美國西部因為淘金活動，人口激增，夏威夷蔗園主人欲圖增加產量，銷往美西，擴大利潤，但卻面臨土著因受外來病菌困擾而人口減少、人力不足的窘境。於是夏威夷皇家農業協會與一船長簽訂合同，招募契約工人。1852 年，有批來自廈門的華工，將近兩百人，被安排到甘蔗園去工作，稍後又有一批近百人的華工抵達夏威夷，此為夏威夷的契約華工始祖。但因蔗糖銷售不如預期之好，蔗園的招募華工計畫遂被擱置，直到南北戰爭之時，因美國糖價大漲，戰後需求擴大，招募工人才又見轉機。**⑭**

　　尤其重要的轉機是 1876 年，夏威夷王國與美國簽訂互惠條約（Reciprocity Treaty），夏威夷產的糖得以免稅方式輸入美國，故蔗糖業又再現榮景。**⑮**但舊有的華工卻不再續約，反而轉入檀香山的工商業或其他薪水較高的工作，而需要再次招募工人。這次招募的華工以來自廣東珠江三角洲為主，此後華工源源不斷。到 1882 年時，華工佔蔗糖業的近半人力（49%），成為甘蔗園和製糖業的重

---

⑭ Clarence E. Glick, *Sojourners and Settlers: Chinese Migrants in Hawaii* (Honolulu: Hawaii Chinese History Center and the University Press of Hawaii, 1980), 2-3, 6.

⑮ 1875 年到 1890 年間，夏威夷糖產數量，由兩千五百萬磅增加十倍，達到兩億五千萬磅。1890 年，美國實行大力補助本國糖農的措施，致命打擊外國輸入的糖，使夏威夷經濟大為蕭條。見 Yukiko Kimura, *Issei: Japanese Immigrants in Hawaii* (Honolulu: University of Hawaii Press, 1988), 3.

要勞動力，另有 28.5% 是夏威夷人。但是當時甘蔗園沒有一個華人工頭，近九成的工頭和甘蔗園管理人是白人，可見歧視華人的情況。**⑯**

　　華工在甘蔗園的待遇極差，常遭到園主或管理人員的苛虐，他們就四處請願或滋生暴動行為。事實上，1877 年到 1882 年間，一萬四千名進入夏威夷的華人中，只有三分之一左右是到蔗園工作，其餘則進入工商業。他們與之前由夏威夷政府引入的工人不同，不再全數成為蔗園的契約工，因此也就不易控制，使得有些蔗園園主開始產生反華情緒。

　　早在 1860 年代末期，夏威夷已經出現反華現象。有些白人和夏威夷土著對華人在城鎮中從事手工業，有所不滿。到了 1880 年代早期，這類抗議更加明顯，指斥華人不好好待在蔗園工作，卻轉入工商業。夏威夷的反華風潮應是學自 1870 年代以來美西的排華運動。例如當地在 1883 年成立的「工人聯盟」（Workingman's Union）就是仿效 1877 年加州所成立的「反華勞工黨」（Anti-Chinese Workingmen's Party）。而 1887 年夏威夷的憲法改革時，剝奪入籍華人的投票權，此後政客更明張目膽地煽動白人、夏人，提出反華議案。蔗園園主加入反華陣營後，影響重大。自從他們認為契約華工不再廉價而溫馴之後，開始控訴華人狡詐、鑽法律漏洞來維護自我權益。蔗園園主的態度轉變，使夏威夷政府轉向日本去徵召契約工

---

⑯　Gary Y. Okihiro, *Cane Fire: the Anti-Japanese Movement in Hawaii, 1865-1945* (Philadelphia: Temple University Press, 1991), 23.

人。[47]

　　1885 年，日本政府與夏威夷土著王國簽下約定，招募六千名勞工到夏威夷去種植甘蔗。最初的招募工作由一個美國公司主持，該公司停業後，轉由日本公司繼續主持。1894 年之後，日本政府加入監督輔導這些私人公司，仲介的勞工約達到三萬名。[48]他們在夏威夷甘蔗園的人數之多，已經超越土著和原有的華工。華、日人數相互對比，更可見此一華消日漲的現象。1890 年時，蔗園人力中，華工佔 25%，日工則佔 42.2%。1892 年時，華工比例降到12%，而日本人持續快速增加，至 1902 年時，日工已經達到73.5%。[49]這些日本人多來自於廣島縣、山口縣、熊本縣、福岡縣等地區。整體仲介過程極有系統：人力仲介公司到各縣招募工人，有時甚至是同村人一起搭乘日本籍船、一起落腳於同個甘蔗園。他們有了夏威夷的工作經驗，為其日後移到美國本土預留伏筆。[50]

　　由 1885 年起，十年之間，夏威夷日本勞工的數量已超過華工，成為島上最大的族群。以 1894 年為例，蔗園勞工中，日本人超過華人九倍之多（21,294：2,734）。日本勞工的人數優勢使得蔗園勞工仲介公司建議應將勞工來源有所修正，引入不同族裔工人。蔗

[47]　Glick, *Sojourners and Settlers*, 18.

[48]　詳見第一章的說明。

[49]　Okihiro, *Cane Fire*, 23, 59.有趣的是，此後日人也逐漸離開蔗園，至 1908 年美、日之間通過「君子協議」，日本政府限制發出護照給將入境美國的日本勞工，蔗園主人又因人力不足，不得不轉而輸入菲律賓人，以致到 1922 年，菲人佔蔗園人力的 41%。見前引書，59。

[50]　Yuji Ichioka（市岡雄二），*The Issei: The World of the First Generation Japanese Immigrants, 1885-1924* (New York: The Free Press, 1988), 8-9, 40.

園園主開始要求政府再度考慮輸入華工。因此 1890 年代初期，夏威夷法律允許少數華工入境，主要用於農業和家傭業。❺然而此舉並無改善大量日人來夏威夷的景況。單在 1899 一年內，日本人到夏威夷的數量就超過當地的華人總數。尤其夏威夷於 1898 年併入美國之後，當地沿用美國的排華法案，使得華人人數漸減，反華情緒漸趨平靜，但日本人仍可進入。夏威夷又沿用美國另一法律，視引進契約勞工為違法，而不再可與日本政府簽約引入人力。❺諷刺的是，此後數以百計的日人離開蔗園，就如之前的華人一般，轉入工商業，成為技工或半技工。從前白人或夏威夷土著怨恨華人，如今變成怨恨日本人。❺

白人歧視亞洲勞工的情況變本加厲。1904 年，夏威夷糖業種植者協會通過決議，規定技術人員的職位只能由白人或那些可以入籍的人擔任，從而排斥亞洲人擔任此類職位。1915 年，榨汁廠的工人幾乎全是日本人，但只有 1 名日本人和 3 名夏威夷人是技師。在 377 名監工中，只有兩名華人，17 名日本人，而白人監工多達313 人。

1920 年，歐胡島有一群日本蔗園工人聯合菲律賓、波多黎各工人，罷工抗議。他們要求提高工資，及健保、休閒等福利。此次工潮動員八千三百餘人，約是島上蔗工的八成，規模之大，又歷時半年，造成蔗園主人損失上千萬美元。此一重大事件使蔗園主人懷

---

❺ Glick, *Sojourners and Settlers*, 20.也見 Okihiro, *Cane Fire*, 37.
❺ 除非新來者以自由移民身份進入美國領土，而所謂自由移民之意，來者必須證明身有零用金，以五十美元為下限。
❺ Glick, *Sojourners and Settlers*, 19.

念起華人的可靠與廉價，倡議再度引入華工，認為既可制衡日本人，也可減少過度依賴日人。但此舉受限於「排華法案」規定，而在尋求國會解禁時，被美國總統指派調查的「夏威夷勞工委員會」（Hawaiian Labor Commission）駁回而作罷。❺

糖業之外，稻米、咖啡種植也是華、日兩族輪替的重要產業。華人在 1850 年代初入夏威夷時，正處當地人口減少之際，又尚無白人或其他外國人與之競爭，因此當其契約結束後，轉入各行各業幾乎毫無障礙。其中最為重要的行業就是稻米業。華人的稻米種植大多二十餘至三十餘公頃而已，小規模經營，採精耕方式，因此所需資本額不似蔗糖種植。後者都以百公頃計算，不但要人手眾多，還需機器耕作。華人不但種植，還成立米廠，進入去殼、碾米的後續處理，其中最有名的是陳方（Chun Fong）。華人的米業多銷往南、北美洲西岸華人眾多的地區，在 1890 年代末期達到高峰，具有三百萬美元的產值，直到 1900 年代末期因為勞力不足，再加上加州稻米的競爭而逐漸消減，至 1930 年代末期，這個產業對華人而言已經是昨日黃花。但早在米業逐漸蕭條之前，華人已經將其土地出租或轉賣給日本人。日本人最初是承接華人的稻田，將收成送到華人米廠去處理，進而是接收華人的米廠。❺其他的夏威夷農業如咖啡，情況亦然。咖啡原是由白人於十九世紀中葉開始種植，日後夏威夷人、華人都追隨其腳步。當日本人離開蔗園時，有些人也

---

❺　Gary Y. Okihiro, *Cane Fires : the anti-Japanese movement in Hawaii, 1865-1945* (Philadelphia : Temple University Press, 1991).

❺　Glick, *Sojourners and Settlers*, 45-59; Kimura, *Issei*, 39-40.

投入咖啡種植，他們多集中在科納（Kona）。到了 1910 時，日人或租佃或自有田地，已經在此業中佔有重要比例。🌑由上可見兩個族群間的新舊交替關係。

　　美國本土大陸方面，早在日本人之前，華人已是加州白人農家所倚重的勞力來源。1870 年代以來，加州是世界數一數二的小麥生產地，產量絕大部分運到世界小麥市場的中心──英國利物浦。拜天候之賜，加州夏季長而乾燥，可讓小麥曬乾，再經長途海運到利物浦，也不必擔心途中發霉。1860 年代中期，蒙特雷（Monterey）郡的白人農場主向鄰近大城舊金山招募華工，收割小麥。1880 年代，華人農戶在沙加緬度河中游河谷生產小麥、大麥、玉米，甚至到 1910 年代開始耕種水稻。🌑

　　除了小麥等穀物之外，華人也進入人力需求大的蔬果種植、採摘工作，如桃李、梨子、洋蔥、馬鈴薯、蘆筍、芹菜、甜菜、葡萄等類。華人用包工方式，由一工頭負責帶領、指揮勞工，三餐又自理，為白人雇主提供許多的便利。這些華人由種植、採摘、收割工作，逐漸存錢集資向白人地主租地或購地，自行生產。加州中部聖華金河谷三角洲（San Joaquin Delta）、奧瑞岡州胡德河谷（Hood River Valley）、華盛頓州亞契馬河谷（Yakima Valley），甚至落磯山區西部等地，都成為華農的勢力範圍。這些河谷有些原是沼澤區，華人投入墾荒，開鑿灌溉的溝渠、修築堤防，使荒地成良田。🌑

🌑　Kimura, *Issei*, 39.

🌑　麥禮謙，《從華僑到華人》，頁 111、114、117。

🌑　劉伯驥，《美國華僑史》，頁 268-73。

　　1880 年代以後，華農由蔬果生產集中到高單價的馬鈴薯、蘆筍。他們向白人租地為佃農，耕地面積由五十到兩百英畝不等。其中，陳康大（Chin Lung）有「馬鈴薯大王」之稱號。他曾在聖華金河谷三角洲租地兩千英畝，每年雇用華工五千多人。❺❾

　　排華法案通過，華工入美受阻，1885 年之後，加州農場的華人人數漸減。白人農家在人力短缺之時，曾經雇用由東岸而來的東歐和東南歐移民（如義大利、葡萄牙、希臘、俄羅斯、亞美尼亞等）。但是這些歐洲移民動作緩慢，不耐折腰和蹲踞，不如之前的華人處之泰然，且比白人更謹慎地處置農產品。❻⓪而且這些歐洲移民的農業技能不足，無法令農場或是果園主人滿意。1888 年（明治二十一年）之際，有一群日本學生，利用暑假到舊金山東北邊索拉諾縣（Solano County）谷地的瓦卡維爾（Vacaville）幫忙農作。根據日文資料所言，這群人非常勤奮、動作敏捷，贏得白人農場、果園主人的信賴，因此不再雇用華人或是歐洲移民，轉而以日本人為主。❻❶雖然這是日

---

❺❾　麥禮謙，《從華僑到華人》，頁 111-2。但陳康大的營業規模遠遜於日本移民的「馬鈴薯大王」牛島。他的租地規模達到兩萬五千英畝左右。詳見下文說明。

❻⓪　日後當日本人進入西部葡萄園之後，也是因白人不耐彎腰、蹲踞的姿勢，使得日人一天可賺三、四美元，歐洲移民工人大約只能賺到一元。見 *12th Biannual Report of the Bureau of Labor Statistics of the State of California, 1905-1906* (Sacramento: Superintendent of State Printing), 70.

❻❶　在米日本人會，《在米日本人史》（東京：在米日本人會，1940 年），頁 55。根據移民局調查報告的說法，華工日薪 1 美元，而日本人以 7 角 5 分或 9 角的低價搶奪華人工作，又完成較多工作，而改用日工。*Reports of the Immigration Commission: Immigrants in Industries*, Vol. 24, 185.

本移民的說法，可能有誇耀之嫌，但不可忽略其中日人取代華人的
現象，尤其新到的日人多是年輕一代，而華人已經逐漸步入中壯
年。因此出現農園主人驅離原有的華工，使得華、日之間產生衝突
而不快。⑫

　　日本工讀學生入鄉農作的成效顯然不差，立刻吸引眾多日工而
來。1890 年後，日人到加州中部聖華金河谷（San Joaquin Valley）的
低濕地區種植馬鈴薯、洋蔥，成效很好。他們也到弗瑞斯諾
（Fresno）採摘葡萄。另有人馬到沿岸地區薩林那斯（Salinas，舊金山
南方）種植甜菜。耕種甜菜本是葡萄牙人和華人的獨佔事業，如今
日本人也加入行列。⑬華、日的衝突再度上演。1893 年，兩方又
在一個蔬果包裝場發生械鬥。該場內有華工四十人、日工六十人。
日人說詞以其雖侵犯原屬華人的勢力範圍，但日本人工作成效優於
華人，而使白人雇主轉而依賴日本工人。⑭不論其中原委，華、日
兩方對立確是事實，顯見彼此劍拔弩張的競爭態勢。

　　值得注意的是，華人曾經仲介初到美國的日本勞工進入加州農
業。契約包工的工頭制度（Bosses）早在 1860 年代華人從事太平洋
區段的鐵路建築時期即開始實行。這個制度由工頭負責召募人手，
管理工人，並打理三餐。進入 1870 年代，這項制度對於鮭魚業和
加州農業的發展，都發揮極大的功效。尤其是在沙加緬度河
（Sacramento River）和聖華金河（San Joaquin River）三角洲地區，把該區

---

⑫　《在米日本人史》，頁 64；亦見柏村桂谷，《實地踏查北米》，頁 175。
⑬　《在米日本人史》，頁 55-6；亦見許苓西，《戊申考查西美商務情形報告》
　　（1908），頁 4、5，其中提到華、日從事農園工作者不少。
⑭　柏村桂谷，《實地踏查北米》，頁 175。

沼澤泥地改造為瓜果菜園。**⑤**此制對需要大量人手的農場主人，尤
為便利，不用個別召募，也不必操心工人的工作勤奮狀況。農場或
果園主人只需提供住宿場地，而亞洲人通常不挑剔，所以多是老舊
建築；又不必替工人準備三餐，更令主人省事。**⑥**因為種植蔬菜瓜
果，需要密集勞力；採收時期，尤其如是。通常白人僱主委由華人
工頭去募集所需的大量人手。計價方式可按農地面積計算，或是支
以每日工資等不同方式。

　　1890 年代，當日本人開始湧入加州的農業地區，他們成為華
人工頭下的契約工人。此後出現一些日人工頭組織本族勞工，逐步
取代華工，向白人僱主包攬種植工作。**⑦**例如 1891 年已有高見、
石村等日本人進入加州中部鄉村維克多司（Victors）。兩年後，津
田伊之助成為白人園主的工頭，引入日工而驅逐華工。**⑧**大約在
1890 年代中期，已經出現較大規模的日人契約工頭和其所屬的勞
工群，其中有些是日本工頭招募夏威夷地區來的日本人。這些日本
工人開始挑戰一向任用華人的慣例，甚至低價向白人園主爭取工作

---

⑤　關於華人開發加州農地及其對加州農業的貢獻，見 Sucheng Chan, *This Bitter-
　　　Sweet Soil: The Chinese in California Agriculture, 1860-1910* (Berkeley:
　　　University of California Press, 1986). 該書第五章詳析華人在沙加緬度河和聖華
　　　金河三角洲地區的發展。其中頁 176、177、181、183，都有述及華人契約包
　　　工制度如何進行。

⑥　*Reports of the Immigration Commission: Immigrants in Industries*, Vol. 24, 18, 20,
　　　27.

⑦　*Ibid.*, 105.

⑧　《米國日系人百年史：在米日系人發展人士錄》（羅府：新日米新聞社發
　　　行，1961 年），頁 429。

機會。例如加州北部栽植蛇麻草（hop）以供應釀酒原料給啤酒廠。
採摘蛇麻草的工資，在 1890 年代時期，華工的週薪是五塊美金。
日本勞工初入此業時，以每日三角五或四角（40 cents）（即週薪不及當
時華工之半）的代價，爭取第一份工作，至取代華工之後，才逐步要
求加薪。⑥同一時期，在加州聖塔克拉羅郡（Santa Clara County），日
本勞工以每日五角的工資搶走華人的工作，後者當時的價格約是一
元，更別提白人一元二角五的工資。另在巴加羅河谷（Pajaro
Valley）地區，原是華人承包種植的甜菜、草莓等，也都被日本人取
而代之，後者以每噸七角五（75 cents）的收割工資從白人地主手中
搶走原是華人承包的工作，華人原是一塊二的價格。⑦因日人人數
多而工資又低廉，連帶使得歐洲移民勞工的薪資無法提高。但有些
地區，一旦日本工人要求加薪時，農場主人又以東歐或東南歐移
民、墨西哥人、印度人來反制日本人。⑪可見資本主義讓不同族裔
互相牽制，以利其尋求最低工資，並藉此建立白人園主的統治威
權。

　　這種威權卻受到日本人的挑戰，尋求管道反制白人，以建立自
我族裔的權勢。此舉表現於其遊說嗜酒又無野心的墨西哥工人不要

---

⑥　*12ᵗʰ Biannual Report of the Bureau of Labor Statistics of the State of California,*
1905-1906, 68, 70; Will Irwin, "The Japanese and the Pacific Coast," *Colliers* 40
(October 19, 1907): 17; *Reports of the Immigration Commission: Immigrants in*
Industries, Vol. 24, 27, 160.

⑩　Stuart M. Jamieson, *Labor Unionism in American Agriculture* (Ph.D. thesis, UC
Berkeley, 1943), 132.

⑪　*Reports of the Immigration Commission: Immigrants in Industries,* Vol. 24, 26, 38,
30, 133, 187.

工作太賣力，以免日人被迫提高標準。❼更表現於日本人熱衷於租地，而不願長期擔任支薪勞工。日人比起華人、高麗人、印度人等亞洲族群更有企圖心和進取心。雖然華人在西部農業新興之際，即已進入此業，但發展較為保守和穩健。最初他們只是在農忙季節從事最繁瑣、勞累的工作，逐漸上手之後才涵蓋許多農作層面，以致於有些農場，除監工之外，幾乎全雇用華人。華人也早就開始租地或買地來耕種，但程度遠不及後來的日本人。日人來美不久後，就效法華人，藉著自我儲蓄或集資方式，租地或購地而成獨立自主性高的小農。他們不願在農地做工支薪或到甜菜製糖廠工作，受白人老闆監督，而希望存錢租地或買地，可以自成老闆。❼根據移民局的解釋，來美的日本人原本在家鄉就有耕種的經驗和傳統，反倒是不曾做過支薪的農工。加上西部的農產利潤被誇大，日人投機心又重，在自為老闆的誘因下，衡量其中風險不算太大之後，造成日本人寧願付出高額租金，也要租地自立。在沙加緬度和聖華金河區域，日本人有幾次付出高額租金，取得華人原租的土地。❼

　　日人租地的方式原與華人相同，但逐步改變，顯示其企圖心。他們最初採用按收成比例與園主拆帳，以此抵扣租金。此舉可自我控制工作方式、時程等，也可自行決定種植何種作物。日後，他們改以現金付租，更可完全主控農事。白人農場主人出租其地的利益不少於自己耕種，還更省事，當然樂見其成。日本人使用這種方式

---

❼　*Ibid.*, 110.
❼　*Ibid.*, 135.
❼　*Ibid.*, 188-9, 243, 304-5, 529, 627.

向白人承租果園，用以擊退華人，由此逐漸包攬愈來愈多的果園種植工作。⑦北加州索諾馬（Sonoma）郡的葡萄園，原雇用的華工已經在十九世紀末被義大利移民和日本人所代替。同一時期，舊金山附近的鮮花、黑莓、草莓等的生產，逐漸被日本人、葡萄牙人取代。其中鮮花部份，華人原早在 1890 年代，已於舊金山半島和東灣區奧克蘭設有農圃種植鮮花，供應舊金山市場，並有義大利人也進入此業。進入二十世紀時，華、義兩族主控舊金山的鮮花業，但日人也加入此一行列，並逐漸佔有一席之地。華日原都加入舊金山市區的「加州花市」（California Flower Market），後因兩方意見不合又彼此嫌惡而分開。華人專種黃菊（chrysanthemums）、翠菊（asters）、紅莓和常綠樹，種法是在戶外外加布罩，日人則是採溫室，專門於大黃菊、康乃馨、玫瑰。⑦ 1920 年代美國經濟榮景時，日本人保有鮮花批發市場裡最大的面積，而華人不但少於日人，也少於義大利人，而成最少者。⑦此外，在派加羅河谷（Pajaro Valley）地區，原是華人承包種植的甜菜、草莓等業，到二十世紀初也都被日本人取

---

⑦ *12th Biannual Report of the Bureau of Labor Statistics of the State of California, 1905-1906*, 68, 69; *Reports of the Immigration Commission: Immigrants in Industries*, Vol. 24, 31-2; *Proceedings of the Asiatic Exclusion League, June, 1908* (San Francisco, Organized Labor Print), 25.

⑦ Yamato Ichihashi, *Japanese in the United States: A Critical Study of the Problems of the Japanese Immigrants and Their Children* (Stanford: Stanford University Press, 1932), 201-4.

⑦ Gary Kawaguchi, Race, Ethnicity, Resistance, and Competition: A Historical Analysis of Cooperation in the California Flower Market (Ph.D. UC Berkeley, 1995), 121.

而代之。另在加州北部普雷塞（Placer）郡附近，1909 年時，華人果園佔當地果園總面積的 15%，新興的日人果園卻佔 60%。[78]曾有西文報紙報導日本人輕視華人，就如白人地痞流氓之看待日人一般；舊金山的日本人被白人丟擲石塊，而在鄉村，華人被日本農工擊倒，可以見出白人欺壓日本人、日本人欺壓華人的對比關係。[79]但不只華人，有些果園主人也發現他們現在與日本果園相互競逐日本工人而倍感壓力。[80]

此後，日本農夫從事不同農作物的耕種，足跡遍及整個美國西岸，並進入落磯山區，以及西南部各州。日人的農業生產項目，種類繁多。小範圍的耕地種植桃李、梨子、草莓、柑橘等果類，中型地栽種蕃茄、洋蔥、洋芹、馬鈴薯等蔬菜，大型地則主要是穀類。至於靠近落磯山區的猶他州和科羅拉多州，日本農民則多是與地主簽訂契約，種植甜菜。但加州地區，擁有自耕地的日本農民多是專種葡萄，以供製酒或葡萄乾。例如弗瑞斯諾是加州葡萄乾的重要產地，當地約有三十個日人家庭，其中六分之五擁有自耕地，各約六十英畝，以種植葡萄為主。[81]二十世紀初期，加州日本人有三分之二賴農業為生，可見其比重之大。這樣的比例還持續到 1910 年

---

[78] 麥禮謙，《從華僑到華人》，頁 114、116-7。

[79] Will Irwin, "The Japanese and the Pacific Coast," *Colliers* 40 (October 19, 1907): 17.

[80] *Reports of the Immigration Commission: Immigrants in Industries*, Vol. 24,187, 214.

[81] *12th Biannual Report of the Bureau of Labor Statistics of the State of California, 1905-1906*, 70, 71.

代。期間雖有 1908 年美、日之間的「君子協議」（The Gentlemen's Agreement），限制男性日工不得再進入美國，但日本移民利用法規漏洞，將海外的妻兒或未曾見面的照片新娘接到美國，生育新生代，繼續維持其勞動力來源。❷

然而，華人與日本人在農業的競爭情勢，為時不長。最主要的原因是，由於排華法案的效益逐漸彰顯，新的華工不易進入美國，而一些舊有華人離境回國，使得美國華人總數逐漸減少；再加上有些華人移居大城市，開起小店或任家庭傭僕，不再從事農業工作。有個研究認為日工與華工的關係，其實只能算是取代（replacement）而非撤換（displacement）。❸華工固然可靠、細心、信守契約，但他們多數年紀較長、超過四十歲，手腳遲鈍也是不爭的事實。❹日工取代華工的初期，雖然有些白人農場主因為對日工不夠熟悉，因而有所遲疑顧忌，不願雇用。然而整個西部地區和夏威夷的勞動力持續缺乏，白人不得不試用日本工人，並一步步地以之替補華人離去後所留下的工作。這種狀況持續進入二十世紀。在新世紀的前十年間，日本人已經成為加州農業的主要勞動人口。根據 1911 年美國移民局的調查報告，當時加州地區的日本人已經取代華人，佔據後

---

❷ 有關美日兩國間的「君子協議」，詳見第一章。

❸ Varden Fuller, *The Supply of Agricultural Labor as a Factor in the Evolution of Farm Organization in California* (Ph.D. thesis in agricultural economy, UC Berkeley, 1939), p. 19830.

❹ *12th Biannual Report of the Bureau of Labor Statistics of the State of California, 1905-1906*, 68; Will Irwin, "The Japanese and the Pacific Coast," *Colliers* 40 (October 19, 1907): 17, 18; *Reports of the Immigration Commission: Immigrants in Industries*, Vol. 24, 45, 75, 105, 108, 203, 224-5.

者二十餘年前在加州農業所佔有的重要地位。⑧⑤

　　著名的「馬鈴薯大王」牛島謹爾（George Shima），在 1914 年擁有租地 25,000 英畝，是聖華金河三角洲最大的租地者。早年他在河下地區（Walnut Grove）與華人農場合作種植馬鈴薯，由此起家，日後大幅超越華人成就。他將其下土地再分租給華人、日本人、義大利人、印度人等五十餘個團隊去種植馬鈴薯、洋蔥、豆子。其中有六個團隊是華人，以種植馬鈴薯為主。通常是由他提供飼料、糧草、種子，並預支現金以應工作進行，分租者提供馬匹、工具設備等。收成時，他則取得四成收穫，到市場銷售。根據一份 1916 年的報告，華人原先在聖華金河三角洲種植蔬果的景況，幾乎被日人取代而掌控。⑧⑥

　　即使當加州於 1913 年立法通過「外人置業禁例」、不准無美國籍身份的外國人買地，日人租地耕種的數目已經有六千人，而且持續增加：其中有 55,000 英畝是以現金租地，60,000 英畝按收成

⑧⑤ *Reports of the Immigration Commission: Immigrants in Industries*, Vol. 24, 26, 204, 242, 280, 357-8.

⑧⑥ 《米國日系人百年史：在米日系人發展人士錄》，頁 432。Transactions of the Commonwealth Club of California, Vol. XI, no. 8 (December, 1916), *Land Settlement in California* (San Francisco: 1916): 450-1. 牛島在移民局聽證會的證詞言及，他先雇用華工，當華工減少後，再用本族的日工，又減少後，再用印度工人。見 *Japanese Immigration: Hearings before the Committee on Immigration and Natualization*, Part 1: San Francisco and Sacramento, 66th Cong. 2d Sec. (1920, July 12-14) (Washington D. C.: Government Printing Office, 1921), 60.

比例與園主拆帳。一年付出的租金總額達七十萬美金。❽到 1917年時，租地人數到達八千人。其他西部各州，如奧瑞岡、華盛頓州，日本人向白人租地耕種的比例亦高。當時美國正好加入第一次世界大戰，參戰效應所及，國內男性入伍造成人力不足，而糧食需求卻持續增加，致使西部各州的農產數量達到前所未有的高峰，其中日本農工厥功其偉。以加州一地而言，該州九成的蔬果（如蕃茄、洋蔥、洋芹、蘆筍、草莓、漿果等），七成的鮮花，半數的菜籽類和甜菜等，以及不少的葉菜和葡萄等，都仰賴日本農工的人力。雖然華、日兩族都對加州農業有巨大貢獻，但日人自從取代華人之後，成就快速非凡，其兩代的成果在華人則需三代才能完成。❽但華人自怨自艾，言及加州有些農業鄉鎮，日人之業農人數不及華人之多，但竟然居於優異地位，此因日本政府立有僑民移植政策，既有領事保護，又有社會調查，更有銀行、貸款為其援助。即使遭歲歉收，仍有復興之機。反觀中國政府，前當軍事時期，對於僑民未遑顧及，致使華人發展不易。❽

---

❽ Transactions of the Commonwealth Club of California, Vol. XI, no. 8 (December, 1916), *Land Settlement in California* (San Francisco: 1916): 451.

❽ 有趣的是，自 1930 年代以後，加州開始見到菲律賓人取代日本人，成為農業工人的主力。原因是第一代日本人逐漸老去而新生代不是尚未長成，就是對農業沒興趣，彷彿是之前華人之於日人的翻版，而菲人也成為華人賭館和日人撞球場的常客。見 Edward K. Strong, Jr., *Japanese in California* (Based on a 10% Survey of Japanese in California and Documentary Evidence from Many Sources) (Stanford University Press, 1933), 13.

❽ 中國國民黨駐三藩市總支部第二次代表大會紀事（1928 年 10 月 22 日），黨務報告（舊金山分部），172-3.見 AAS ARC 2000/14, Ctn 1.

　　總結日人在美西和夏威夷的農業成就，其原因可以由兩個層面來看：首先是美國環境方面，由於排華法案限制華人進入，而1890年代以後不少的西部白人又移到非農業性的工作，使得農業的勞動力不足。再加上美西和夏威夷農業逐漸走向大規模農業發展，遂使勞工需求強烈，而日本勞工正好填補所需人力。另從日本人方面來看，日人比華人更為強悍並具企圖心。他們一如華人，利用工頭制度為同胞爭取權益之外，甚至還組織工會（Unions），先有自己族人，日後又加上墨西哥人，聯合起來向白人農場主抗爭。1910年之後，工會活動力漸消，因為日人採精耕方式耕作，回收較快，可累積資金租購田地。這種方式只要集合少數個人的力量即可入行，不需藉助工會，且工會也被日人團體或報社詆為無政府組織。⑩以上兩個層面皆反映出，在美國西部和夏威夷的整體社會變遷下，華人和日人在農業上互賴互斥的連動關係。

二、城鎮經濟行業

　　農、漁、礦、鐵道業等郊外經濟活動之外，城鎮經濟行業也出現日人取代華人的景象。不少商業和家庭傭僕都可見這種現象。

---

⑩　Stuart Marshall Jamieson, *Labor Unionism in American Agriculture* (Washington D. C.: U. S. Department of Labor, Bureau of Labor Statistics, Government Printing Office, 1945), 2-6, 129-32.

㈠ 洗衣業

洗衣店是華、日兩族都有許多人力投入的行業。華人是東方人在美國開設洗衣店的始祖。1880 年，舊金山的華人洗衣店約有近百家，以手工操作為主，搭配簡易機器；1883 年已達到一百三十餘家。日人步上華人的後塵，進入洗衣業。最早的日人洗衣店（日文稱為洗濯所）約是 1888 年前後，開設於舊金山對岸，但並不成功。1892 年，塚本松之助首開風氣之先，在舊金山採用蒸汽等機械化設備（英文稱為 steam laundries），一如白人機器衣廠，而非華人的手工操作、搭配簡易機器方式而已。有些小型日人洗濯所將平面衣物（如浴巾、床單、枕套）送到這些同族人的機器洗衣廠或白人機器洗衣廠去清洗、烘乾，以簡化工作流程並節省時間，只作手工熨燙等高附加價值的部分。1904 年到 1908 年間，因洗衣獲利豐厚，日人洗濯所數量增加兩倍。而塚本的洗濯所在 1909 年已達五萬美元的資本額。其中二萬為土地部分，設備費也不下於二萬，雇用四十人，一年營業額高達三萬元。**❾**事實上，舊金山是日人洗濯所的大本營。以 1913 年為例，加州共有 108 家日人洗濯所，其中有 74 家位在舊金山，19 家在奧克蘭。奧克蘭的日本人也追隨在舊金山日人之後，開設洗濯所。其中，規模最大的是マケッド洗濯會社，也

---

❾ 柏村桂谷，《實地踏查北米》（東京：龍文堂發行，大正二年，1913 年），頁 123-4。另以 1909 年為例，舊金山的前 17 家大型日人洗濯所，總資本額 85,500 美元，雇用人數約三百九十人，各洗濯所平均月收入 1,200 元，利潤約 1.5 倍。見前引書，頁 124。

是採用蒸汽設備和大型洗衣機器。[92]至於華盛頓州，也是早在
1903 年就有日本人開設機器洗衣廠，其規模足以和加州、奧瑞岡
州的日人同業爭雄。[93] 1913 年有 56 家日人洗濯所，其中的 18 家
位在西雅圖。[94]西雅圖的日人洗濯所因經營此業而獲得成功者也不
少。[95]

　　日文資料著重著名企業大賈，那些採用先進蒸汽設備的洗濯
所，彷彿代表日人學習美式技術，自然特別被收錄，並以此對比華
人洗衣館之落伍。它們批評華人洗衣館在早期同業不多之時，不知
與時俱進，只停留於依賴手工方式，終究不敵配有大規模機器設備
的日本洗濯所。因此華人洗衣館只能吸引一些下層階級，勉強維持

---

[92] 該洗濯會社最先是中重榮太郎和上野峰作在奧克蘭第七街開設東鄉洗濯所開
　　始，時約 1905 年。日後基礎漸穩，收入頗豐。上野獲得豐厚利潤後，暫先回
　　去日本，留下中重榮太郎和引進其弟來繼續經營。此後，不少日本人見利機
　　所在，趨之若驚，相繼投入洗濯業，造成日人彼此競爭；還需面對白人同業
　　的競爭。1908 年，中重榮太郎、岡田鶴三郎、上野峰作的弟弟恭三郎，以及
　　其他二十餘名股東，集資五萬美元，購買各式洗衣、蒸汽熨燙機器、乾燥設
　　備，以及馬匹和搬運車等，創立マケッド洗濯會社。到 1914 年，此會社每月
　　收入達到四千美元，雇用白人女工七人，日本男性勞工五十四人。寅井順一
　　編，《北米日本人總覽》，頁 243-6。

[93] 其中最大者是イグル洗濯所由岡村正一經營。其設備費 15,000 美元上，雇用
　　五十人，年營業額號稱達五萬美元。見柏村桂谷，《實地踏查北米》（東
　　京：龍文堂發行，大正二年，1913 年），頁 268-9。

[94] 《北米年鑑》（*The North American Times Yearbook*）（沙港：北米時事社發
　　行）（第四號，1913 年），pt 2., pp. 49-50.

[95] 寅井順一編，《北米日本人總覽》，頁 27。1914 年期間的西雅圖，共有 29
　　家日人洗濯所，總投資額有 89,250 美元。雇用人數約兩百五十人，各洗濯所
　　平均月收入將近 1,250 元。見《北米年鑑》（第四號，1914 年），p. 91.

其事業。以 1906 年為例，日人整理出的資料顯示加州共有 135 家
華人洗衣館，都是手工方式；日人有 13 家洗衣店，8 家是手工，
其餘則是機器洗衣廠。兩者動用的勞工數目中，日人是 264 人，華
人則是其近六倍之多，有 1560 人。一個月的總收入，日人店家共
約 17,160 美元，華人只是其四倍多，有 80,000 美元。白人同業雖
與日人洗濯所衝突相爭，也不免稱讚後者的工作成效、有禮、機敏
等特質。⑯

　　但事實上，日本人還是有許多小規模的手工洗濯所，一如華人
手工洗衣館，而美國移民局調查報告對這類店家則留下一些紀錄。
針對舊金山的調查，日人手工洗濯所的投資額由 1,000 到 3,200 美
元，雇用人力六到三十七人。每月總收入約從 9,000 到 15,000 美
元，扣除房租、工資、雜支等，年獲利約是 1,200 到 6,000 美元不
等（平均值約是 2,650 美元）。⑰有此數額，算是頗有利潤。

　　舊金山、洛杉磯等城市裡，另有法國人所開的洗衣店，也是以
手工為主，如清洗襯衫、蕾絲窗簾等，但也接受大型物件。日人洗
濯所分離清洗和熨燙工作。粗重的清洗工作交由機器洗衣廠來處
理，自己則可以集中精力於高利潤部分（如手工熨燙紳士襯衫、衣領、

⑯　12th Biannual Report of the Bureau of Labor Statistics of the State of California, 1905-1906, 65. 該報告指出舊金山的九家日人洗濯所，用機器和新方法，比華人洗衣館的效率高。又見《在米日本人聯合協議會》（在米日本人會出版，明治四十年，1907 年），表一，頁 51-3, 53-4；置於 Coll. 2010, Box 263, Japanese American Research Papers（簡稱 JARP）, in UCLA Library, Dept. of Special Collections; 柏村桂谷，《實地踏查北米》（東京：龍文堂發行，大正二年，1913 年），頁 127-8。

⑰　Reports of the Immigration Commission: Immigrants in Industries, Vol. 23, 190-7.

袖口套和淑女的外出衣物），並以低價搶攻白人和法國人洗衣店的客源。⑱日人洗濯所獲利頗豐，還另有玄機。首先，在西雅圖地區，日人洗濯所用白人車伕收送衣物，讓白人客戶不知其為日人所經營。其次，一般旅館、餐廳、沙龍，或理髮店常有大量床單、浴巾、餐巾等平面物件，清洗起來笨重而費工，但熨燙時則較衣服容易。這類物件可大宗處理，交由大型機器廠清洗，並用蒸汽平整熨燙，又好又快。日人洗濯所通常提供給旅館等較大的折扣（稱為 soft washing，亦即可有議價的彈性空間），由一成到三成不等，而拉走不少原是白人洗衣廠的生意。有家白人機器衣廠就大加抱怨，數年前他有五十家旅館的生意，如今只剩十家，其餘都轉到日人洗濯所去了。⑲因此，在西部大城裡，日人洗濯所的廣設，對法國人洗衣店和美國機器洗衣廠的衝擊較大，使之遭受兩方的夾擊和迫害。⑳

　　白人洗衣業者是排華運動的重要推手之一，他們曾經排擠和歧視華人手工洗衣店。一旦日本人洗濯所如雨後春筍般的出現，白人同業遂轉移對華人的歧視於日人身上。白人洗衣業採用拒賣洗衣器械給東方人之政策。塚本創業之初，曾經買進白人洗衣店的小型機器，白人洗衣業者就聯合機械商一起向此白人店施壓，指其違反拒賣東方人之協議。㉑此後，白人同業毫無放鬆之意，繼續各式迫害

---

⑱　*Ibid.*, Vol. 23, 227-8.

⑲　*Ibid.*, Vol. 23, 278.

⑳　*Ibid.*, Vol. 23, 192-3.

㉑　在米日本人會，《在米日本人史》，頁 60-1。

行徑，使得塚本前後入獄五十三回。⑩

　　日本洗濯所因經營得宜、獲利不少，使之與白人同業間競爭劇烈，而其承受之歧視壓力也就很大。根據美國移民局的調查，舊金山、西雅圖、洛杉磯等城市，白人機器洗衣廠面對日人洗濯所的低價競爭，怨聲載道。舊金山和洛杉磯的白人洗衣業主還特別聯合組織，以抗日人同業。1909 年五月間，洛杉磯白人洗衣業主同業公會（The Laundrymen's Association）就禁止同業接納這類來自日人洗濯店的工作。他們與上游供應商也達成「君子協議」，不要賣機器給日人洗濯所。加州首先由舊金山於 1908 年成立「反日洗濯店聯盟」（Anti-Jap Laundry Leagues），許多城鎮（如洛杉磯）陸續成立分會。西雅圖白人業者認為日人洗濯所若繼續增加，他們也將隨之跟進。這個組織由白人機器洗衣業主、工人、收送車伕聯合組成。他們條列日人洗濯店的顧客，以卡片、宣傳單等向之勸說，訴求不再光顧日人洗濯店；同時也遊說限制日人設立機器洗衣廠，並脅迫機器供應商不要賣給日本人，否則將抵制其貨品。⑩

　　移民局的調查報告認為，1900 年以來，舊金山日人洗濯店的增加並不影響華人洗衣館。但此說可能不盡正確。根據其報告所

---

⑩　柏村桂谷，《實地踏查北米》（東京：龍文堂發行，大正二年，1913 年），頁 123-4。

⑩　*Reports of the Immigration Commission: Immigrants in Industries*, Vol.23, 118-21, 280.
　　但是沙加緬度（Sacramento）則因華人和日人的洗衣店都規模很小，只有雇用三到五人，而白人機器洗衣廠動輒有兩百餘工人，因此並無白人衣廠抱怨華、日洗衣店低價競爭。見前引書，p. 252.

EPISODE 11

Mistaken Identity

日本工讀學生常以家傭為業，此一工作前此多由華人擔任。

白人主婦無法分辨華人、日本人，以致將日本領事誤為華人洗衣工。

言，華人洗衣館約有百家，規模都小於日人洗濯所。這類華衣館與
其他洗衣服務的店家有所區隔，它們很少作其他店所收洗的大型物
件（如床單、被套、浴巾、枕套）；計價方式，它們按照顧客送來的洗
衣袋作業，並以此計價，而非按件計酬。⑩

　　這段報告內容其實隱微透露華人洗衣館受日人洗濯所的衝擊。
首先，這項調查的目標是美國西部日本人與受日人影響的行業，華
人已然不再是種族糾紛的焦點。因為日本洗濯所比華人洗衣館的規
模大，有些還備有機器洗衣和蒸汽烘乾設備，可見其事業衝勁和適
應力。首當其衝的當然是與其規模相當且市場重疊性高的法國人洗
衣店和美國機器洗衣廠。相較之下，華人仍維持其小店經營與「以
袋計價」模式。其他店家採按件計酬，利潤高於華衣館的按袋計
酬，但華衣館以個別洗衣袋清洗，可以訴求有些家庭主婦不喜自家
衣物和他人混雜共洗，而願意付出額外代價。⑩這也使得華人洗衣
館仍能維持利潤。⑩如此作法，令移民局調查員誤以為華人洗衣館
有其自我特色並區隔市場，但已經顯示華人洗衣館面對日人洗濯所
的衝擊，而被迫作此調整。就有新聞報導直接點出日人洗濯所既排
擠華人手工洗衣館，也壓迫白人機器衣廠。⑩

　　白人機器洗衣業對華人、日人一體歧視，有其延續性，而不分
手工或機器之別，更不分華人、日人之別。對日本人而言，當他們

⑩　*Ibid.*, Vol. 23, 192-3.

⑩　王秀惠，《種族歧視與性別：二戰前美國大陸男性華人之經歷》（臺北：允
　　晨文化，2006），頁175。

⑩　許苓西，《戊申考查西美商務情形報告》，頁3-4。

⑩　Will Irwin, "The Japanese and the Pacific Coast," 19.

追隨華人腳步之時，也同時概括承受白人對華人的歧視，致使日人後來經常要區隔自身與華人之異。但當他們以白人為學習對象時，如經營蒸汽洗濯所之方式，卻引來白人更強一波的迫害浪潮。而同為少數族群的華人，在日人強力衝擊下，也不得不有所改變，在本身舊有的手工洗衣市場，用「以袋計價」的區隔方式，自我設限。這種族群關係的變化，就是種族歧視機制之微妙處，迫使少數族裔以主流為依歸，一方面彼此嫌惡、相互排擠、不易合作，另一方面卻還遭受白人同業壓迫，以致於永遠被壓制於低下地位。

(二) 家庭傭僕

十九世紀中葉，美國西部地區人力極度缺乏，橫渡太平洋而來的華人就成為一股重要的勞動力來源。這些男性為主的華工，進入各行各業，其中一類就是填補女性人力不足而出現的家務型職業。有些男性華人進入白人家庭成為家庭廚傭。[108] 1870 年代，華人在舊金山一帶擔任白人家庭廚傭的人數，約有一千二百餘人；整個西部則約有五千至六千人。[109]排華法案之後，華工進入美國的人數減少，有些女性白人暫時填補廚傭的缺額。這段期間，西部地區平均每千戶擁有傭人之數目是向上成長的，正好異於全國趨勢。但即使如此，當地因為較少歐洲移民或是黑人女性前往，對於傭僕的需求

---

[108]　Roger Daniels, *Asian America: Chinese and Japanese in the United States since 1850* (Seattle: University of Washington Press, 1988), 74.

[109]　黃祐寬，〈旅美華僑經濟史略（六）〉，《民氣日報》，1927 年 2 月 25 日，頁 5。亦見劉伯驥，《美國華僑史》，頁 313。

仍然遠高於其他地區，更可見西部地區對家庭廚傭的需求之大。⑩

十九和二十世紀之交，美國社會的廚傭幫工幾乎與外來移民連上等號（除了南方之外，當地都用黑人為傭），甚至還出現區域特色：東部以愛爾蘭傭人為主，中西部是德國和北歐傭人，中北部則是北歐人，西部當然就是華人了。⑪值得一提的是，以上所有外傭都是女性，除了華人之外。根據一項以 1880 年普查為準的研究發現，男性家傭集中在加州和華盛頓州，也因而使得華人以男性身份擔任傭人的現象更形突出。⑫

但其實西部的傭人市場還有日本人，而日傭也多是男性。⑬因為華人受限於排華法案之後，不易進入美國，日本人就成為頂替華人的重要勞動力，所以其本質是延續華人足跡而步上後塵。但因日本人入美西之時，當地的女性白人已經漸增，以致日本人投入此業的人數不如華人之多。⑭

---

⑩ 她們進入此業的原因一是女性白人人口稍增，二是當地工業發展尚屬初淺，並不需要吸納女性就業人口。女性出外就業其實沒有太多選擇，只好投入傭僕一職。David Katzman, *Seven Days a Week: Women and Domestic Service in Industrializing America* (New York: Oxford University Press, 1978), 56 and Table 2-3.

⑪ Donna L. Van Raaphorst, *Union Maids Not Wanted: Organizing Domestic Workers, 1870-1940* (New York: Praeger, 1988), 24.

⑫ David Katzman, *Seven Days a Week*, 55.

⑬ *Reports of the Immigration Commission: Immigrants in Industries*, Vol. 23, 184, 186.

⑭ 見 Evelyn Nakano Glenn, *Issei, Nisei, War Bride: Three Generations of Japanese American Women in Domestic Service* (Philadelphia: Temple University, 1986), 107-9.

西岸地區因女性人口少，對傭人的需求比東部還要強烈，工資自然也就高於東部而居全國之冠。⑮ 1870 年代末期，西部地區排華風潮高漲，許多華人被指為廉價勞工而遭迫害去職，但華傭之業卻不受影響。就工資而言，因為對華人廚傭的需求沒有減少，使其工資不會輸於其他白人廚傭。白人廚傭的工資每月約有二十五到三十美元，華人男傭不但可以與之並駕齊驅，一個優秀稱職的華人廚傭甚至還可以達到每月四十至六十美元之多。⑯此一趨勢直至 1930 年代亦然。

在美日本人最初以低薪方式搶奪華人傭僕的地位。他們有三種類型的傭僕；第一型是學生，多屬原是日本貧苦家庭出身的少年，以半工半讀方式，完成學業。他們通常寄住於白人家庭，幫忙家務，換取免費的食宿，另加一點微薄的週薪或月薪。第二型是全日傭工，需要打掃房屋、洗窗戶、料理三餐、洗燙衣物、照顧庭院。這類型工作以日計酬，雇主不負住宿。第三類型則是在一般餐廳或日人經營的公司內作清潔工或助手。根據美國移民局的調查，至 1900 年代為止，西部的日本人任職這類傭僕工作的人數，已經達到一萬兩千至一萬五千人左右。⑰若以舊金山一城而言，1898 年，已經有七百至八百日人以此為業，到了 1904 年已超過三千六百人。但 1909 年之後則稍減為兩千人，因為日人要求加薪或另有

⑮　Katzman, *Seven Days a Week*, 56.

⑯　George F. Seward, *Chinese Immigration* (New York, 1888), 118, 129. 轉引自 Him Mark Lai, *A History of the Chinese in California* (San Francisco: Lawton and Alfred Kennedy, 1969), 64. 亦見劉伯驥，《美國華僑史》，頁 313。

⑰　*Reports of the Immigration Commission: Immigrants in Industries*, 633.

他就。⑱

比起華傭和白人移民女傭而言，日傭的價位算是更低廉的。排華法案之後，華人減少，華傭也為日傭所取代，但華人所減遠快於日人替補的速率，且舊金山總人口增加，使得傭僕需求仍大，故而日傭的薪水也水漲船高。⑲

夏威夷地區，男性華人任服務生和傭僕者也是不少。華人以行會方式保護自我優勢，阻擋後來的日本人之侵入。例如渡輪船上的服務員、廚師、侍者之業，一向由「海安堂」（Hoy On Tong）掌控，白人輪船公司信任由華人自行找同族新手，而形成獨佔事業。「聯興俱樂部」（Luen Hing Kee Lock Bo）則是華傭的行會，保護華人工作機會，以禦不斷湧入此業的日本人。⑳

(三) 藝品店

美國西部大都會區有一些東方藝品店，針對某些西方人喜好亞洲裝飾藝術品或家具而設立。這類商店最初由華人經營，不但販售中國貨品，也包含日本和其他富含異國風味之亞洲工藝品，致使多數日本商品多由華人經手和操控。㉑華文報紙上，這類華人開設的日本藝品店廣告，屢見不鮮，如「宏泰日本漆器」、「日本永發漆器」、「生發漆器玩物」、「永勝隆日本漆器」、「廣發日本漆

---

⑱ *Ibid*., Vol. 23, 184.

⑲ Ibid.

⑳ Glick, *Sojourners and Settlers*, 262.

㉑ Will Irwin, "The Japanese and the Pacific Coast," 19.

器」、「福和日本漆器」。⑫

　　駐美金山總領事許苶西在戊申年（1908）曾言，金山和屋侖之
各類商店，自 1906 年震災之後，資本多缺，勉強支持，唯有販賣
日本貨物、中國繡衣、瓷器、玩物之商店十餘間，則皆集資百數十
萬。這些店家「裝潢偉麗，每店晚點電燈數千朵，為西人男女所爭
趨洵，為華人商場特色。」舊金山之外，西雅圖和洛杉磯亦有不少
這類以白人顧客為主的商店。然而他又提及這些店鋪運來之中國貨
物「製造多未改良，陳列珍玩遠遜於日本耳。」雖然這類藝品店因
白人賞購如織，故而獲利豐厚，但他警告店內多販售日本貨物（絲
繡、瓷器、衣服、家具等各種古玩），而華人貨物只有十之二三，且大半
粗笨，唯有景泰藍等器具，尚可與日本競爭。由其觀察，可見華人
藝品店銷售日貨之普遍，以及獲利匪淺的情況，難怪日本人來美
後，逐漸滲入此業，爭食其中大餅。⑬

　　日本人來美國開設藝品、絲織店，首見於 1886 年。當時著名
政論家福澤諭吉鼓吹有名的甲斐織衛到美國推銷絲織產品，於是在
舊金山第六街開設一家日本工藝品店，到了 1911 年左右，已有四
十二家。⑭其他城市陸續開起日本藝品店。西雅圖在 1900 年有八
家，到 1909 年增加四家。1913 年，舊金山紀泉商會的三位商人共
組美術藝品店，主要輸入日本的藝術品。這間店是舊金山最大的，
位於繁榮市街，左鄰右舍都是白人的豪門貴冑。一個月的房租要價

---

⑫　散見於《中西日報》，1900 年，3 月至 11 月；另見附錄（一）。

⑬　許苶西，《戊申考查西美商務情形報告》，頁 3、6、7、9。

⑭　在米日本人會，《在米日本人史》，頁 60。

950 元，但一年的營業額不下十三萬元。店面華麗美觀，引人注目。⑫鄰近城市奧克蘭（Oakland），也有一位富士山商會的中村先生，以經營美術藝品店起家。⑫華、日之間，有時相互競奪白人客源，如舊金山、洛杉磯；或者是日人、華人藝品店和設有東方部門的白人藝品店三方競爭，如西雅圖。⑫有一華人於 1880 年到波特蘭開日本藝品店（Japanese Bazaar），因日本貨品甚受歡迎，生意興隆，但於 1910 年代中期倒閉關門，後又到西雅圖再起爐灶。⑫1915 年舊金山華人發動抵制日貨運動時，主要由此一行業的華人發起，可見其利潤受損程度頗深。到了 1920 年代經濟大恐慌前夕，舊金山華人藝品店倒閉頻仍，生意一落千丈。從前繁華似錦的榮景，如今已成過往，實為「最痛惜者也。」⑫

(四) 餐飲店

以白人顧客為對象的餐飲店（日人稱為洋食店），因需要時間和

---

⑫ 柏村桂谷，《實地踏查北米》（東京：龍文堂發行，大正二年，1913 年），頁 122、124。

⑫ 寅井順一編，《北米日本人總覽》（東京：北米日本人總覽社藏版，1914 年），頁 242。

⑫ *Reports of the Immigration Commission: Immigrants in Industries*, Vol. 23, 114, 208, 234, 287.

⑫ SRR, Box 27-178-2, Life History and Social Document of Andrew Kan (Seattle, Washington), interviewed on August 22, 1924, by C. H. Burnett.

⑫ 中國國民黨駐三藩市總支部第二次代表大會紀事（1928 年 10 月 22 日），黨務報告（舊金山分部），158-161.見 AAS ARC 2000/14, Ctn 1.有關在美華人「抵制日貨運動」，見第五章。

經驗累積，使華人比日人略佔上風。在舊金山地區，白人開設的自助式小型飲食店，會雇用華人為廚師，主要是因為華人進入此業較早，技術純熟，遠超過日本人。後者則成為二廚或是送菜至吧臺之服務生，再由白人顧客自行領取。此後，有些華人自行開起簡餐店，服務白人勞工。洛杉磯地區，這類華人的簡餐店還獲利頗豐。⑬⓪日人也步上華人後塵，開設洋食店。這類日本洋食店散見於西雅圖、波特蘭、洛杉磯、丹佛等日人較多的城市，因其人數眾多而進入更多不同行業。日本人以為美國廚工薪水高，所以來美之人，絡繹不絕。⑬①日本洋食店大都規模不大，餐點價位約十分或十五分美金上下，服務白人勞工、墨西哥人、黑人等。最特別的是在愛達荷州，當地不太歧視亞洲族群，白人各種階級都會光顧華、日餐館。⑬②

　　有趣的是，初期日本洋食店的上游批發商多是華人。在奧瑞岡州波特蘭（Portland），1890 年前後該市已經是西岸第二大城，人口約有八萬五千人左右。市內原有七、八家日人洋食店。此後日本人來美漸多，投入此業者，以其創業資本低，只要四百或五百美金，親朋同鄉數人集資就可開始營業，因此店家林立。當地有三家華人開的批發商店，另有一些零售店，都有販售日本貨品和食材，如日本米和茶。可能批發商需要較大資本營運，曾有一些日本人投入批發業，但都失敗，只剩下高木新太郎一家，他是唯一的日本大批發商，還售貨給華人零售商。⑬③另在西雅圖，自 1900 年代以來，日

⑬⓪　許苓西，《戊申考查西美商務情形報告》，頁 6。

⑬①　《中西日報》，1900 年 5 月 4 日（美國新聞）欲為廚子。

⑬②　*Reports of the Immigration Commission: Immigrants in Industries*, Vol. 23, 320.

⑬③　Ito, *Issei*, 654-5, 783-4.

工人數逾萬，華人雜貨店與日人交易、供應日人所需，也獲利不少。[134]

比起其他以白人顧客為主的行業，日本洋食店雖然較少受到白人迫害，但隨著白人勞工逐漸排日，沙龍、酒吧等白人勞工聚集之處，日人漸少被雇。1906 年時，舊金山白人工會還發動抵制日人洋食店，導致六個店家關門大吉。[135]可能就因排日風潮漸興，在加州沙加緬度地區，這類以提供洋食的餐館中，反倒是華人餐館生意比日人洋食店生意更好，而對白人餐廳造成威脅。[136]

伍 洛杉磯農產市場

南加州洛杉磯附近，在 1870 年代時，只是個小鄉鎮，當時即有華人種植各種蔬果農產品，再將之集中到洛杉磯市區販售。此後十數年間，華人居於蔬果種植和供應的獨佔地位。1880 年末期起，因排華法案發揮效應，阻斷後續華人勞動力的來源，使獨佔局面被歐洲移民和白人瓜分。1906 年舊金山大地震後，許多日本人往南遷移到洛杉磯。他們一如先前的華人，也以種植蔬果為生，供應洛杉磯地區。數年之間，日本人在洛杉磯郡的耕地已經佔了四分之三，其餘四分之一由華人和歐裔白人平分，可見其成長之快。隨著洛杉磯市區不斷擴張，地價揚升，農產品價格卻因生產充足而下

---

[134] 許苓西，《戊申考查西美商務情形報告》，頁 6-7。

[135] 柏村桂谷，《實地踏查北米》（東京：龍文堂發行，大正二年，1913 年），頁 124；Will Irwin, "The Japanese and the Pacific Coast," 19.

[136] *Reports of the Immigration Commission: Immigrants in Industries*, Vol. 23, 252.

滑，因而打擊華人繼續生產的意願。⑬

　　但華人在農業批售上仍扮演重要角色。華人農販在 1879 年已有「衛良行」的組織，經手批發工作。當時多集中在華埠，即第三街，形成果菜市場，但隨著人口愈多、交通擁擠而愈顯空間不足。⑬ 1909 年六月，華人、日人、義大利人、俄羅斯人等各種族群共組「洛杉磯農產市場」，設於該市第九街（Ninth Street）和聖比卓街（San Pedro Street）交口，後來以「第九街市場」聞名。其中華人在此市場佔 41% 的股份、歐人也佔 41%，而日人雖只有 18% 的股份，卻是主要的使用者，租用三分之二的攤位和半數的廣場空間，以停放運貨馬車。市場的管理由大家共同組織，如第一任社長是個美國土生白人，第一副社長是華人、第二副社長是義大利人，會計由俄羅斯人擔任，書記則是日本人。⑬但到 1920 年代，華人的經營比重遞減，而由日人取代。

㈥ 檀香山魚行和商店

　　夏威夷地區，華人任漁夫、開魚行者不少。日本人到蔗園工作，一旦契約到期離園之後，有些也投入漁業。華人的「永樂魚

---

⑬　麥禮謙，《從華僑到華人》，頁 118-9。

⑬　上引書，頁 119-20；村井蛟，《在米日本人產業總覽》（羅府：米國產業日報社，昭和 15 年，1941），頁 572。

⑬　《在米日本人史》，頁 837-9；藤賀與一編著，《日米關係在米日本人發展史要》（王府 Oakland, Ca：米國聖書協會日本人部，1927），頁 169-70；Brian Niiya, ed., *Encyclopedia of Japanese American History* (New York: Checkmark Books, 2001), 42-3. 日本人參加此新市場者有百餘人，結合成「南加農業組合」，與舊市場的「日加農業組合」時有齟齬。

行」（Wing Lock Ngue Hong）於 1903 年成立，其宗旨是力拒日本漁人在檀香山市魚市場的銷售量，也保護隆都同鄉，不讓其他華人進入。⑩但日本人因人數眾多，到了 1910 年代，已經是漁業的重要人力。此外，日本人也如之前華人一般，離開蔗園後，有些人經營小本商店（如雜貨店和洗衣店），其顧客包括夏威夷人、美國白人、葡萄牙人、甚至華人，各色人種皆有。⑪從中可見出華人與日本人之間互抗或互賴的複雜關係。

(七) 製鞋業

在美的日本人投入製鞋業也與華人有關，但其競爭對象是白人，而非華人。1870 年代起，數以千計的華人離開鐵路建築和礦業。他們除了轉往鮭魚罐頭廠、農場之外，也有進入西部城市，從事各式製造業。西部因人力缺乏，工資甚高，故製造業不易找到勞工，難以東部各州及歐洲競爭。為尋求廉價勞力，許多製造業是雇用華人，其行業如靴鞋、拖鞋、襯衫、內衣、工作服、雪茄煙、毛毯編織、掃帚，麻袋。其中靴鞋、毛織、雪茄等三種行業大量雇用華人，有些是白人雇主，但有些則是華人習得其技術後，自行開設。⑫ 1886 年之後，美國勞工工會聯盟印發小冊子，指責華工薪資低廉，帶給白人勞工嚴重的威脅，而發動抵制華人製造的貨物。這些舉動，再加上東部各州的機器製品，廉價傾售，遂使華人製造

---

⑩　Glick, *Sojourners and Settlers*, 262.

⑪　Kimura, *Issei*, 40.

⑫　劉伯驥，《美國華僑史》，頁 278-88。

業日漸沒落。

明治二十年（1887），日本鞋匠受到新興資本的製鞋企業之壓制排擠，亟思有所突破。此時正好德富蘇峰所主編的「國民之友」雜誌介紹華人在美國製鞋業的成就，激起一些日本人想到美國另圖開拓事業版圖。1889 年，關根忠吉到舊金山後，在第九街和密辛街（Mission Street）附近租借一小店面，開始營業，此為日人製鞋業的先驅。關根所製之鞋初期乃由一美國製鞋廠的主管經手，貼上美國工人製造的標籤，但偶然間被其他白人勞工識破而批日人以廉價貨欺騙市場，對日人鞋店大肆攻擊，後經調停和解，日人店才得與美國人合作而再度開業。⓭

日人在城市行業的競爭力，令美國白人畏懼。經營上，除用機器和新方式來工作（如洗濯業和製鞋業）外，四、五個日人會在同一處所經營多種小企業。最常見的組合是修鞋店和洗衣店合一。工人善用時間，有時製鞋或修鞋、有時漿燙衣物、有時出外收送貨品。⓮

結　論

綜上所述，「排華法案」迫使西部華人從事的許多行業走向沒落，尤其是農、礦、漁業等郊外行業。華人相繼退休或是改業，經

⓭　《在米日本人史》，頁 66-7。

⓮　*12th Biannual Report of the Bureau of Labor Statistics of the State of California, 1905-1906*, 67.

濟地盤漸被日本人取代，那些離開鄉村、礦區、河海沿岸的華人，轉到城鎮去謀生，擔任傭僕，開起餐館、洗衣館或其他商店。美國移民局在 1911 年的調查報告曾經提及，日人在城鎮行業不易有所突破進展，其成就不如之前的華人。⑮此一說法固然可能有部分是事實（如傭僕、餐館、藝品店），但有些則不盡正確（如洗濯業）。尤其當時的移民局調查報告是針對西部反日情緒而生，其中不免參雜褒華貶日的成份。對比日本移民自己的說詞，他們自承其在鐵道、礦業、鮭罐業之經濟活動，乃是沿襲華人之後，但農業、傭僕業則在自身努力下，卓然有成；並認為 1882 年排華法案之後，因留在美國之華人年歲漸長，其舊有經濟地盤為日人所侵蝕。但日本人也深知因為族人蜂擁而至，對美國勞工造成威脅，社會上衍生對日工的負面印象。日文資料特別將這類言論加以翻譯，其中片段言：「日本人比華人更富奴性，華人不願順服時會自行離去。華人有的惡習，日人多數也有，毫不具有美德。日本人如華人般，也是廉價勞工，卻詭計多端，不夠正直、難以信任。」披露之餘，日人對此大加反駁，指其違背事實，更責備官方調查報告如此獨斷偏頗，實是排日的始作俑者。⑯

「排華法案」不獨影響華日兩族的經濟活動，在兩者之社交來往層面，其作用力也相當深厚。尤其白人種族歧視造就兩個少數族群綿密糾葛的互賴共生關係，而不可避免地，白人的排日風潮也逐漸滲入華日兩族的社交生活裡。下一章將有更深入的探討。

---

⑮ *Reports of the Immigration Commission: Immigrants in Industries*, Vol. 23, 185.

⑯ 《在米日本人史》，頁 323。

第三章
華日兩族的社交互動

　　華人和後到的日本人至美國，主因是美國企圖開發西部地區和後來併入國土的夏威夷。這些地區人力缺乏，華工首先在白人資本家的吸引之下，橫渡太平洋而來，卻因勞資糾紛、政客運作種族偏見，使白人社會排斥他們，排華法案即是明證。法案通過之後，人力不足現象仍然存在，只能大量引進日本人。日本人初期受到白人資本家和美國社會的歡迎，他們就鄙視之前的華人，自認高於華人一等。西部在草創開發時期，當地有印地安人、墨西哥人、歐洲白人移民等各色人種，夏威夷也是在原有土著之外，再加入白人、華人、日本人。即使族群多元複雜，華、日兩族因同為亞洲人，彼此之間產生時而互賴共生、時而相互排擠的景況，以此自我保護，尋得有限資源。兩族之間的經濟互動關係，已如前章所述。本章則以華日兩族之社交來往為主題，關照華人在日人漸增後的回應。

一、日本人蜂擁而入

　　十九世紀末葉以來，華人眼見日本人以勞工身份，不斷地大量

進入美國，可以想見其看待這種現象，必然會對比自身曾有的經歷。舊金山發行的《中西日報》頗為注意這項發展。1900 年夏天，該報報導「日人來美近甚擁擠，美國工黨遂起搶奪之嫌疑，擬下逐客之令」；且認為日人乃「賤工」，每日工資少於華人。此後該報又刊登有三萬餘日本人進入美國，對此數字不但冠以「蜂擁而來」，並論道：「吾知西三省美人又多一鼓譟也。」❶白人社會的反應自然也在華人群中受到矚目。白人工黨和政客亟呼現今來美的日本人，其搶奪工作之狀，更甚之前的華人。若不儘速禁絕管道，將對工業發展大為不利，因而倡議「以禁華工者禁日工，至于禁華工之定例，亦不得刪除。」白人政客將日工類比為華工，重提禁止入境，似乎頗令華人難堪，而道「特不知華人何辜？無地自容，竟致成為話柄耳。」❷面對有些美國政客附和工會提議而禁止日本勞工入境，該報嗤之以鼻：「……取悅彼黨嫉視華人者……從中取利……」，並以華人的前車之鑑為例，感慨而言：「……工黨如此倡議，美官雖不禁絕，恐將來亦必設法限制也。東方之人何招彼族見惡之甚？此無他，出洋人之眾故耳」，並認為禁令若成事實，則「日人又增一番掣肘矣。」言下之意似乎頗為同情日本人，與之感同身受。❸

---

❶ 〈美國新聞：日自懸禁〉，《中西日報》，1900 年 4 月 30 日；〈美國新聞：蜂擁而來〉，5 月 7 日；〈美國新聞：日人來數〉，5 月 17 日；〈美國新聞：日為賤工〉，5 月 21 日。

❷ 〈美國新聞：華人何辜〉，《中西日報》，1900 年 5 月 12 日。

❸ 〈美國新聞：擬禁日人〉，《中西日報》，1900 年 5 月 1 日；〈美國新聞：前車可鑑；議禁日人〉，5 月 23 日。

　　相較於當年華人羞窘受辱地接受排華法案，《中西日報》以嫉羨的口吻謂「忖思日人經營商務不遺餘力，如欲以禁華者禁日，恐日人必不允云，就即此議果倡，想美廷亦多費躊躇也。」❹當日本政府擬先自行禁止國人出洋，《中西日報》似乎頗為肯定，曰「似此美未禁而日自禁之，彼圖于既禁之後，何如圖于未禁之前者之較為得計也」；又言「與其使人禁我不得入彼國境，何如我自限禁？」❺其以日本能「自重而後人重」，因而論道「或者謂日本為東方咽喉之地，美船所必經，就不自行懸禁，美人必不敢啟釁云。」❻這類言詞中，流露出該報對日本國力的欽羨，連美國都不得不重視之。

　　《中西日報》藉著評比中、日兩國的國際地位，抒發對中國政府的鞭策之意。其論：

> 噫！人若侏儒，國僅蕞爾，堂堂大美，尚不敢禁之。蓋其民有維新之志，其國有維新之氣，斯美國不敢與維新爭衡耳！彼四萬里之中土，五百兆之人民，美人則困之逐之，踩躪百般，不堪言狀。守舊者亦可以思矣。❼

---

❹　〈美國新聞：擬禁日人〉，《中西日報》，1900 年 4 月 25 日。

❺　〈各國新聞：日自禁工〉，《中西日報》，1900 年 5 月 12 日；〈各國新聞：日自限禁〉，7 月 28 日。

❻　〈美國新聞：日自懸禁〉，《中西日報》，1900 年 4 月 30 日；〈美國新聞：禁例又擬〉，5 月 9 日。

❼.　〈美國新聞：美廷畏日〉，《中西日報》，1900 年 5 月 7 日。

該報又針對有些洋報批工會和政客倡議禁日之不可行，言：「祇因日人發誓自雄，彼遂畏不敢禁，見我中國苟且偷安日就衰弱，彼竟俯視一切為所欲為。觀於此論，我華人可不亟思自立，我中國可不急圖自強哉！」❽這些言詞顯露其對母國「恨鐵不成鋼」的哀怨情懷。

二、公開場合：日本人町與其他

㈠ 日本人町之起

初履異地的日本人，一如之前的華人，經常選擇入港之地而發展出族群聚落，日人稱為日本人町（Japan town）。以夏威夷而言，早在日本人來到之前，1850 年代的華人已經在檀香山市中心附近形成華埠。該區原是白人所謂的「土著」區（Native quarter），因此長久以來，區內的夏威夷人其實比華人人數還多，即使是在反華風潮高峰的 1880 年代中期，仍是如此。兩個族群不但住處相連，商家也彼此來往、買賣做生意。正是這種族群互融的現象，使得日人來到檀島以後，也進駐華埠。在 1930 年代，即使該埠的華人人數多過舊金山三千人，但華人在該埠卻不是主體，只佔 47%，而日本人佔了 37%，夏威夷人約有 9%，其餘則是菲律賓人、高麗人等。❾

---

❽　〈美國新聞：知己知彼〉，《中西日報》，1900 年 5 月 24 日。

❾　Clarence E. Glick, *Sojourners and Settlers: Chinese Migrants in Hawaii* (Honolulu: Hawaii Chinese History Center and the University Press of Hawaii, 1980), 131-4.

EPISODE 1

Arrival in San Francisco

日本人入境美國後，也如華人般地被送到天使島作檢疫，但卻不會曠時廢日地被拘留盤問。

受美國種族歧視之限，早期日人常以中華料理店為聚餐場所。

　　日本人在美國本土最初落腳之地為入口港舊金山，因此日本社群的早期發展與華人有不解之緣。⑩初期的日本工讀學生群和以後由夏威夷或日本而來的勞工，都以舊金山為集散地。日本人在美國最早的組織是 1877 年成立於舊金山的「福音會」。當時是借用華人教會的地下室，主要參與者是學生。⑪除此之外，數年後，日人美山貫一與華人商議，讓售部分舊金山華人墓地，供日人使用。⑫可見在美日本人與華人之間淵源深厚。

　　待日本人到美的人數漸多，他們開始出現日本人町，以應異國生活和周遭敵視環境之需。美國的日本人町多發展自華埠附近。⑬1890 年代末期，舊金山日本人以都板街（Dupont Street，地震後改稱葛蘭大道，Grand Avenue）為中心，自華埠西緣發展，涵蓋鄰近街道（如California Street, Pine Street, Sacramento Street）。該處有料理屋、商店、商會辦事處、照相館、醫院、撞球房、湯屋等，提供同鄉各式服務和滿足其福利、娛樂等需求。

　　1906 年四月十八日，大地震撼動舊金山，引發猛烈大火燃燒三天三夜，全市的建築物盡數化為灰燼。華埠和日本人町的店家和住民，隨著難民潮暫時移到灣東的奧克蘭市（Oakland，華人稱為屋崙，日人稱為王府）。待重建工作完成，再搬回舊金山時，有部分日

---

⑩　Robert A. Wilson and William K. Hosokawa, *East to America: A History of the Japanese in the United States* (New York: Morrow, 1980), Chapter 7, 101.

⑪　藤賀與一編著，《日米關係在米日本人發展史要》（王府 Oakland, Ca：米國聖書協會日本人部，1927），頁 44。

⑫　上引書，頁 52。

⑬　*East to America: A History of the Japanese in the United States*, Chapter 7, 96, 102.

本店家和住戶遂移到華埠西南更遠處，成為其後二十年日本人町的中心，稱為「上日本人町」（涵蓋 Gough Street, Pine Street, Geary Street, Van Ness Avenue, Fillmore Street, Post Street）。但有部分商店，如以白人顧客為主的藝品店，仍留在華埠附近，以其相似店家林立，可以匯集人氣。此外，因舊金山華埠沒有公共澡堂，日人湯屋有半數設在華埠附近，以華人為主顧；另一半則以日人為客源，並與旅店搭配合作。⑭

　　不獨舊金山如此，不少西部城鎮和夏威夷的日本人町，初期都緊鄰華埠。1890 年代，日人進入加州聖華金河三角洲開發農業，其中以愛知縣人為最多。華人早在三十餘年前已在汪古魯（Walnut Grove，日人稱為河下）定居而有華埠形成。日人到來後，租借華埠店面，開起簡單的床屋旅館（Boarding houses）兼餐廳。如 1896 年時，愛知縣人梶田庄太郎、戶田駒太郎等人以此方式，開設旅館和蕎麵屋，成為當地日本旅館之始祖。此後這類店家陸續出現，廣島縣人也有自己的旅館，以應同鄉之需求。隨著日人人數增加，各項生活、福利所需也隨著擴大。1898 年，和歌山縣人岩崎馬次郎也以同樣方式，租用華埠建物，開設日人雜貨店，販售日本罐頭、食品、乾貨等，由此聚集許多商家於華埠鄰近。在日人快速發展農業之下，原本華埠販售的許多商品，次第由日人接手。直至 1903 年

⑭　至於華人所開的洗衣館、餐館，日人的洗濯所、修鞋店等以白人為主的店家，則四散於城市各處。《在米日本人史》，頁 669-70、729-30；*Reports of the Immigration Commission: Immigrants in Industries*, Part 25, "Japanese and Other Immigrant Races in the Pacific Coast and Rocky Mountain States," 61st Cong., 2d sess. (1911), Senate doc., Vol. 23, 187, fn. b; 207.

間，沿著沙加緬度河堤防邊緣，日本人町已然成形，包含和洋食料的雜貨店、床屋旅館、湯屋、撞球場、料理屋、洋食店、理髮店、洗濯所等三十餘家店鋪，其間則夾雜著華人賭館。❺

聖荷西（San Jose）的日本人町也有相近的發展歷程。日本人進入聖荷西地區的時間，大約與上述日人進入聖華金河三角洲相近。他們由舊金山入境美國後，再搭乘接駁船沿著沙加緬度河道，溯達這些地區。日本人最初的生活所需，仰賴已經在當地多年的華埠。有些初來乍到的日人先住在華埠的房舍、在華埠採買日常用品。華埠的一位商人（Tuck Wo）不但讓日人賒帳，甚至還送貨到日本人工作的農場去，生意興隆，需動用到兩輛小卡車。另一位華商（Kwong Wo Chan），在其 1907 年帳本，也列有日本顧客的賒帳記錄。大約 1900 年代起，有些木造房屋依附在聖荷西第六街華埠的石磚建築旁邊，成為勞工的床屋，算是日本人町的發源地。簡陋的床屋提供工人臨時住所，尤其是在採收季節。例如 1902 年的春夏之際，聖荷西地區的日本農工人數曾暴增三千人之多。此後，隨著工人增加，開始出現提供吃喝玩樂給勞工的店家，如湯屋、撞球房、賭館、妓院，於是日本人町逐漸成形。至 1910 年代，已有日本人開設的雜貨店，成為聖荷西華埠商家的競爭對手，其中主要原因當然是日本人在當地的數量漸多。根據 1910 年的人口普查資料，聖荷西的日本人數量幾乎等同於當地白人，其中有近三百人居

---

❺　《米國日系人百年史：在米日系人發展人士錄》，頁 432-3；亦見 Eiichiro Azuma, Walnut Grove: Japanese Farm Community in the Sacramento River Delta, 1892-1942 (M.A. thesis, UCLA, 1992), 32-3.

住或工作於華埠鄰近的日本人町。這些日人商店，一如華埠的模
式，店面的後方或樓上就是住家。日本人町也如之前的華埠，成為
附近日本勞工的交會中心。大家於週末假日，來此上英文課、購
物、逛街、與友人見面、交換消息等。在華埠和日本人町工作的白
人郵差因此熟悉兩區，和華、日兩族的大人小孩成為朋友。**⑯**

洛杉磯的日本人町於 1910 年代在第一街東北邊和聖佩卓街（St.
Pedro Street）發展起來，也是位於華埠南緣，匯集許多商店，到了
1930 年代已經擁擠不堪。**⑰**西雅圖有個國際區（the International
District），內有許多亞洲人聚集於此。該區最初是由華埠發跡，十
九世紀末，日本人町於其東鄰發展起來，至二十世紀初，菲律賓人
在該區南方建立小馬尼拉。日本人町裡的中華料理店很受日人歡
迎。**⑱**

華埠和日本人町緊密相連，逐漸形成與白人隔離的社區。其中
緣故，首要之因是白人社會的種族歧視，迫使兩個少數族群不得不

---

⑯ Timothy J Lukes and Gary Y. Okihiro, *Japanese Legacy* (Cupertino, CA:
California Historical Center, 1985), 24; Connie Young Yu, *Chinatown, San Jose,
USA* (San Jose: San Jose Historical Association, 1991), 85.

⑰ Edward K. Strong, Jr., *Japanese in California* (Based on a 10% Survey of Japanese
in California and Documentary Evidence from Many Sources) (Stanford University
Press, 1933), 18; Brian Niiya, ed., *Encyclopedia of Japanese American History*
(New York: Checkmark Books, 2001), 258.

⑱ Yasuko I. Takezawa, *Breaking the Silence: Redress and Japanese American
Ethnicity* (Ithaca: Cornell University Press, 1995), 10; David A. Takami, *Divided
Destiny: a History of Japanese Americans in Seattle* (Seattle: University of
Washington Press: Wing Luke Asian Museum, 1998), 17.

相濡以沫、互相依賴。其次，移民模式以男性勞工為主、缺乏家眷也是原因。如前章所述，雇用華工或日工的白人老闆很少提供三餐，都由其工頭自行處理。❶若是華、日經營的小本企業，因所雇人手不多，老闆與勞工或是同鄉、同宗、同姓，也可能彼此是股東，關係緊密，老闆更是食宿全包，或是大家均分費用。這種現象的成因之一是這些亞洲勞工多數都無家眷隨行，尤以華人為然。華人有高達 92% 的比例留下妻小於中國老家，再按時寄錢回家，並希望將來返鄉退休。日本勞工多數比華工年輕又未婚，但若已婚，妻子通常會同在美國，隨侍在側。到了 1908 年，美日的「君子協議」限制日工入境之後，在美的日本勞工以照片方式，越洋娶日本新娘，再以配偶身份到美，開始生育後代，更使華、日兩族的人口結構產生重大差別，兩方人口總數愈差愈多。❷

㈡ 其他場合

　　由於白人社會的種族偏見和排斥，華、日兩方經常是在不情願的情況中接受彼此，尤其是自我族群人單勢薄之際。1880 年代末期，日本勞工人數尚未太多。他們初抵沙加緬度時，白人旅社因種

---

❶　12th *Biannual Report of the Bureau of Labor Statistics of the State of California, 1905-1906* (Sacramento: Superintendent of State Printing), 65-6.

❷　至 1920 年代以後，美國華人才逐漸出現新生代的苗壯。見〈種界接觸之研究〉，《中西日報》，1925 年 5 月 4 日、5 日、6 日，頁 2。此一研究可能就是 Survey of Race Relations。根據其報導，華人來美之數日漸減少，但土生華人則漸有增加。華婦約生育 3.026 個小孩，日婦是 2.083 個，白人婦女則是 2.063 個。但值得注意的是，華婦雖比日婦生育率高，但華婦總數遠少於日婦，使得日人總數較多於華人。

族偏見，不歡迎他們，而日人又覺得華人旅館不適宜，因此開始自行開設旅店，以應所需。㉑隨著日人人數增加，旅店四設，反而是華人因人數漸減，會住進日人旅店。再如理髮之事，舊金山這類大城市裡，白人理髮廳不會接待華、日等黃種客人。華、日人的頭髮問題需自行解決。早期華人社群內有理髮師傅，修剪華人的長辮。當日人到美漸多，自然出現日人開設的理髮店，而華人就成為其座上客。最早的日人理髮廳創設於 1891 年，由初到美國的西島勇所開，店面設在舊金山傑西街（Jessie Street）與第五街（5ᵗʰ Street）的交口處。顧客除了日本人外，還有華人、菲律賓人等其他東方人。㉒甚至當有日本人過世，喪禮結束後，眾人通常會到華人餐館聚餐。這種習慣的產生，據說是因早期的美國白人社會裡，只有華人餐館會接納日人。㉓

　　一旦日本人人數增加，而華人人數漸減少，兩方彼此互賴局勢便有所逆轉。山口正回憶他在華盛頓州比利翰（Bellingham）工作的日子。時約 1917 年，當地約有三萬人口，每年夏天都有兩百個左右的日本人來鮭魚罐頭廠工作。當地原有三家華人開的麵館，因華

㉑　*Reports of the Immigration Commission: Immigrants in Industries*, Part 25, "Japanese and Other Immigrant Races in the Pacific Coast and Rocky Mountain States," 61ˢᵗ Cong., 2d sess. (1911), Senate doc., Vol. 23, *Reports of the Immigration Commission: Immigrants in Industries*, Part 25, "Japanese and Other Immigrant Races in the Pacific Coast and Rocky Mountain States," 61ˢᵗ Cong., 2d sess. (1911), Senate doc., Vol. 23, 249.

㉒　《在米日本人史》，頁 290-1。

㉓　David Mas Masumoto, *Country Voices: The Oral History of a Japanese American Family Farm Community* (Del Rey, CA: Inaka Countryside Publisher, 1987), 153.

人日減，客源不足，因此就轉手給日本人經營。㉔此外，西雅圖的日本年輕第二代組成之棒球隊經常輸給白人球隊，球隊經理為了鼓勵他們，避免意志消沈，就會請隊員到高級中華料理店大啖一番。但不同以往的是，這些中華料理店卻是日本人開的。㉕

　更戲劇性的是，因為白人分不清華、日兩族之別，開始出現許多互換身份的狀況。例如新聞報導移民官認為有些華人假冒日本人，以此迴避「排華法案」之限禁華工規定，以免被遞解出境。㉖這種現象確有可能，因為加州「排亞聯盟」（The Asiatic Exclusion League）的資料曾經揭露華、日兩族非法潛入美國的許多途徑。其中之一就是華人先到墨西哥，剪掉其髮辮，打扮成日本人，越過沙漠，再由日本蛇頭接應，幫助華人偷渡進入美國西南部。㉗此外，根據一位西雅圖移民局官員所言，偷渡入美的邊界，加拿大部份較為困難，墨西哥邊界則較容易。華日偷渡客中，日人比華人多，因為華人有嚴苛的排華律，而日本人則只受「君子協議」之限。尤其

㉔ Kazuo Ito, *Issei: A History of Japanese Immigrants in North America* (Translated by Shinichiro Nakamura and Jean S. Gerard) (Seattle: Japanese Community Service, 1973), 540.

㉕ Ito, *Issei*, 237.這種日本人開中華料理店的現象，主要是因華人推動「抵制日貨運動」之後，日人就以此作為反制的回應。詳情見第五章。

㉖ "Chinese Claim to be Japs, Steward and Cooks of the Texan before U. S. Commissioner," *Seattle Times*, October 21, 1904, p. 14.

㉗ *Proceedings of the Asiatic Exclusion League, July, 1908* (San Francisco, Organized Labor Print), 173. 令人感到諷刺的是，斗轉星移至珍珠港事件爆發後，開始變成日本人假冒為華人，以免受美國社會的指責。詳見第七章。

EPISODE 27
Japanese Immigrants Arriving via Hawaii

大量日本人持續由夏威夷湧入美國本土。

有日人不願與初履異國的粗鄙同鄉相認，反而偽裝為華人。

一戰期間，美國人力缺乏而薪資高漲，日人偷渡客更多。㉘但隨著白人社會的反日風潮高漲，出現華人因停車或生意糾紛，被誤認為日本人而被警察刁難，頗令華人困擾。㉙這些現象已經反映出華、日兩族人數消漲變化的效應已漸浮現。

新生代的教育也可見到華、日雙方不很情願的交流。舊金山因為有較多的華、日人聚集，下一代的教育問題很早就浮現出來。1893 年五月間，舊金山教育局拒絕日本學童入公立學校就讀，要求他們轉讀華人為主的「遠東學校」（Oriental school）。教育局官員接受舊金山一家報社訪問時，說明拒絕日童入學的原因，一為日人不繳稅：州政府每年對五到十七歲的兒童，每人補助九元，而日童多超過此一學齡，自然不可能接受到此補助，日人乾脆不繳稅；二為日童與白人女童混在同校，將來會滋生弊端。白人發表以上意見後，日本駐金山領事珍田捨己認為茲事體大，攸關國家體面，也影響日童的前途，而向教育局提出意見書，並附上日人連署的請願書，請求考慮停止此一規定。最後教育局接受其請，取消該規定，而化解此一危機。然而這只是風雨前的短暫平靜。加州反日風潮於二十世紀初期再度捲土重來，在 1906 年又引爆類似案例，其結果就大相逕庭。㉚

至於其他城鎮，日人初期也是拒與華童一起上課，日後才漸改

㉘　Survey of Race Relations (此檔案置於 Stanford University, Hoover Institution Archives，之後簡稱 SRR), Box 27-160-2, Interview with Mr. Commissioner Weedin (Seattle Immigration Station), April 23, 1924, by R. H. G.

㉙　SRR Box 27-193-8, Interview with Albert King, July 31, 1924 by C. H. Burnett.

㉚　有關白人社會之排日風潮，詳見第一章與第四章。

變。沙加緬度的「林肯」小學有個華人部。當初設立是因應華人學生的各種狀況，如上課時間無法固定、年紀比同學過大、英文能力不足等。1909 年移民局的調查顯示，當時約有七成的日童會到林肯小學就讀，但只有其中的三成四（8 人）到校內華人部。這八個學生都是男性，年齡由十六歲到二十二歲。這種現象似乎顯示日本人對於華人部有些疑慮，不願接受所謂為東方人而設的特別部門。❸到了 1930 年代，則因各種族群混居日久，學童也就混雜一起，如加州弗雷斯諾的林肯小學（Lincoln Grammar School）和愛迪生技術高中（Edison Technical High School），學生來自三十種不同族裔背景，包含華人、日本人、墨西哥人、菲律賓人、義大利人、亞美尼亞人等。❸

　　1914 年，在溫哥華發生一件兇殺案，彷彿可見華、日共生的跡象。一位十七歲的年輕華傭被女主人責罵之後，殺死對方。但此事件卻演變成市府當局以此為理由，要隔離亞洲學童於公立學校之外。事發之時，「日本人會」動員組織家長會，遊說親日的白人家長一起反抗此舉，才得以作罷。❸日文資料在行文中，雖然認為此事原與日本人無關，只是無辜受害而遭到波及，但已不再如十九世

---

❸　日人一如華人，自己另設有日語私塾，由佛教組織舉辦，讓學生在放學後，可以繼續學習舊有傳統文化。*Reports of the Immigration Commission: Immigrants in Industries*, Part 25, "Japanese and Other Immigrant Races in the Pacific Coast and Rocky Mountain States," 61ˢᵗ Cong., 2d sess. (1911), Senate doc., Vol. 23, 267.

❸　Strong, *Japanese in California*, 15.

❸　Ito, *Issei*, 120.

紀末期或二十世紀初期之責備華人應為排亞風潮負責，或是努力與華人劃清界限，轉而體認在美加社會排日多年之後，開始認知白人根深蒂固的種族歧視，而漸生華、日彼此共生之感。

三、地下活動：賭博與嫖妓

㈠ 賭博

社交上，華、日兩族糾葛最為複雜之處是賭博。賭博之風早在十九世紀中葉華人入美後，即已存在。**㉞**曾有一說，指洗衣館、餐館、賭館是華人所從事的三大行業。在鄉村、偏遠地帶，賭館的重要性遠超過前二者。1907 年春，當舊金山華商成立「廣東銀行」，華文報社記者慶賀之餘，回顧在美華人的商業發展歷程，批曰「少特色之正當商業」，並特別點名有些號稱為「辦家庄口」者，只圖謀掌賭館銀包，可見當時賭業已經在西部華人經濟裡佔有一席之地。**㉟**

賭博最初只是同胞之間的娛樂，設在華埠的同鄉會館或公所，

㉞ Raymond Lou, "Chinese American Community of Los Angeles, 1870-1900: A Case of Resistance, Organization, and Participation" (Ph.D diss. of UCLA, 1982), chapter 1; 亦見梁啟超，《新大陸遊記》，收錄入福建師範大學歷史學系華僑史資料選輯組編，《晚清海外筆記選》（北京：海洋出版社，1983 年），頁 204-5。

㉟ 〈本報論說：旅美華商擬開銀行〉，《中西日報》，1907 年 4 月 1 日，頁 1。文中提及拐賣人口、包辦妓女為另一項不正當商業。

類似俱樂部性質。尤其許多華人都是隻身在美、沒有妻小在旁，會所提供聚會場所，附設簡易餐點服務，輸贏都有得吃，又有刺激性，不少人遂染上賭癮。會所設置俱樂部的現象也出現在東部華埠，如紐約者。紐約華人中，單身漢「寡佬」居多，因乏天倫之樂、又少遊樂去處，常以同鄉的會所為中心。因此最早的賭桌不是設在賭館，而是置於早已成立的同鄉會所大廳裡。同鄉友好利用週末假日相聚之餘，閒來無事就以各類遊戲自娛。初時賭碼很小，且輸贏不論，贏家在賭局結束後，會招待桌友去餐館大啖一番。一次大戰之後，美國經濟繁榮，華埠賭風趨盛，連同鄉在華埠租用的小公寓宿舍（稱為「公司房」）都成聚賭之地，成為最底層的賭局所在。而在會館公所的賭桌上，賭碼愈來愈大，再加上賭客快速求富的心理作祟，輸贏起伏變化巨大，因此容易令人沈迷。

　　日後賭局逐漸分為會所主辦和私人經營。兩者對每次賭局都抽成，約是百分之五，而最大的差異在於兩者對收入的應用方式不同。不少老華人自農場工作退休下來，轉而合股開設賭館，收入由集資的老闆均分；或是他們在賭館工作，工資是按比例抽成。㊱會所主辦者則將收入撥為經費。曾有一位擔任某公所主席的華人直言：「公所若不設賭局，每年經費少則不見五千到六千元，多則到一萬、二萬。」所以不少會所視俱樂部為重要命根。同鄉的「公司

㊱　有關華人賭館股東分帳或員工分紅之帳簿資料，可見 Records of cash receipts for fandan games in various gambling houses : ms, 1893-1912.藏於加大柏克萊校區總圖書館（Bancroft Library）特藏室，其中收集加州內華達郡（Nevada County）的數家賭館帳簿，如 Tai Chong, Chow Lee, Chong Lee, Sing Chow Lee and others (gambling houses).

房」多了這筆收入，可以支付租金、水電等開銷；會館累積抽成後，則用來翻修樓房、甚至進而購樓置產。華埠內有不少樓產是靠會館積存抽成而購置的。❸私營賭館的賭客不止自己族人，還有歐洲移民、墨西哥人、黑人，和後到的日本人、高麗人、菲律賓人。至於女人雖可進入賭館，但傳統上不太受歡迎。賭館認為賭客應受保護，以防好奇女性或妻子的干擾。❸ 1910 年代前後，設在舊金山對面屋崙（Oakland）的不少賭館，內設餐廳，兼聘歌伶演唱，還雇有汽車迎送客人，免費往返舊金山華埠，可見其組織與規模。❸

　　華人賭館內有各類遊戲，其中最受華人、日本、高麗等亞洲人歡迎的是「番攤」（fantan）。它的玩法簡易，抓一把豆子，每四個一堆（後因豆子會分開成二，造成數算困擾，改成鈕釦等）。玩家打賭最後一堆所剩餘數，在一、二、三、四裡下注，經常用方桌的四個角落來對應下注。每次賭注，賭館抽一成，所以一晚下來，賭館累積不少抽成。另有「牌九」（Paigow）遊戲，先按順序，再比大小，玩法稍微複雜；以及骰寶（Sicbo），用三個骰子來玩。私營賭館內不

---

❸　張之，〈華埠賭博的來龍去脈〉，《華報》，1974 年 8 月 5 日，頁 4，見
　　Him Mark Lai research files, AAS ARC 2000/80, Ctn. 57-27, Asian American
　　Studies Library, UC-Berkeley（以下簡稱 AAS ARC 2000/80）；郭征之，《華
　　埠滄桑——紐約唐人街史話》（香港：博益出版集團，1985），頁 118-9。

❸　"Gambling: Inside Story," *Chinatown Report*《華埠導報》, February 22, 1974,
　　13，見 AAS ARC 2000/80, Ctn. 57-27；Jean Harvie, *An Account of Locke: Its
　　Chinese and the Dai Loy Gambling Hall* (Walnut Grove, CA: Sacramento River
　　Delta Historical Society, 1980), 6.

❸　劉伯驥，《美國華僑史》（臺北：黎明文化事業公司，民 65 年），頁 119-
　　20；《美國華僑史續編》（臺北：黎明文化事業公司，民 70 年），頁 627。

設麻將抬，其多集中在同鄉的公司房。遊戲之中，風行於各色人種的是「白鴿票」（baakgapbiu）（日人取其簡稱 baka，而稱「馬鹿」票，一語雙關地連帶暗示日文「馬鹿」中的愚蠢之意）。票上印有八十個字（取千字文的「天地玄黃、宇宙洪荒」等字句），賭客在每張票上可選擇十個字，再根據開出的二十字，按照猜中比例而獎金不同，類似現今的樂透彩券。中五字者得兩倍賭金、六字二十倍、七字兩百倍、八字一千倍、九字兩千倍、十字四千倍，最高可得一千至三千元不等，視地區而定。**⓮**

「白鴿票」因廣東鄉村地區用白鴿來傳遞開出的字碼，故而得名。以其玩法通俗，後來玩者不只識得漢字的華人、日人、高麗人，還包含不少的白人、墨西哥人、黑人，遂將文字改用數字（稱為番票）或生肖動物。開廠者稱為「鴿頭」、招票者叫「鴿媒」、買票者為「小鴿」。此一賭法，有人稱之為「慢火煎魚」，漸漸煎乾。現在美國各大賭城，如拉斯維加斯，也開白鴿票，英文稱為 Keno，原是從前華人築路工開白鴿票時，大叫「開囉」的諧音。**⓯**

白人警察對待各類遊戲之態度不同。麻將被視為家庭娛樂，因為沒有現金在檯面對博，所以不會被禁。番攤、牌九在固定場地、

⓮ Harvie, *An Account of Locke*, 12-4；郭征之，〈華埠掌故：華埠賭風熾盛〉，《僑報》，1997 年 1 月 23 日，見 AAS ARC 2000/80, Ctn. 57-27；四至本八郎，《支那人街》（東京：太陽閣發行。昭和 12 年，1937），頁 288、290-1；Yuji Ichioka, *The Issei: The World of the First Generation Japanese Immigrants, 1885-1924* (New York: The Free Press, 1988), 87-8.

⓯ 關宇，〈金山掌故〉，《正報》，1994 年 7 月 1 日，見 AAS ARC 2000/80, Ctn. 57-26.

又有賭金，警察臨檢不難。白鴿票則較為機動，舊金山不能開，換
到奧克蘭也可以，不需現場博彩，收票處廣泛，任何華人商店（如
洗衣館、餐館、煙館）皆可，因此客源廣雜，各色人種都有。各廠家
面臨警察查緝，規定不盡相同，例如其一：「各客到廠投票，倘遇
番差拿去，不拘失門破門，罰款保單，各客自理，與本廠無涉。」❷

　　1880 年代，舊金山華埠的賭館多至七十餘家。至於兼售「白
鴿票」的華人雜貨店，以及專接白人、墨西哥人、黑人賭彩票的小
店，總數也多至數十家。直至 1930 年代，在舊金山灣區，直接、
間接賴「白鴿票」為生者，約有三千餘人，儼然是華人經濟棟梁。
❸連足不出戶的華人婦女，偶爾或接外工、資助家務，其中之一，
就是接作白鴿票票廠的字釘圖印。在印刷業未興之際，各廠廠名之
圖印，都需使用手工。主婦接作，算是外快。❹聖荷西一地，根據
一個白人在參議院公聽會作證的說詞，在 1877 年鄰近華埠的市場
街（Market Street）就有三十八家賭館，彩票一天開兩次，可見賭風
之盛。有趣的是，華人賭館將每年收入捐出百分之五到百分之十，
奉獻給當地的寺廟、教會，或華文學校。以加州軒佛（Hanford）為
例，華文學校在全盛時期有五十餘名學生，老師每月薪資約 20 到
25 美元。學校開支，部分來自當地賭館捐出 12.5% 的收入。樂居
（Locke）的「大來賭館」則為該鎮挖建新水井、資助學校設備、救

---

❷　同上註。

❸　劉伯驥，《美國華僑史》，頁 120；續編，頁 628。

❹　余進源，〈續金山「唐人埠」今非昔比〉，《金山時報》，1966 年 2 月 21
　　日，見 AAS ARC 2000/70, Ctn. 29.

濟貧困等。⑤因為利之所在,賭館也就成為秘密會社(主要是各大堂
號)的禁臠,據聞西雅圖有半數華人都加入堂號,但也有一說,認
為只有大約百分之十到十五的華人隸屬在不同堂號,從前這類堂號
多與賭妓有關,當華妓來美日漸困難之後,轉而與經營白鴿票有
關。⑥

　　舊金山白鴿票之盛行,連中國國內亦有報導。根據其記錄言,
1884 年計有華人所開票廠二十七家。每廠每日早晚二次,一日共
開五十四次。代收票者更為可觀,約有五百餘間,藉此營生之徒,
不下千人。票廠生意之好,「投者紛紜、趨利若鶩。」而白人購買
白鴿票者,日達三千人,則每人每日花費一元,週年彙集,超過一
百萬。以中國觀點視之,「賭風之熾,所耗不貲,聞之足為寒心
也。」⑦

　　日本人來到美國後,也逐漸沾染此習。初到的日本人多是單身
男子,最易陷入三個魔咒(賭、酒、嫖),日本人稱之為 Magic 3,

---

⑤　Yu, *Chinatown, San Jose, USA*, 75-6; Harvie, *An Account of Locke*, 6-7;亦見
　　Richard Wing (江憲泉), interviewed by Yuk Ow, Him Mark Lai, and Laura Lai,
　　July 20, 1973, Yuk Ow research files, AAS ARC 2000/70, Asian American Studies
　　Library, UC-Berkeley.

⑥　SRR Box 27-172-5, Life History as a Social Document of Bong Chin, Seattle,
　　Washington, August 7, 1924, by C. H. Burnett; Box 27-181-3, Interview with Lum
　　Ming Tak (a minister of the Chinese Bapatist Church in Seattle), August 13, 1924,
　　by C. H. Burnett; Box 27-188-5, Interview with a Chinese Student in Oregon
　　Agricultural College, August 9, 1924, by C. H. Burnett; Box 29-271-1, Life History
　　and Social Document of S. C. Eng, Seattle, Washington, August 28, 1924, by C. H.
　　Burnett.

⑦　《光緒述報》,甲申年(1884)12 月 5 日,見 AAS ARC 2000/80, Ctn. 57-25.

其中賭害最為嚴重。❹「番攤」的日文「しこ」即指四個一堆的玩法，可見其深知其中之道。❹ 1903 年，梁啟超遊歷美加之際，曾提及華人開設賭館之普遍，也注意到賭客多為日本人，故言「賭亦爭外利之一道。」根據其觀察，日人貢獻於華人賭館的情況，各埠約有十餘萬美元。另外白鴿票部分，早先全盛時期，西人賭金將近三百萬美金，至當時只剩下五十萬；但他憂心道「以此等文明播諸彼國，亦無怪人之相惡焉矣。」❺另有一說，比較華、日賭客之別，華人喜好豪賭，將大筆賭金壓在一個賭局上，一次決定命運。日本人較為保守，每次賭金較少，可多玩數次，不斷經歷刺激，時而興奮、時而痛苦，因此就貢獻更多抽成給賭館。❺有些日裔的回憶裡，總是將日人的賭博習性歸罪於華人，指稱賭館多由華人開設，甚至為了吸引日本人，華人還會日語，也有雇用日人為員工。華人賭館內的莊家利用小伎倆，讓日本賭客上鉤。通常是當新客上門時，前幾次讓之大賺一筆，一旦上鉤後，就逐次討回，終至淘空老本。不少日本人，不論已婚或單身，都曾涉足賭館，成為他們的重要娛樂。❺

　　但日本人也非完全受害於華人賭館。聖荷西的日本人町有家印

❹　Eileen S. Sarasohn, *The Issei: Portrait of a Pioneer An Oral History* (Palo Alto: Pacific Books, 1983), 6.

❹　劉伯驥，《美國華僑史》，頁 119-20。

❺　梁啟超，《新大陸遊記》，頁 204-5。

❺　Bill Hosokawa, *Nesei: The Quiet Americans* (Rahway, NJ: Quinn and Boden Co., 1969), 123-4.

❺　Masumoto, *Country Voices*, 19-20; SRR Box 31-334-6, Interview with Mr. Sera of the Japanese Association of San Jose.

刷廠為華人印白鴿票。可能因為這層互惠關係，華人賭館會派「走路工」到日本人町附近，挨家挨戶兜售彩票，日本家長偶爾也允許小孩玩玩。❸也有日本人被華人賭館所雇，成為販售白鴿票的「走路工」，以致於出現當日本「走路工」被警察逮捕時，華人有力人士會出面保之。❺

　　鄉村、礦區、海邊等偏遠地區，賭風更是猖獗。這類地區遠離城市，工作性質不是如採礦之危險，就是屬季節工作、繁重緊張、卻又四處漂泊、不確定性高。多數日本勞工在此壓力下，有人酗酒、打架，更多的人是產生快速致富、衣錦還鄉的遐想，成為滋生賭博的溫床。❺有些賭桌上擺放的不是紙鈔，而是金幣，一堆堆金幣當然令人財迷心竅，忖度只要贏得其中一堆，馬上可以啟程返鄉、脫離辛苦勞動的日子，難怪連意志堅強者也會動搖。日本外務

---

❸　Yu, *Chinatown, San Jose, USA*, 86. 雖無資料確定舊金山的彩票是否由日人印刷，但有一份彩票，上書「日本人諸君，馬鹿票」，地址為舊金山華埠都板街 867 號的「生和商店」（Sang Wu & Co.），見 AAS ARC 2000/80, Ctn. 57-27.有關聖荷西的白鴿票發展過程，以及因為華人白鴿票賭風過於猖獗，市府命令驅逐華人，致使華埠一空，漸被日人佔據等附帶影響，見 SRR Box 31-327-2, Public Opinion of the Oriental in San Jose, California; SRR Box 36-370, Chinese Lotteries in San Jose, California, March, 18, 1925.

❺　"Chinese Offers Bail for Little Brown Men, Celestial Willing to Stand Good for Japanese Who Are Caught Selling Lottery Tickets," *Seattle Times*, March 11, 1907, p. 7.

❺　Yuji Ichioka, *The Issei: The World of the First Generation Japanese Immigrants, 1885-1924* (New York: The Free Press, 1988), 87; Masakazu Iwata, *Planted in Good Soil: A History of the Issei in United States Agriculture* (San Francisco: Peter Lang, 1992), 130.

EPISODE 16

Decadence

日本人為求快速致富，開始涉足華人賭館。

「番攤」和「白鴿票」最吸引日本賭客，但畫中警告日人，利潤都流歸華人。

書記生大山卯次郎於 1910 年視察美國愛達荷和懷俄明州時，提到日本鐵路工和礦工的賭性頑強，有人甚至一夜豪賭，散盡所有家當。另一位官員大和久義郎以蒙大拿州巴特鎮（Butte）為例，說明當地日人住宿的旅館，兼營撞球場和賭場，不少鐵路工人就如無賴漢或遊民，只要賺到一點工資，就徹夜賭博。這些賭館都由華人主持，因此日本工人戲稱賭輸是「將錢存入香港銀行」。大山先生提及農業地區的日工風氣稍好，不至於豪賭，然而一旦收成季節結束，回到小鎮，卻也不免揮霍於飲食、賭博上面。⑤⑥

　　西部農、漁業地區的小鎮裡，經常有華、日人的匯集區。農、漁業所用的工人，其實不只華人、日人，還有義大利、西班牙等歐洲移民、印度人、墨西哥人等，但只有華人、日人會在小鎮開店營生，供應同胞需求。加州地區有些農業城鎮（如汪古魯），小鎮裡有個華人、日人群居的聚落，是附近最繁華熱鬧的地方。但真正算是定居於此聚落的亞洲人，只是少數幾家商店、旅館、料理屋和賭館，賴季節工人維生。賭館外表看來像是雜貨店，但店內商品很少，買客也不多。一到收成季節，四周農場的工人於農暇時匯集於此，以之為輻軸，採買所需、交換訊息、尋歡作樂。⑤⑦有個日文報

---

⑤⑥　鶴谷壽，《亞米利加西部開拓と日本人》（東京：日本放送出版社，1977年），頁 159-60，163。

⑤⑦　*Reports of the Immigration Commission: Immigrants in Industries*, Part 25, "Japanese and Other Immigrant Races in the Pacific Coast and Rocky Mountain States," 61st Cong., 2d sess. (1911), Senate doc., Vol. 24, 11; SRR Box 30-279-20, Master Thesis by Hidesaburo Yokoyama, Department of Sociology, University of Chicago, 1921.

紙的記者曾於 1909 年二月間，計算由早上九點到深夜十一點的期間，平常每日平均有 72 人進入單一華人賭館，週末可達到 150 人，而當時汪古魯有 32 家華人賭館，平日收入有 2,300 元，週末更達 4,800 元。當地華人賭館公開營業，賭客就大方地由前門進出。因日人多識漢字，對遊戲規則或白鴿票多可通曉。若有人中了最高額的白鴿票，賭館還會放鞭炮慶賀，全鎮也知曉有人中大獎。[60]瓦卡維爾（Vacaville）的華人、日人群集，形成一個「T」字形的聚落，華人佔據較短的一段，日人則是較長的一段。但華人因早期即來，多為定居者；日人人數雖多，但不少是單身的季節工人，四處移動。瓦城內的華人多是以經營賭、妓為生，只有一家華人洗衣館，卻有十四家賭館和數家妓院，都以日本人為顧客。一到週末，整個華埠街道擠滿由農場而來的日本工人，不少日工因為賭博而沒有多餘存款。

另一城市弗雷斯諾（Fresno）亦然。1870 年代起，弗雷斯諾附近盛產葡萄和水果。華工原是農業的重要勞動力，隨著蔬果播種、收成的季節變化而增減人數。因此，1870 年代中葉到 1900 年代初期，華埠興起於該城西區，並成為流動華工的訊息交換站，也是華人的休閒天堂，賭館和鴉片館都集中在一個名為「中國巷」（China Alley）的區域。根據弗市一位白人記者的調查，1890 年代初期，該市華人賭館是全美同業中收入最豐的地方。[59]不論該記者是否誇大

---

[60] Azuma, *Walnut Grove*, 36-7.

[59] Ramon D. Chacon, "The Beginning of Racial Segregation: the Chinese in West Fresno and Chinatown's Role as Red Light District, 1870s - 1920s," *Southern California Quarterly* Vol. 70, no. 4 (1988): 382.

其詞，但已顯示該地賭風猖獗之盛況。後來加入農工行列的日本人，就順勢沿用華工生活模式，以華埠為社交中心。「中國巷」附近也是日人住所，故而華人賭館的賭客多為日本人。幾家較大的賭館提供免費的茶、酒、餐點，甚至還有電影，每週換片一次。加州勞工局的報告宣稱當地三百家所謂的華人商店其實都兼賣「白鴿票」，並言該鎮約有五千名日本人，他們的薪水至少有四分之一是貢獻給華人賭館。⑩一位日本牧師痛陳當地有十九家華人賭館，在 1907 年的收成季節，從日本勞工身上賺了近二十萬美元。這些勞工裡，不乏年輕力壯、手腳靈巧之人，卻在季節收工後，一領到大筆工資，就心急如焚地跳上回城馬車，直奔華人賭館。⑪這種現象被有些白人笑稱是華人在農業競爭受日人打壓之後，一種苦盡甘來的報復（The abused Chinaman gets his sweet revenge）。⑫即使到了 1930 年代，日本人已經不再與華人混居，但仍可見他們出入華人商店兼營的賭館，或是購買「白鴿票」。⑬

　　某些農業小鎮裡，賭業之盛，幾成華人經濟支柱。加州市作頓（Stockton）的華人賭館，名為「橫濱」、「松島」、「五湖洞」，

---

⑩　*Reports of the Immigration Commission: Immigrants in Industries*, Vol. 24, 197, 652, 661-2; *12th Biannual Report of the Bureau of Labor Statistics of the State of California, 1905-1906* (Sacramento: Superintendent of State Printing), 70; Will Irwin, "The Japanese and the Pacific Coast," *Colliers* 40 (October 19, 1907): 18-19.

⑪　Sarasohn, *The Issei*, 115. 日人教會因此全力倡議驅逐華人賭館，見 SRR Box 28-227, Statement by Rev. J. K. Fukushima, Pastor, Japanese Congregational Church, Fresno, California.

⑫　Will Irwin, "The Japanese and the Pacific Coast," *Colliers* 40, 18.

⑬　Strong, *Japanese in California*, 15-6.

賭客以園工最多，似乎與吸引日客有關。㉔當地華人務農者佔八成，但 1920 年代以後，農產欠收，影響工商各業，以致於景氣冷清。唯一熱絡的行業就是賭業，「堂哉皇哉，頗有生氣。」雖然國民黨黨務報告以「誠可痛也」稱此墮落情景，卻已反映華人賴此為生的事實。㉕

日本移民的上層人士或政府駐外人員對族人沈溺賭博之事，憂心忡忡，不斷採用各種嚴禁或疏導手法，甚至扁斥華人，而這正凸顯其自視高於華人的民族意識。他們大量印製傳單給新來勞工階級，諄諄告誡這些勞工，千里迢迢而來美國，所為何事？卻將辛苦血汗錢浪費在賭館，而且還不是給自己族人賺走，而是華人賭館。言下之意，即使賭錢這種肥水，也不應落入外人田。1900 年印製的「殖民資料」警告赴美的勞工不要靠近華埠，以免身敗名裂，影射華埠為萬惡淵藪。1908 年發行的「在米者成功之友」指南書裡，有一章「誘惑」篇，特別規勸日人一旦沾染華人賭博，將會就此沈淪墮落。不論輸贏如何，華人吸食日人的膏脂，一年可以賺取十萬美元以上，而日人卻沒有從華人身上得到任何一毛錢。年復一年，等於日本人奉上數千、數萬元入華人口袋。㉖日本駐美使館二等秘書勘查西部日人社群時，赫然發現日人與華人混居情形的嚴重

㉔　余進源，〈續金山「唐人埠」今非昔比〉，《金山時報》，1966 年 2 月 21 日，見 AAS ARC 2000/70, Ctn. 29.

㉕　賭業之繁盛也出現在洛杉磯和東部的一些大城（如波士頓、聖路易）。中國國民黨駐三藩市總支部第二次代表大會紀事（1928 年 10 月 22 日），黨務報告（舊金山分部），169-170、176、180、181。見 AAS ARC 2000/14, Ctn 1.

㉖　鶴谷壽，《亞米利加西部開拓と日本人》，頁 161。

EPISODE 17

Decadence

有些日本人沉迷於賭博。

他們不理朋友勸誡，警示華人賭館為害之深。

程度，不僅擔憂日人與下層苦力階級的華人為伍，沾染其嫖、賭惡習，更恐懼白人將華、日等同為相似民族，一體歧視。若放任日本人繼續如此，白人將會認定日本人也是道德墮落的民族，其命運就會如之前的華人一樣，被排除於美國之外。❻這種觀點突顯日本上層人士的民族優越意識。日人上層人士批評華埠住屋污穢不潔、還在屋裡設置賭局，不分晝夜、公然聚賭，因而指責華人的不當行為造成白人排外情緒。眼見華人如此誘惑日本勞工，靠著壓榨愚笨的日本勞工而壯大，他們認為難怪美國社會排斥如此低劣的華人，其中不無道理。日本移民僑社的上層人士不斷告誡族人，為了日本人在海外發展著想，首要之策，絕對不要忘了與華人相互隔離，否則將弊端叢生。1905 年河下地區小鎮科爾特蘭（Courtland）的華埠慘遭回祿之災，有項日人資料竟猜測是白人因厭惡華人而偷偷放火，似乎頗有贊同白人作為之意。鄰近的另一小鎮埃崙（Isleton）也有個華、日人的聚集區，商店林立。週日假期，許多鄰近農場的日工匯集於此。根據日人說法，當地賭風盛行，造成日人好勇鬥狠，問題不少，再度暗示華人賭博風氣帶壞日人。❻日人之間流傳一則悲劇故事，訴說一個日本農工努力多年，終於存夠錢，準備衣錦還鄉。離美之前的某個晚上，他被引誘到華人賭館去，幾個小時內，他就輸得精光。返鄉夢碎之後，全家只能在鎮裡開料理店為生。不論這種傳說是否屬實，再度凸顯華人賭館的邪惡，以此警惕日人不要輕

---

❻ Donald Teruo Hata, *Undesirables: Early Immigrants and the Anti-Japanese Movement in San Francisco, 1892-1893* (New York: Arno Press, 1970), 74.

❻ 柏村桂谷，《實地踏查北米》（東京：龍文堂發行，大正二年，1913 年），頁 141-2；亦見 Azuma, *Walnut Grove*, 100.

易涉足華人賭局，否則結局悲慘。[69]

　　猶他州鹽湖城的「日本人會」曾上書警局局長，籲請警察禁止日本人進入華埠，因為日人進出華人賭館過於頻繁，引發兩方賭徒打架滋事，衍成華埠問題。[70]聖荷西的秋月益夫在 1919 年組織日人棒球隊，就是為了讓沈迷於賭博的年輕人轉移注意力。初期球隊經費不足，他們藉由舉辦電影活動，售票籌款，影片多是由日本輸入有關中日甲午戰爭的影片，似乎頗為符合日人上層號召之抵禦華人賭館的氣氛。[71]二十世紀初期，一位在美國的日本政治家以英文寫就一書，其中曾言孫中山的革命活動，日本人貢獻不少。此說並非指日本人參與其革命，而是美國的日本人貢獻賭金給華人賭館，後者再轉而捐獻給革命黨。該書其實欲圖藉此說明日本人的無辜和受害景況，以此引起美國警政單位的重視，遏阻華人賭館的猖狂。[72]

　　但各城鎮的執法單位與華人賭館似乎存在某種默契，使得賭館、妓院幾乎是公開營業。淘金時期以來，美西邊疆處於草創階段，無法律秩序可言，酒吧、賭館、妓院林立。賭博、嫖妓行為只要侷限在亞洲人群內，不要干擾白人社會的治安，白人警察就不甚注意、也不加以干涉。1860 年代到 1870 年代，加州有些墨西哥人或歐洲移民購買華人的白鴿票，但同樣地，白人警察也不以為

---

[69]　Azuma, *Walnut Grove*, 37.

[70]　鶴谷壽，《亞米利加西部開拓と日本人》，頁 160-1。

[71]　*Beginnings: Japanese Americans in San Jose (8 Oral Histories)* (San Jose Japanese American Community Senior Service, 1981), 14, 16.

[72]　Yuji Ichioka, *The Issei*, 84-7.

意。⑱即使到了 1908-1909 年間，弗雷斯諾曾有日人上層階級推動反賭運動，仍得不到白人警察和居民的注意，直到教會和西文報社帶動，才稍有起色。但這只是短暫有效，不數月，賭館又再度開張。就因為禁賭之不易，市民也降低對法律或治安的要求。⑭

但開賭畢竟犯禁，直到有白人參與，警察才加以取締、拘捕。而拘捕開賭或賭博的人，需有證據或證人才能定罪。作證的人多是白人賭徒，華人賭館後來為了安全計，便不歡迎白人光顧，認為白人參賭會倒楣，而只侷限在亞洲顧客群。若真被警察拘捕，也只是罰鍰數元到數十元即釋放。1911 年移民局報告書指出，白人認為華人賭館並未造成治安上的麻煩，日本人開設的妓院偶爾引發喧鬧、打架事件，但也多由自己族內的「日本人會」自行處理，不致影響白人治安，正反映白人看待華、日兩族賭博的消極態度和省事作法。⑮

華埠賭館有各式設備，以防警察或其他可疑滋事份子破門而入，搶劫或突襲臨檢。例如賭場設有數盞燈籠，以防停電時有人趁機摸走賭金；又有一道笨重鐵門，門上有小洞，可從內窺視來者是誰。這到厚重大門延遲警察破門而入的時間，且破門時勢必發出巨

---

⑱　Thomas R. Jones, *You Bet: How the California Pioneers Did It* (Sacramento: News Publishing Co., 1936), 30.

⑭　*Reports of the Immigration Commission: Immigrants in Industries*, Vol. 23,165-6.

⑮　聚芬樓主，〈金山掌故：賭館〉（上），《東西報》（*East/West*），1970 年 7 月 8 日，頁 13，見 AAS ARC 2000/80, Ctn. 57-27; *Reports of the Immigration Commission: Immigrants in Industries*, Vol. 24, 197, 652, 661-2; Harvie, *An Account of Locke*, 7.

大聲響，都足以供賭館作適當因應措施。弗雷斯諾市政府為此還訂下行政命令，禁止建築物的大門過重或門口設有障礙，以免妨害警察執行任務。此外，賭館門外街道有人站崗，利用繩索與室內連通，以便特殊情況時，可通報賭客即時反應。有了這些防護措施，一旦真有狀況，賭館就可有時間湮滅賭具或賭金，並疏散賭客逃去。㊉舊金山華埠警員克里斯汀森（H. H. Christiansen）在其 1901 年的作證記錄曾提及番攤賭館內一個特殊設置，讓賭館可以快速湮滅賭具。賭館內有個下水道，連到另一棟建築物地下室的儲液槽，但此槽卻有個大洞。有次警察臨檢，特別派出兩隊人馬，一隊破門而入，另一隊等在儲液槽旁，果見賭具順水沖下來。有個位於舊金山華埠華盛頓街 710 號的賭館經理（Wong Fook）證實確有此一招數，至於賭金則收入經理口袋，再歸回賭館內的保險箱。㊐

　　華埠賭館深知散財消災之道，為了維持生意，不免與警察和市政單位勾結，餽贈禮金。早自 1870 年代，舊金山中華會館的說詞，證實賭館與警局保持良好關係，甚至賄賂警局人士，各賭館每週向警局繳納賄款五美金。這類賄賂行為也盛行於其他城鎮，使得巡邏華埠的白人警察，即使路過賭館，也是睜一隻眼、閉一隻眼。

㊉　California State Archives, Legislative Papers 10:3, "Chinese Gambling Investigation Hearing; San Francisco's Chinatown, 1901," Transcript of Testimony: 476-7, 478; Ramon D. Chacon, "The Beginning of Racial Segregation: the Chinese in West Fresno and Chinatown's Role as Red Light District, 1870s - 1920s," *Southern California Quarterly* Vol. 70, no. 4 (1988): 384, 386.

㊐　Legislative Papers 10:3, "Chinese Gambling Investigation Hearing; San Francisco's Chinatown, 1901," Transcript of Testimony: 480, 574.

這種賄賂警察之說，即使進入二十世紀之後，仍然甚囂塵上。⑱有場調查舊金山華人賭博的聽證會上，一位華人（Wong Jim）證實他曾經受華人賭館之託，聯繫住在聖荷西的達比先生（Mr. Darby），請他關說舊金山市長，讓華埠警察對轄區賭館稍微寬鬆、溫和。華人賭館願提供掮客每月兩百美金，外加檢察官所開出的合理收費。⑲此外，有些華人賭館使用「職業坐監」之法，對付警察臨檢。他們買通「職業坐監」之徒，一旦事發，這些人就出面自承違法設賭。如此一來，執行公務的白人警察可以交差，而賭館也得以暫避風頭，稍待時日，再行開業。這些就逮的職業坐監人頭，如無重大案底，大多受警察訓斥一番後，罰款了事。⑳

以白人眼光來看，華人、日人各有其劣根性。華人賭性堅強，即使將「番攤」禁止，他們還是能找出可供下注的玩法，如打賭橘子內的子是奇數或偶數，真是天生的賭徒。華埠的賭館就此培養出一批老千（sly, expert, old tin-horns）。而日本人不會如華人之吸食鴉片，唯一的麻煩就是好賭，正好原來的華人賭客日減，這些日本人替補上來，被華人老千盯上，成為新的掌中玩物。就白人而言，若略過賭、妓、鴉片等小錯，華、日兩族其實沒有太多危害白人社會

---

⑱ 劉伯驥，《美國華僑史》，頁 119-20；柏村桂谷，《實地踏查北米》，頁 191；Hosokawa, *Nisei: The Quiet Americans, 124; Yu, Chinatown, San Jose, USA*, 74-5.

⑲ Legislative Papers 10:3, "Chinese Gambling Investigation Hearing; San Francisco's Chinatown, 1901," Transcript of Testimony: 197-199.但該記錄顯示此項關說並不成功，倒是華人自己聘有律師，可幫忙保釋賭客或減少罰鍰。見頁 200.

⑳ 郭征之，《華埠滄桑──紐約唐人街史話》，頁 120-1。

秩序的重大刑案，不似其他族群之謀殺、縱火、酗酒、鬧事等。⑧
西雅圖管理華埠區域的警察就說明他只限制白人、黑人不涉足賭
局、鴉片；華人則放任之，除非發生堂鬥槍戰。多數時候是華人賭
館會相互密報消息給警察，企圖打擊對手，因此警局樂得省事，坐
享其成，而對華人賭館的存在爭一眼閉一隻眼。⑧有位美國學者認
為白人的這種態度具有種族歧視的本質：白人鄙視黃種人為次等民
族、不夠文明，因此難免有賭博、嫖妓、吸鴉片等惡習。只要這些
行徑限於其亞洲族群內，而不外擴到白人社會，白人會加以容忍，
不至於嚴厲查禁。⑧

　　華、日兩族因為賭、妓、鴉片而經常上報，記者就以探險好奇
心態，誇大渲染華埠賭館的神秘面貌。華埠有些建築物的地下室通
道經常被解讀成賭館或煙館的連外密道。但其實這些地下室是因華
埠人口眾多、卻發展受限，只能在有限空間作最大的利用，因而才
增闢地下室的空間，且彼此連通。這卻造成白人誤解，以為華埠有

⑧　同上註，又見 Will Irwin, "The Japanese and the Pacific Coast," *Colliers* 40 (October 19, 1907): 18.

⑧　見 SRR Box 27-154-2, Interview with Mr. Peter Mayberg (the humane department of the Seattle police force); Box 27-170-3, interview and social document of Chas. F. Riddell (一位檢察官的假名), Seattle, Washington by D. H. Johnston.

⑧　Ivan Light, "From Vice District to Tourist Attraction: The Moral Career of American Chinatowns, 1880-1940," *Pacific Historical Review*, Vo. 43 (1974): 367-94.

密道，藉以防範警察侵入。❽這類新聞反映白人另外一種心態，他們會選擇性地報導，引發社會產生對亞洲族群的負面印象。

但我們應正視亞洲族群是在遭受歧視迫害下，才會滋生煙、賭這類有違白人社會常規的行為。加州弗雷斯諾的一位警察自言，若非美國人自願上鉤，華人也不會以販賣白鴿票之賭業為生。有份關於加州亞洲人犯罪行為的研究認為，賭博早已存在華人文化裡，華人和日本人不以賭博為惡，視之如美國人玩橋牌或撲克牌，並說明加州華人因為職業型態和住家被白人社會隔離，被迫自成體系，選擇不與白人直接衝突的職業，並衍生適合族人的休閒娛樂，才有賭館、煙館、白鴿票的出現。❽

1915 年，由於美國華人呼應母國反抗「二十一條款」之號召，推動抵制日貨，美國日本人也回以「消滅支那賭博」運動，並開始設立自己的賭場。❽日人賭場的遊戲有些來自日本傳統，如花札（Hanafuda）紙牌，但不少日人還是偏好華人賭館的各類玩法，尤

---

❽ Ramon D. Chacon, "The Beginning of Racial Segregation: the Chinese in West Fresno and Chinatown's Role as Red Light District, 1870s - 1920s," *Southern California Quarterly* Vol. 70, no. 4 (1988): 384, 386.

❽ 見〈種界接觸之研究〉，《中西日報》，1925 年 5 月 4 日，5 日，6 日，頁 2；Walter G. Beach, *Oriental Crime in California: A Study of Offenses Committed by Orientals in That State (1900-1927)* (New York: AMS Press, 1971, reprinted from the edition of 1932, Stanford), 65-76, 亦見 Lukes and Okihiro, *Japanese Legacy*, 25-6.

華人自成體系還表現在照顧本族之貧老、失業賑濟上，使得白人慈善事業辦理賑濟工作時，極少有華人待賑者（這種現象在日人社群亦然）。見前引《中西日報》。

❽ 有關美國華人的抵制日貨運動和當地日人的回應，詳見第五章。

其是番攤。早在 1904 年左右，奧瑞岡州波特蘭市已有石橋直一開始設立的「共進俱樂部」，裡面兼賣華人的「白鴿票」。西雅圖「仁愛俱樂部」據信是該市第一家日人賭館，時約 1917 年。㊹洛杉磯因日本人人口眾多，已經凝聚成日本人町，稱為「小東京」，並號稱如果站在街角一陣子，會見到每個住在美國的日本人。以此人口眾多之地，可想而知，必然滋生賭場。1919 年時，當地有家賭場，名為「東京俱樂部」（Tokyo Club），西雅圖則有該集團的另一家，稱「東洋俱樂部」（Toyo Club），是日人賭場中最大的兩家。㊸至於其他藏身於各小鎮日本人町的商店、料理店、理髮店、撞球場內的賭場更是不計其數，尤其以 1920 年代期間為然，而賭博習性也由第一代傳延到第二代日人身上，甚至還有女人加入賭局。㊹在 1920 年代的經濟繁榮景象下，有人估計每個日本人每年至少花費兩百到三百美元在賭館裡，其中約輸掉一百到兩百元。以此費用之大，卻都輸在華人賭館，難怪日人會考慮建立自己的賭館，甚至在重要大城設立分部，或是附屬在大飯店內（如西雅圖的俄

㊹　Ito, *Issei*, 746, 755.

㊸　另一日人說法則以「東洋俱樂部」是 1920 年開在梅那德飯店（Maynard Hotel）裡，為華人所有，以日客為主。設有賭局，並兼歌舞表演。平常是賭博，一旦警察臨檢，賭客變成觀眾，莊家就上臺歌唱表演。此俱樂部到 1930 年代中葉後，轉由日本人經營。Ito, *Issei*, 746, 749-50.

㊹　Akemi Kikumura, *Through Harsh Winters: The Life of a Japanese Immigrant Women* (Novata, CA: Chandler and Sharp Publishers Inc., 1981), 28, 48; Akemi Kikumura, *Promises Kept: The Life of An Issei Man* (Chandler and Sharp Publishers, 1991), 21, 93, 97.

亥俄飯店）。**⑩**

　　日本人的俱樂部、賭場之成立動機確實隱含族群意識：既然日本人好賭，卻流失大量金錢到華人賭館，不如自己設立賭場，輸錢給自己人，至少可讓錢財留在族群內。**⑪**從 1919 年到 1927 年間，「東洋俱樂部」收穫豐碩，傳聞有二十五萬美元的盈餘，這在當時可是一筆不小的數目。這些日人賭場一如華人賭館，將其部分營收轉作福利公益事業，如資助族內的貧苦無依者、日本留學生、日美文化交流活動等，甚至兼營放貸事業給同族的商業家或農業家。**⑫**

　　可以想見，日人賭場的成立，必然消減華人賭館的收入，兩方競奪勢力範圍，衝突時有耳聞。西雅圖「東洋俱樂部」的員工可兼外快，工作是監管去該市國王街（King Street）華人賭館的日本人，等他們出來後，向前質問他們為何到華人賭館去浪費錢，並毒打一番。雖然是兩方賭館爭奪客源，但日人賭館詰問的方式，可見其背後所反映出的民族意識。**⑬**也有一說，認為日人自設賭場、以之取代華人賭館，這種作法其實並沒有改善日人流失錢財到華人手上。多數情況是日本賭徒在日人賭場贏錢後，野心變大，再到華人賭館

---

⑩　Ito, *Issei*, 745; SRR Box 27-189-6, Interview with Charlie Lui; SRR Box 35-278, Interview with Wakabayashi, July 15, 1934.當地「日本人會」組織有時知曉這類俱樂部的存在。

⑪　Ito, *Issei*, 745.

⑫　Hosokawa, *Nisei: The Quiet Americans*, 122-3. 根據該書所言，對許多第一代日本人而言，賭場是恩威並重，其影響力超過領事館。

⑬　Ito, *Issei*, 751.

去一擲千金，寄望有所斬獲，卻輸得更慘。❹不論此說是否可靠，但傳達出警告意味，暗示華人賭館窮兇惡極，不如留在自己族內，維護自我利益。對比華、日賭館的爭長競短，賭場內則是一片祥和，即使到 1930 年代，遠東局勢日益緊張，中國、日本外交對峙，賭客多避談政治紛爭。事實上，賭場內常見華人、日人、菲律賓人彼此互為好友。❺但這終究只是假象，即使如賭博這種地下活動，仍隱約見到族群隔閡的界線，藉此保護自己族裔的利益。

(二) 嫖妓

淘金時期以來，美國西部吸引眾多人潮，但多為單身男子，因此生活大致儉樸清貧，一旦淘金致富，又揮金如土。這時西部仍屬開發階段，社會秩序與道德規範尚未確立。在公權力不彰之際，無明確法律規章可言，娼妓行業遂蓬勃發展。初期白人女性不多，妓女多為墨西哥人，此後逐漸有歐洲來的移民婦女和來自其他大城的女性。據聞，當時酒吧裡的女人，閒談一晚要價一盎司黃金（約美金十六元），若有其他額外要求，價碼則需十五到二十盎司（約兩百到三百元），而女傭的月薪不過五十到八十元而已。❻如此巨大差別，難怪會有女性倚門賣笑，委身娼妓之家。

---

❹　小林政助論文集，井深清庫編纂，《日本民族の世界的膨脹》（東京：岡浪之助發行，1936 年），頁 423-4。

❺　鶴谷壽，《亞米利加西部開拓と日本人》，頁 161-2；四至本八郎，《支那人街》，頁 287。

❻　Judy Yung, *Unbound Feet: A Social History of Chinese Women in San Francisco* (Berkeley: University of California, 1995), 27.

　　華人到美，由初期夏威夷的種植甘蔗，西部的採礦、築路，到鐵路完成後的農、漁、製造等各行各業，皆以男性勞工為主。囿於中國傳統孝道文化，男性出外遠遊不帶家眷，留下妻子侍奉長上和照顧幼小。日後在 1875 年，美國移民法規通過「佩奇法案」（The Page Law），授權香港的美國領事篩選可能從事不道德行業的女性華人來美，但因過度嚴厲，連帶使一般婦女都不得其門而入，造成男性華人不可能攜眷入美或申請家眷到美。再加上一些州法的歧視限制，例如加州於 1880 年禁止白人與黑人、蒙古種，或混血人種等異族通婚，否則不發給結婚證書，等於阻斷女性白人與男性華人結合之路。男性華人有些在家鄉留有妻子，有些則寄望籌足旅費、返鄉成家，但物換星移，這種願望只有少數人可以達成。他們有的與墨西哥人、印地安人、黑人結婚，有些與白人同居，但多數則只靠偶爾找來妓女，而形成單身漢社會。這種景況造成早期來美的女性華人其實多操淫業。根據成露西的研究，1860 年，舊金山的女性華人有 85% 到 97% 為妓女；1870 年，此一比例稍降，但也有七成左右；到 1880 年，受到「佩奇法案」影響，大量減少女性入美從事妓女工作，才降到二至五成。1900 年再降到兩成之下，1910 年則只有 7% 左右。❼

　　華人來美操持妓女工作者，大致可分為三類。第一類是賣給華人富商為妾。只要她們能得到主人的寵幸，一般而言，生活安定，甚至處境優渥；然一旦失寵，就可能轉手被推入火坑。第二類是交際廳的交際花。華埠有些建築的樓房設有裝潢典雅的交際廳，裡面

---

❼　*Ibid.*, 29-30, 71-2.

陳設國畫、古玩、絲幔，展現東方的異國風味。這種華人交際花衣著華麗，相準好奇的白人顧客。她們比起白人同業而言，價格相對便宜，尤其傳聞東方女性的陰道長相有別於白種女人，更具神秘色彩，而可吸引客人上門。另一種交際花，則如歌伶一般，具有多項才藝，又可陪酒、划拳、玩牌、賭博。她們多流轉於華人圈內。在華人的喜氣宴會之前，安排她們的表演，或宴會之後，有這類歌女為伴，一起玩樂。她們一晚可以賺到三至五元，外加客人贈送的禮物或首飾等。最後一類則是以下層勞工、海員、青少年為對象的妓女，收費便宜，有的甚至一次只要二十五分即可。這類妓女接客頻繁，各色人種皆有，但易操勞過度或性病纏身。[98]由上可見，華人妓女接客對象主要以階級而分，再加入種族差別，客人有自己的族人，也有嚮往異國風味的其他膚色人種。[99]

　　1906 年的舊金山大地震使華埠毀於一旦。重建後的華埠面目一新，乾淨整齊的街道，搭配中國式的飛簷樓閣建築，呈現東方風味，成為吸引觀光客的景點。此一變化雖不足以完全抹去買春賣笑的陰影，但已使華埠妓院走向沒落，取而代之的是日本妓女。

　　日本妓女進入美國本土的時間遠早於其男性同胞。1860 年代，數十名日本婦女經由華人老鴇引介，進駐科羅拉多州丹佛市（Denver）的華人妓院，發現有人以「おはな」、「おすみ」、

---

[98] *Ibid.*, 28-9；亦見劉伯驥，《美國華僑史》，頁 126-7。據楊碧芳（Judy Yang）之書所引資料，西方人以為女性華人的陰道長相為東西向，而與白人的南北向不同。

[99] Lucie Cheng Hirata, "Free, Indentured, Enslaved: Chinese Prostitutes in Nineteenth Century America," *Sign* Vol. 5, No. 1 (1979): 13; Judy Yung, *Unbound Feet*, 28.

「おゆき」之名的紀錄。田中鶴吉算是很早期到美工作者，他於 1872 年到內華達礦區時，竟然發現當地已有日本妓女。但因時值日本幕府的鎖國期間，禁止國人出洋，即使開放初期，也沒有更為詳盡的資料，只能猜測應該是上海、香港的華商，利用淘金風潮華工湧往美國之機，應其所需，而轉賣日本九州婦女去賣春，因此這類婦女在日文稱為「唐行き君」（Karayuki-san）。⑩研究日本第一代移民的專家市岡雄二則較為保守，認為日本妓女大約是在 1880 年代中後期開始出現於美國，在 1890 年代快速成長。日本妓女流出海外，始於 1870 年代。這些年輕女子多來自九州熊本縣西部的小群島，當地生活貧困，有些農家出賣女兒，增加家計收入。她們被帶到長崎，再走私運到香港或上海，轉赴新加坡或美國。⑩

　日本人進入落磯山中部的開路先鋒也是妓女。該山區盛產銀、銅，有段時期，其銅礦產量甚至佔有美國總量的三成之多，礦工人數頗眾。1884 年到 1889 年間，至少有三十名日本妓女在礦區的小鎮巴特（Butte）。同樣地，日本人首先進入猶他州鹽湖城和歐哥丹（Ogden）市也是妓女，約是 1890 年，早於 1898 年「東洋貿易會社」首度為「大北鐵路公司」（The Great North Railroad）仲介日本工人到該區域。此外，橫山秀三郎在《山中部の日本人》一書的「同胞

---

⑩　鶴谷壽，《亞米利加西部開拓と日本人》，頁 164-5。

⑩　Yuji Ichioka, *The Issei*, 29-30. 亦見 Yuji Ichioka, "Ameyuki-san: Japanese Prostitutes in Nineteenth-Century America," *Amerasia* 4:1 (1977): 3-4; Hata, *Undesirables*, 69-70. 至於日本婦女到東南亞部份，參見 James Francis Warren, *Ah ku and Karayuki-san: Prostitution in Singapore, 1870-1940* (New York: Oxford University Press, 1993).

の急先鋒」除了再次提到妓女在落磯山區的領頭角色之外，另說明其顧客有白人、華人。⑩

　　日本妓女除了遠赴落磯山區之外，當然有不少委身於鄉鎮或大城裡的華埠。1890 年代日工來美漸多以後，日妓集中於其族人較多的城市，如西雅圖日人群聚的國王街（King Street）。有日本人在 1897 年初履波特蘭時，對該城的印象是華人不少、店家也多是華人經營。日本人不多，倒是有不少日妓。這些日本妓女多是由海員帶領，藏在大箱子內，偷渡進來。有個日本人曾作過皮條客，就他所知，妓女分成兩類，一以日本人為主，另一以白人顧客為主。⑩但在華、日混居的小鄉鎮，則客人對象多元。加州聖華金三角洲的汪古魯（Walnut Grove），日妓常與華妓並存，有些則與白妓共存於日本人的床屋旅館。這類床屋常是向華人租來或是有華人當皮條客，推測應是以華、日男性為主要客源。這些妓女似乎是獨立營業，而不是隸屬於妓院之下。⑩

　　舊金山這種華、日混居的城市，妓女集中在早有妓院歷史的華埠。⑩山田和歌（Yamada Waka）的經歷正可說明。她來自橫濱附近的鄉村，受到一個男子的蠱惑，以為美國是個遍地黃金的國度，生活容易，而於 1902 年與之同行到西雅圖，卻淪入當地煙花巷內，過著皮肉生涯，藝名「阿拉伯之夜」。此後，她認識舊金山日文報

---

⑩　鶴谷壽，《亞米利加西部開拓と日本人》，頁 167。

⑩　Ito, *Issei*, 765.但此說應是指後來日本人漸多之後，否則初期日人人數少，何來客源，可能是華、日的亞洲人為主顧。

⑩　Azuma, Walnut Grove, 33-5.

⑩　Yuji Ichioka, *The Issei*, 35.

紙《新世界》報社的一位記者，隨他到舊金山，卻又再度被推入火坑，在華埠重操舊業，接待的客人中，華、日都有。所幸得力於華埠內西人長老教會之助，她才得以脫離苦海，並自學成功，於歸返日本之後成為一個作家、評論家，和女性主義先鋒。⑩山田最終能夠回到日本算是少有的例子，但其前半生的經歷足為許多日妓的代表，說明美國日妓之初起與華人或華埠應有頗深的淵源。

事實上，舊金山華埠的妓院因歷史悠久，已經發展出各自的勢力範圍。天后廟街（Waverly Place）、呂宋巷（Ross Alley）原是華埠花街柳巷的處所，以華人妓女為主，白妓則多在華埠鄰近的德和街（Wentworth Street）、華盛頓街（Washington Street）、堅尼街（Kearny Street）。1890 年代後，當華妓漸減，日妓就搶佔灘頭、接收華妓的市場，華埠邊緣的博倫里（Brooklyn Place）和新呂宋巷（Spofford Alley）遂成為舊金山日妓的第一處地盤。因此在華埠會見到白人嫖華妓，或華人嫖日妓等各種狀況。但就如賭博一樣，一旦警察見有白人到華埠嫖妓，會加以逮捕，卻不會逮捕華客、日客，讓這些反社會行為侷限於亞人自己圈內。⑩日本駐舊金山領事珍田捨己查訪美西時（1910 年），痛心疾首指出少數日人從事不當職業（妓女、皮

---

⑩ *Ibid.*, 33-4.關於山田之資料，亦見 AAS ARC 2000/80, Box 69-30.相近的情況也曾發生在溫哥華日本大使的報告裡，其中提到日婦在來美後，發現丈夫只是個雜工而已，迫使她們易被他人誘惑，卻淪為妓女，委身華埠妓院裡。見 Donald Teruo Hata, *Undesirables: Early Immigrants and the Anti-Japanese Movement in San Francisco* (New York: Arno Press, 1970), 69-70.

⑩ Legislative Papers 10:3, "Chinese Gambling Investigation Hearing; San Francisco's Chinatown, 1901," Transcript of Testimony: 477, 479

條客、賭徒），令日人蒙羞，當時曾提及舊金山有五家日本妓院，都集中在華埠附近的一條街道上。⑩據一位華埠耆老所言，日妓與華妓、白妓競奪生意。日本妓女承其國家傳統，顧客入內皆要脫鞋。離開時，妓女會清理、擦亮鞋子，並置放小禮物於鞋內，通常是一根雪茄煙。就其所言，日妓的顧客多是白人，只有少數華人。言下之意，華人不好此道，但日妓既然在華埠大展豔幟，華人應該不在少數。⑩

日本妓女的顧客分成三類：白人、華人、日人。這種分類與華妓有所不同，反映白人種族偏見和日本人的民族意識。上妓院的白人，不會與亞洲人混同，而日本人也不會與華人雜處，各有其常去專屬的妓院。⑩此一分類方法與華妓有所不同，日妓似乎以下層階級為主，所以階級差異並不明顯，倒是種族膚色有別之外，再加華、日民族界線，可見日本人的民族意識之深。⑩可惜隨著美國社會的反日氛圍愈濃，移民局對日人偏見日深，鑑於日妓遍存於不少西部大城，認定日人比華人更為道德淪喪，染患性病者更多。⑫

---

⑩ 劉伯驥，《美國華僑史》，頁 126-7；《美國華僑史續編》，頁 612；《美國華僑逸史》，頁 595-6；AAS ARC 2000/80, Box 69-30.

⑩ 余進源，〈華僑史話〉《太平洋週報》，1949 年 1 月 29 日，頁 16；劉伯驥，《美國華僑史》，頁 127。華妓和日妓的比較，另可參考陳靜瑜，〈在美之中國移民與日本移民之比較〉，《海華與東南亞研究》第四期，第 2 卷（民 93.04），頁 28-32。

⑩ Yuji Ichioka, *The Issei*, 35.

⑪ Yuji Ichioka, "Ameyuki-san: Japanese Prostitutes in Nineteenth-Century America," *Amerasia* 4:1 (1977): 10.

⑫ SRR, Box 27-190-9, Interview with Mr. Faris, Deputy of Commissioner of

四、特殊事件時的互動

在美日本人所涵聚之民族意識，即使在賭、妓這類地下活動都會反映出來，則當特殊事件發生時，其民族意識就更為鮮明。最能彰顯的事例就是中、日母國有所衝突之際。1894-1895 年的中日甲午戰爭爆發（日人稱為日清戰爭），在美日本人不僅募集戰役義金，並組織「報國義會」，由日本駐舊金山領事針田捨己擔任會長，書記生小田切萬壽之助任幹事，頗具官方色彩。舊金山地區徵集的義金達一萬八千元，沙加緬度也有一千五百元，而當時日人也不過二千五百人左右。⑱夏威夷地區的華、日兩族也因此相互衝突，尤其夏威夷政府前此十年間的移民政策是鼓勵日本人而壓制華人，更使兩方氣勢不同，而華人對祖國國力興盛之殷切企盼也就可想而知。⑲

甲午戰爭結果傳來，華、日兩族的反應截然不同。華人震驚之餘，只能漠然以對，並表示沒注意或不關心甲午戰事的發展。猶他地區的華人也有類似反應，極少華人回國參戰、報效祖國；鹽湖城的華人對戰事發展不感興趣，甚至認為不需要與日本大動干戈。⑮

Immigration, Seattle, by C. H. Burnett, on August 8, 1924.

⑬　藤賀與一編著，《日米關係在米日本人發展史要》，頁 81；《在米日本人史》，頁 666-7。

⑭　Glick, *Sojourners and Settlers*, 301.

⑮　"Say Chinese Don't Care," *New York Times*, May 16, 1895. 該報導訪問一些紐約地區的華人。猶他華人則見 Daniel Liestman, "Utah's Chinatowns: The Development and Decline of Extinct Ethnic Enclaves," *Chinese on the American Frontier*, ed. by Arif Dirlik, (New York: Rowman & Littlefield Publishers, Inc., 2001), 284.

1896 年時，夏威夷有一蔗園的華工與日工因小事而爭吵，最後卻
演成全武行，雙方互毆，造成華人三死、多人受傷的悲劇。固然彼
此可能積怨已深，再加上甲午戰事的結局，更激化兩方的火氣。⑯
相較之下，日本人則大肆宣揚。夏威夷地區的日本人組織一個盛大
的慶會。商家休息一日，參與遊行大會。遊行人士身著日本軍服、
揮舞日本國旗、演唱日本國歌，並有摔角、劍道比賽，可見其興奮
之情。⑰「沙加緬度蜂報」（Sacramento Bee）報導當地七百名日人歡
聚慶祝其母國擊敗中國。聖荷西「水星報」（San Jose Mercury）也以
「歡樂的日本人」（Joyful Japanese）為標題，報導日人之興高采烈。
加州有些小鎮，如不老林（Fronlin）的日本人趁著組織「報國義
會」之便，成立當地的「日本人協議會」，隸屬在大城如沙加緬度
「日本人會」之下。⑱在舊金山，甚至有日本人起來組織「義勇
團」，由河村八十武指導，河村認識日本當朝的伊藤博文，得到其
首肯，由日本官方資助軍服和武器，開始在舊金山郊外訓練，以防
華人反擊。⑲
　　到了 1905 年，日俄兩國爭奪中國東北領土的衝突，導致戰爭

⑯　Glick, *Sojourners and Settlers*, 301.

⑰　Yukiko Kimura, *Issei: Japanese Immigrants in Hawaii* (Honolulu: University of Hawaii Press, 1988), 18.

⑱　Cheryl L. Cole, A History of the Japanese Community in Sacramento, 1883-1972: Organizations, Business and Generational Response to Majority Domination and Stereotypes (M.A. thesis, California State University, Sacramento, 1973), 12; Lukes and Okihiro, *Japanese Legacy*, 25;《米國日系人百年史：在米日系人發展人士錄》，頁 429。

⑲　《在米日本人史》，頁 667。

爆發，又再度見證在美日本人的強烈民族意識。美國報紙持續關注
戰事發展，並屢以號外方式發行。當時在美的日本人擔心美國所持
立場，直到美國宣布中立，有些人才放心。在此特別時局下，日本
駐舊金山官員以及當地社團大老積極鼓勵日人回國參與軍事召集活
動。日人心繫戰況，但又不能全然理解美國新聞報導，造成人群鵠
候、緊張地等待翻譯的情況。此外，日人也募集一百三十餘萬美
元，捐獻給祖國。金額達到如此之多，主要是自甲午戰後，日人來
美人數激增所致。⑫日本在旅順港擊沈俄國艦隊的捷報，美國新聞
大肆報導，令在美的日本子民大為振奮。這回，沙加緬度有一千五
百名日本人聚集在當地「兵工廠大樓」（Armory Hall），飲酒歡慶。
⑫夏威夷的日本人則在檀香山以花車、燈籠遊街，並有藝妓表演。
⑫對比這些日人之歡騰情緒與民族意識高漲，映照的是華人自出洋
以來，歷經艱困生活與白人歧視的排華法案，卻不見祖國保護或外
交勝利，因此華人的落寞鬱卒可想而知。

　　但日本人的高傲難免激發華人的反擊，由兩方偶爾爆發的衝突
即可見出，日後終而成為華人發動抵制日貨運動的遠因之一（有關
抵制日貨運動，詳見第五章）。1900 年夏天，加拿大溫哥華附近的漁村
史蒂文斯頓（Steveston）發生漁夫罷工事件，漁夫裡有白人、華人、
日本人。罷工事件卻節外生枝，因華人和日本人口角對罵而打起架
來。日人稱日軍足夠以一擋十，影射甲午戰爭時中國軍力之脆弱無

---

⑫　《在米日本人史》，頁 667-8。

⑫　Cole, A History of the Japanese Community in Sacramento, 1883-1972, 14.

⑫　Kimura, *Issei*: 18.

能。其中一名日本人氣憤不過，當場割掉華人的髮辮，以此證明日人的威猛。一時之間，各自有數以百計的華人和日本人相互扭打廝殺。少數警力無法有效控制場面，使得打架持續二十分鐘，不少華人被打得鼻青臉腫、髮辮被割，最後落荒而逃。[123]事件並未就此落幕。不數月之後，溫哥華市有一名日本人到華人煙館去嗆聲，指日人以一擋十，歐美國家肯定日本為文明先進國家而排擠中國，後者仍是野蠻落後。這些言論激怒煙館主人，將其打倒在地，並吆喝館內客人將之驅逐出去。這個日本人卻回去糾集百名同鄉，帶著來福槍、刀劍等武器，返回煙館。華人這方也有數百人嚴陣以待，最後警察適時趕到，將兩方人馬斥責一番，才化解危機。[124]甲午戰爭的影響延續到下一代孩童身上，1920 年代在聖荷西地區，有華、日學童相互打架時，日童炫耀日本曾經打敗中國，而華童則回譏日本為蕞爾小國。[125]

　　華、日雙方的衝突怨懟還延伸到工作場合。西雅圖有家飯店的廚房部門，雇用華人為廚師和洗碗工，日本人則在其他部門。有個

---

[123] "Japs Win at Stevenston," *Seattle Times*, July 17, 1900, p. 8.

[124] *Ibid.*, "Japs vs. Chinamen," January 15, 1901, p. 5.另在 1909 年的聖誕假期，舊金山有場華人和日本人的橄欖球賽，也是以打架收場。原因是日人以十比〇獲勝，華人隊伍卻在賽後將橄欖球拿走，引起日方不滿，而引爆雙方的衝突。雖然表面上這只是球賽之後的插曲，但也可能來自長久以來雙方的心結所致。見"Orientals Make Football Bloody Game, Japanese and Chinese Teams Have Warm Time in Sunday Game at San Francisco," *Seattle Times*, December 27, 1909, p. 11.

[125] SRR Box 31-328, Statement Regarding Schools in the Vicinity of San Jose in the Midst of a Large Foreign Population by William C. Allen, May 9, 1925.

日本人被調到廚房幫忙洗碗，卻與華人廚師對於職責劃分發生爭執。該日人求助於同鄉，使得雙方在廚房裡大動干戈，鍋碗瓢盆、刀叉杯盤都是現成武器。器物散落一地之外，也有人掛彩。報導指稱日人過於強勢，引發惡感，算是事端肇事者。所以飯店將這些日人解雇，轉用其他日本人，至於華人則仍全數留用。❿此事件似乎也透露排華法案十數年後，白人對華、日兩族的偏好有別。其他也有華、日彼此因個人合作破裂，演變成仇人對立、謀殺。如華盛頓州斯波坎市（Spokane），有個日本人原本受雇於華人裁縫店，後來華人老闆找他合夥，成為股東之一，卻又因意見不合而拆夥。日本人另行開業，生意不好，懷疑舊雇主搞鬼，散播他已回國的不實謠言，憤而行兇殺人。❿這類雖屬爾發事件，但可見出因族裔不同、合作不易而可能加深私人恩怨。

　　白人排華常有不同理由，指稱華埠骯髒不潔、是疫病源頭，乃其中一項，欲圖以此迫遷華埠於市區之外。瘟疫危機就成為華、日兩族少有的合作契機。日人最初常如白人一般，影射疫病起自華人。例如日人資料指出早在 1894 年時，廣州和香港就傳出鼠疫流行。至 1896 年底，舊金山衛生局要求所有入港旅客需要通過檢

---

❿ "Race War Starts in the Summit Kitchen, Japanese Dishwasher Has Trouble With Chinese Cooks and Countrymen Rally to His Aid," *Seattle Times*, December 19, 1900, p. 4.

❿ "Pays His Penalty Bravely, Henry Arao, Who Murdered Chinaman at Spokane Last December Smiles as He Walks Up the Scaffold, Crime Was A Most Brutal One, Result of Business Disagreement With Man Who Formerly Was His Employer," *Seattle Times*, June 3, 1905, p. 4.

疫。衛生局官員以上海、香港、橫濱、神戶等區被疫情污染，特別要求華人和日人旅客必須在檢疫所拘禁一段時日。三年之後，1899年十月，神戶地區又再次爆發疫情。根據日方說法，有一艘「近江丸」從中國方面進入神戶，因貨物附帶鼠疫病菌使然，暗示病菌源頭在中國。⓵

但對白人而言，他們經常不分華、日，一體指責這些非白人為瘟疫源頭。1895 年夏天，檀香山傳出幾例因霍亂而死的病情。當時衛生單位完成全市檢查報告，並推出因應而生的清潔方案，但報社新聞專挑有關華埠的部份加以報導，指出華埠擠滿華人、日人、夏威夷土著，埠內住家髒亂，有些建築物地下室臭氣衝天，但也有報導認為日人住處比華人住處乾淨。⓶

到了 1899 年時，這類指責更是明顯，而其行動也更極端，帶給華、日兩族重大危機。該年十二月時，檀香山華埠發現一個死於鼠疫的案例，又在數小時檢查出其鄰居中，有四名華人感染，而這些人很快就死亡。檀香山衛生官員馬上將華埠列為感染區，區內近萬名華、日居民均需隔離，並對住家進行殺菌消毒工作。一週之後宣布解除隔離，卻又馬上發現新案例。當局遂於 1900 年一月下旬採取更嚴厲的措施，下令遷移華埠內的華、日居民，再放火燒掉部分華埠。但火勢卻在點燃之後，因大風吹起而無法控制，使得大火延燒十七日，將佔地三十八英畝的華埠內四千棟房舍化為灰燼。雖然衛生當局事前通知商家和住戶遷移，但搬家或搬貨到指定的遙遠

⓵　《在米日本人史》，頁 68。
⓶　Glick, *Sojourners and Settlers*, 301.

倉庫，對許多華人和日本人並不實用，且意外延燒更使許多人無家可歸。中國領事館曾經不斷向夏威夷政府抗議燒埠之不合理，明顯是歧視作法。⑬至於日本人方面，立場似乎與華人相近。當時日人在檀島已有三千人，對於多年經營的社區，且夕之間化為烏有，甚為扼腕。華人、日人比鄰而居，乃美國早期亞洲人社群之發展特色，這是種族歧視下的產物。而今，還加上此種燒埠之極端舉動，更是夏威夷地區長久以來的排亞情緒所致，但其效應卻使其他華人、日人較多的城市，企圖起而效尤。⑬

　　不久之後，1900 年三月，舊金山華埠有一名華人死亡，解剖屍體發現死者淋巴腺種大，有染上鼠疫的徵兆。一時之間，鼠疫陰影籠罩全市。衛生局唯恐疫情擴大，下令將華埠封鎖。該區交通完全被斷絕，禁止出入。因為舊金山華埠與附近區域商店雲集、建物連結、人口擁擠，若採取如檀香山燒毀華埠之舉，勢必不易控制火勢而作罷。到了五月中，又有四起疑似疫情傳出，市府再度封鎖華埠，連對岸奧克蘭（華人稱為屋崙）碼頭，也設有關卡攔截華人、日人進出。隨後，市府在華埠逐戶清理，大肆消毒，採用硫磺煙燻，加上漂白水清洗，由閣樓到地下室、水管、污水道，無一倖免。醫生又以華埠內老鼠為患，在街道溝渠，以毒魚誘鼠，並宣稱「不獨華埠為然」，西人街道溝渠亦比照辦理。⑬此外，凡是由外處欲入

---

⑬　Glick, *Sojourners and Settlers*, 228-9, 231.

⑬　Nayan Shah, *Contagious Divides: Epidemics and Race in San Francisco's Chinatown* (Berkeley: University of California Press), 127-9.

⑬　〈美國新聞：又疑有疫〉，《中西日報》，1900 年 5 月 14 日；〈美國新聞：以魚毒鼠〉，5 月 15 日。

華埠者，需在檢疫站打針；或是華人自己延請西醫接種疫苗亦可。
⑬華人以之為毒針，更不敢進出，避免打針。⑭

　　美國公衛部（Public Health Service，原名是海軍醫務局，U.S. Marine
Hospital Service）統管此事，其以舊金山之鼠疫有傳染擴散之虞，特
請麥堅利總統授權禁止華人、日人離開加州，並在奧瑞岡、內華
達、亞利桑那州之邊界，設立檢查站，防止加州華人、日人通過。
南太平洋鐵路公司且拒絕售票給華人到該三州地區。中華會館以這
些白人單位歧視和排擠華人，向聯邦法院上訴，指控公衛部隔離華
埠之措施不公，終獲勝訴。此後又有美國商人抗議隔離封鎖與限制
旅行有違商業流通，才於六月十八日解除封鎖。⑮

　　面對這種白人排亞之危機時刻，正暴露出華、日兩族彼此競和

---

⑬　〈美國新聞：種疫須知〉，《中西日報》，1900 年 5 月 18 日；〈美國新
　　聞：種疫緣由，種疫人來〉，5 月 19 日；〈美國新聞：狼醫示諭〉，5 月 21
　　日。

⑭　劉伯驥，《美國華僑史》，頁 115；《在米日本人史》，頁 68-9。

⑮　劉伯驥，《美國華僑史續編》，頁 602。又見 Shah, *Contagious Divides*, 132-
　　44.
　　1901 年，舊金山又有疫情傳出，市府衛生局進入華埠的華盛頓街和巴列特巷
　　（Barlett）進行硫磺燻灼消毒。1907 年，第二次鼠疫再度流行，引起全市恐
　　慌。此次疫情白人死亡人數一百五十餘人，亞洲人種八名，華埠居民僅有三
　　人。見劉伯驥，《美國華僑史》，頁 113-4，116。
　　瘟疫之害迫使移民局採取更嚴苛的檢疫手續，華人往返方式因此大受影響。
　　不少華人回中國時只乘二等或三等艙，但返回美國時則多選擇頭等艙，以避
　　免移民醫官的刁難。SRR, Box 27-183-8, Mr. Woo Gen (Chinese Import and
　　Export Company, Wah Chong Co., Seattle), interviewed on July 29, 1924, by C. H.
　　Burnett; Box 27-190-9, Interview with Mr. Faris, Deputy of Commissioner of
　　Immigration, Seattle, by C. H. Burnett, on August 8, 1924.

的微妙關係。最初規定需要接種疫苗，只有提及華人，至於日人則
不用。對此，華、日各有不同反應。日本人聲援白人觀點，指責華
埠污穢不堪，成為病源，顯然欲藉此與華人劃清界限。而華人則訴
諸同文同種，呼籲日人與之共同合作，以抗白人的排擠作為，否則
「東亞黃種若不合力，以圖自強，吾恐終為白種役也。」⑱日後演
變成為華、日都需接種，日人對此結果反應激烈，尤其上層階級認
為疫情起自華人，與日人何干，華人需受打針處置，但日人可是來
自大日本帝國非落後國家，應受到尊重，不應如動物般地被驅趕、
注射。⑲華人則繼續訴求黃種聯手拒斥白人。華文報社稱「若因防
疫起見，自應不論白種黃種需要，一律試種，無分彼此，方為合
理。乃獨將此例行於華人日人，豈不大背和約一視同仁之量？」⑱
尤其當法院判決市府無權封閉華埠，而市府執意上訴，辯稱以維護
西人商務為由，請求封禁華埠，甚至發出論調，說明若有燒毀華埠
之舉乃是保護華人性命、而非厭惡華人。⑲華人駁斥這類言論時，
矛頭都是指向白人，而不會計較華日彼此，如「禁華人而不禁西
人，防疫故如是哉？吾不知公道何在矣！」、「界內西人何以不
圍？」⑭此後，日人才漸漸產生同仇敵愾之感，指責市府衛生局和

---

⑱　〈美國新聞：黃種同災〉，《中西日報》，1900 年 5 月 21 日。

⑲　Eiichiro Azuma, *Between Two Empires: Race, History, and Transnationalism in Japanese America* (New York: Oxford University Press, 2005), 39-40.

⑱　〈美國新聞：請除苛例〉，《中西日報》，1900 年 5 月 26 日。

⑲　〈美國新聞：又來圍埠〉，《中西日報》，1900 年 5 月 29 日；〈美國新聞：議將燒埠，逃醫問答〉，5 月 31 日。

⑭　〈美國新聞：公道何在〉，《中西日報》，1900 年 5 月 30 日；〈美國新聞：堂審錄供再誌〉，6 月 14 日。

公衛部忽視法院裁定，繼續刁難華人、日人。日文報紙評論衛生局濫用權力、挾怨報復、無心公平處理，對華埠內的華、日人居家或店面嚴格要求，但對埠內白人則不加封鎖，准其通行。其中字詞屢次用「日支人」、「日支兩國人」，顯然不分彼此。⑪後來當有日本牧師笠原為次郎要入港登岸，受到檢驗人員阻撓，華人也聲援之，並以同理心指責白人「平日待我華人例已從苛，今於日本亦然，豈待亞洲之人不妨過苛耶？」⑫

結　論

十九世紀末葉以來，日本勞工不斷地大量進入美國，華人看待這種現象，對比自身曾有的經歷，不免心生嫉羨之情與期望中國強大之意。日本社群的早期發展與華人有不解之緣。華埠和日本人町緊密相連，逐漸形成與白人隔離的社區。其中緣故，主要是白人社會的種族歧視，迫使兩個少數族群不得不相濡以沫、互相依賴。其次，移民模式以男性勞工為主、缺乏家眷也是原因。由於白人社會的種族偏見和排斥，華、日兩方經常是在不情願的情況中接受彼此，尤其是自我族群人單勢薄之際。此一現象可以見諸日常生活、教育，甚至賭、妓等地下社交活動。後二者雖事涉敏感，卻仍見到兩族隔閡的界線，藉此保護自己族裔的利益。當特殊事件發生時，其民族意識就更為鮮明。最能彰顯的事例就是中、日母國有所衝突

---

⑪　〈評論〉，《新世界》，1900 年 6 月 2 日，6 月 4 日。
⑫　〈美國新聞：阻止登岸〉，《中西日報》，1900 年 7 月 30 日。

之際，如中日甲午戰爭或日俄戰爭。或是面對白人排亞之危機時刻，如爆發瘟疫之時，更暴露出華、日兩族彼此競和的微妙關係。

　　由上可見即使美國社會族群多元複雜，華、日兩族因同為亞洲人，彼此之間產生時而互賴共生、時而相互排擠的景況，以此自我保護，尋得有限資源。美國白人以威權之姿，牽制各族達到均衡，華、日因而謹守本分，侷限於其亞洲族群區域。但日本人承續華人的種族包袱，終究無法見容於白人社會。下一章即是處理白人排日風潮，並探討華人的回應。

第四章
美國白人排日風潮與華人之回應

　　白人社會的排日風潮原先只是美國加州地區的地方性騷動，由一些白人報社和勞工團體發起，日後漸漸吸引全國性的注意力。排日運動大致可以第一次世界大戰作為分水嶺，前期算是西部地區推展的行動，引發 1906 年舊金山市禁止日本學童進入公立學校的爭議，從而訂下日美之間的「君子協議」，由日本主動限禁日人來美。其後，1913 年加州設立「外人置業禁例」之州法，限制加州日人租賃或購買土地。一戰之後，美國瀰漫孤立主義，社會排外風氣更熾。因為前期的各種禁令無法發揮效用，日人勞工雖被禁止，但大量日人妻小進入美國，建立家庭，生育土生第二代，再以之規避「置業禁例」。政治人物煽惑偏見，外加全國性的本土團體參與，遂衍成嚴重的種族衝突，某些城鎮還爆發流血暴動事件。國會於 1924 年通過聯邦法規，阻斷日本各級人士移入美國，達到排日風潮的高峰。❶但此案通過之後，排日只是短暫平息，隨著東亞局勢遽變，美國社會恐懼日本的擴張，至日本偷襲珍珠港而爆發太平

---

❶　有關排日運動發展與排日法規之設置，參見第一章。

洋戰爭，在美日本人被關進集中營，成為美國社會排日運動中最悲慘的一幕。

本章以白人排日風潮的發展為經，華人對此一風潮的回應為緯，分析在美國種族歧視的偏見下，華、日如何看待彼此。尤其針對 1906 年日童就學事件、1913 年和 1920 年加州「外人置業禁例」、1924 年移民法案等，檢視美國社會由排華到排日的變化過程，如何影響華、日兩個少數族群的連動與競和，是本章所關注的焦點。

一、白人排日舉動的緣起

在美的華人和日人相互連動的基準，深究其中，美國社會的種族歧視機制是一個重要因素。白人以不同的態度對待華人和日本人，這種差別待遇攸關華人與日人之間的情感。西部各州中，華工是第一個遭受到白人歧視、迫害、進而被限制入境的少數族裔。十九世紀末葉，白人大肆抨擊華人之際，甚至認定日本移民才是優良的亞洲人。但斗轉星移，到了二十世紀，情勢逆轉，甚至出現雇主駁斥白人勞工一人可抵二個華工的說法，轉而讚揚華工誠實、可靠、穩定。❷由於排華法案在 1882 年通過時，以十年為限期，再檢討法案內容。此後因為該法案有效地阻斷華工進入美國，於 1892 年再延續十年。至 1904 年更將此一法案規定為永久性地限制

---

❷ "Oriental Immigration," *Seattle Times*, April 17, 1901, p. 3; "Chinese Better Than Whites," *ibid.*, April 22, 1901, p. 11.

華工入境，排華活動至此算是劃下完滿成功的句點。相對之下，同時期日本人移入美國的數目不斷地創新紀錄，他們就成為白人工會和種族歧視團體的下一波攻擊對象。

西部白人最早的排日舉動，始於 1892 年。當時加州北部溫特斯（Winters）地區，有一群華、日的果園採摘工人受到十數名白人勞工的攻擊，後者並威脅果園主人解雇這些亞洲人，遭到園主拒絕。這群白人勞工再糾合數百餘人，首先突襲華人工寮，次而襲擊日人工寮。有人抵抗暴徒而受傷，華、日工人被俘後，室內物品被洗劫一空。少數暴徒轉向瓦卡維爾。該鎮亞洲人組織義勇隊回應，與巡警配合夾擊，終將這些暴徒繩之以法。當時日本人將此經過急報舊金山領事珍田捨己，並由其向加州政府抗議。此為日文資料記載加州迫害日本人之始。這種迫害日本農工的事件可能來自美國經濟不景氣的恐慌，因其顯示白人勞工陷入窮困之境，心生不滿而與華、日勞工互爭，企圖加以迫害。❸此時排華已經十年之久，華人漸減，而日本人初來，顯現白人不分華、日，一體排斥，使日本人遭受歧視對待。

日本人經常認為美國社會排日運動的源起與排華有關。日本人繼華人之後去到美國，自然知悉「排華法案」，並處處以之為戒。早在 1886 年到 1887 年間，加州有政客利用其候選人身份煽動社會的排日情緒，彷彿當年白人推動排華運動的翻版，也透露日人自知

---

❸　《在米日本人史》，頁 64；鶴谷壽，《亞米利加西部開拓と日本人》，頁 160-1。

他們是居於排華陰影之下。❹當時日人上層階級憂慮族人將重蹈華人覆轍、被白人排擠，因此曾是早期工讀留學生的珍田捨己（1857-1929），在擔任舊金山領事時，就建議日本政府應多加教育來美的勞工，避免日本人成為「第二の支那人」，被歸與華人同類。日文資料明言，白人以文明人自居，侮蔑華人至極，若有人不附會，都被非難，在此之下，日本人哪敢同情華人。日本駐美的領事、書記出席美國工會組織時，竟向外宣傳日本人（和朝鮮人）與黑人、北部義大利人為同一種族，而與華人在人種、語言、社會制度上不同，並與西洋人的生活行事相同，而望其不會排擠日本人。❺日本人認為其所以不與華人為伍，乃是白人種族偏見的壓力所致，但也不難見出日本人用盡手段和說詞，力求與華人區隔。

　　白人排華的理由，如廉價勞力、不易同化、生活習慣不潔、嫖賭行為、觀念守舊迷信等，這類偏見後來都沿用於排日運動裡。1892 年艾達荷州（Idaho）南帕（Nampa）及卡德維爾（Caldwell）發生日本勞工被白人驅逐的事件。這些日工多是在鐵道、礦區工作，失業白人勞工對之懷有敵意，卻指斥日本人不潔、有傳染病之疑慮，而欲強制驅離。可見日本人繼華人之後進入美國，相似的白人勞工團體延續其排擠華人的態度，加諸各種迫害於日本人身上。❻

---

❹　《北米年鑑》（*The North American Times Yearbook*）（沙港：北米時事社發行）（第四號，1913 年），pt 2., p. 31.

❺　粂井輝子，《外国人をみぐる社会史——近代アメリカと日本人移民》（東京：雄山閣出版株式会社，1967），頁 70-1。

❻　Karl G. Yoneda,《在美日本勞動者の歷史》（東京：新日本出版社，1967），頁 62-3；粂井輝子，《外国人をみぐる社会史》，頁 71-2。該作者屬左派人

有些西部地區，尤其是洛磯山區的偏遠地帶，日人不多，因而白人之排日確實是與排華連結。蒙大拿州巴特市（Butte）盛產銀礦，1893 年遭逢經濟不景氣，工人失業問題嚴重，經濟地位下降，其不滿情緒遂於 1896 年爆發，工商人士組成「銀弓工商會」（Silver Bow Trades and Labor Assembly），發起抵制當地華人之運動。雖然該鎮的日本人不多，但工商會還是將日本人也包含在抵制名單內。基本上，該會對日本人的印象與華人相近，表示日人一如華人，不會成為美國人，生活習性也與華人同，並提及在華盛頓州塔可瑪（Tacoma）的日工也是以低薪競爭，降低生活水準，又如鼠輩般的奸詐取巧，而不易除之。❼

當時，華、日兩族受白人排擠後的反應各有不同。「銀弓工商會」曾發起抵制日人商業，如洋食店。有位日本洋食店老闆寫信給其紐約領事，抱怨工商會派人在其餐館前巡邏，又有白人無賴或醉漢刁難上門的顧客，並破壞其店面窗戶。日本駐紐約領事知會巴特市市長，後者請示國務卿之後，只說會加強警察巡視。這位日本老闆又向其大使館要求美國聯邦政府予以補償其損失，但為美國國務院所拒。❽華人的作法則是於 1898 年二月間向地方法院提告，控

士，抨擊日本政府的軍國主義對外政策，但也批評美國白人心態，以之為資本主義滋生出的卑劣種族主義和排外主義。

❼ Stacy A. Flaherty, "Boycott in Butte: Organized Labor and the Chinese Community, 1896-1897," *Chinese on the American Frontier*, ed. by Arif Dirlik, (New York: Rowman & Littlefield Publishers, Inc., 2001), 393-413.

❽ 同上註。日本人會向聯邦政府索償，應是學自懷俄明「石泉鎮事件」（Rock Spring Incident）案例。此事件中，華人和華埠受白人無理攻擊之後，死傷慘重。事後，因懷俄明尚未正式成為一州，只是領土區，而由美國聯邦政府出

訴工商會及其他工會組織之不當行為（*Hum Fay et al. v. Frank Baldwin et al.*）。經過三年纏訟，最後判決華人勝訴，對方應支付華人一千七百餘美金的訴訟費用。但因對方已宣告破產，無法求償，華人遂再以中美國際條約為由，轉向聯邦政府求償不果。❾雖然美國社會仍是根深蒂固地存在種族歧視，但日人以國際管道抗議，而華人因中國國力不足，轉而循美國司法途徑抗爭，顯示兩者各自尋求資源回擊種族暴力，卻不曾思考共同合作。

　　這股排日風潮也流傳到加拿大西岸。二十世紀之初，在英屬哥倫比亞省，有家木材廠新雇亞洲工人（二十三名日人，十名華人），但這些華、日工人搭火車抵達時，卻有兩百名白人勞工群聚車站，阻止他們下車。❿ 1907 年九月初，溫哥華發生白人攻擊華、日住處的事件。華人、日人聚集在包爾街（Powell Street）的商家和住所，某晚受到白人暴徒襲擊，五十餘間商店的窗戶和店面被毀壞。當晚的四波攻擊中，最初日本人以為警察會出面制止，但發現似乎無此可能後，日本人開始反擊白人的破壞行為。次日晚間，日本人以為白人暴徒會再度來襲，但他們卻轉而攻擊華埠，直到再隔一晚，暴徒企圖放火燒毀日本學校，這回就有警察和消防隊及時制止。⓫這類事件顯示白人已經由早期仇華，逐漸因日本人漸多而發展成仇日。

　　面賠償華人七萬五千餘美元。

❾　　上引書，p. 402-8。

❿　　"Orientals Not Wanted, White Inhabitants of B. C. Town Refuse to Allow Them to Immigrate," *Seattle Times*, April 11, 1905.

⓫　　Ito, *Issei*, 102-5.

二、白人社會的褒華貶日態勢

　　1905 年時，加州工會組織就以排擠心態指出來美日人可能暴增的危險。根據其說，1895 年中日甲午戰爭之後，退役日軍返鄉卻失業，引發一股移民美國風潮，使得進入美國本土的日本人，在 1900 年前後大為增長。殷鑑不遠，現今日俄戰爭後，可能歷史重演，因此美國應及早預防大批日人到美，早日推行排日法案。但工會組織又言，美國東部人士在日俄戰爭中看好日本，對日友善，恐怕不利於讓排日法案通過。⑫有些西部重要人士到東部訪問時，不忘將西部白人對亞洲人的看法傳達出去。如加州大學校長到芝加哥演講時，談到西部應將亞洲人、尤其是日本人排除。這個種族問題就如南部的黑白問題，非居住當地者是無法理解。西部從前被認為是邊疆地區，現今應多與中國來往，因中國是個大國且正在逐步甦醒，他反倒對日本不予置評。⑬

---

⑫　Russell I. Wisler, "Why Japanese and Koreans Should be Excluded," *Labor Clarion* (Official Journal of the San Francisco Labor Council and the State Federation of Labor), May 12, 1905. 又見《北米年鑑》(*The North American Times Yearbook*), p. 33.

⑬　"Nipponese Are Much Worse Than Chinese," *Seattle Times*, February 23, 1908, p. 1. 美國西部的一些白人將西部日人問題比擬如南部黑人問題，這種看法隨著反日風潮愈熾，持續進入 1920 年代。有位西雅圖的白人律師常為華人辯護。當他表達其所見的日人問題，即是如此看法。見 Survey of Race Relations (此檔案置於 Stanford University, Hoover Institution Archives，之後簡稱 SRR), Box 28-169-4, Interview as Social Document of Attwood A. Kirby, Seattle, Washington, August 18, 1924, by D. H. Johnston.1

在這些排日人士的眼中，日本人人數一多之後，此時華人反倒成為美國白人心目中的優秀工人，比日本人謙虛、又不礙眼。不論是農場、鐵道業、廚傭業，白人雇主對華工的需求增強，使華工成為搶手貨，甚至提高薪資還不一定有華工應徵，轉而將低薪的次等工作讓給日本人。有位勞工仲介商批評日本勞工只要賺夠可赴城市的薪水，就不想工作，只圖留在城市享樂、揮霍殆盡，才會再找下份工作；華人則較為穩定而有耐心，會遵照吩咐，盡責地完成工作。⑭或是日本勞工挾其人多勢眾，藉此要求果園主人照其契約行事，否則任令果子腐壞，也不收成。華工則不似日人之有組織，而且也漸漸被日人逐出，而使園主無所選擇而不得不屈從日人所求。⑮因此西部人士認為華人誠信、可靠，日本人雖然比較聰明、有能力、有組織，但這份聰明卻反而變成操控主人的壓力，若白人必須選擇黃種人，就選華人，因為他們比較誠實又適任於勞動工作。⑯

尤其日本人進入農業後的成就，引起白人反感和憂心，遂加緊排斥日人。白人農場主和園主逐漸區別華、日工人，並對兩者各有好惡。華人被園主稱讚為誠懇、細心、忠實，能信守契約，即使有

⑭ "Chinese Labor Is Hard To Find, Almond-eyed House Servants and Farm Employes Haughty and Indifferent to Offers Because of Many Chances. Orientals Refuse to Work on the Railroads Because Wages Are Too Small and\Market for All Classes Short," *Seattle Times*, September 8, 1905, p. 4.

⑮ W. Almont Gates (Secretary of the State Board of Charities and Correction of the State of California), *Oriental Immigration on the Pacific Coast* (An Address Delivered at the National Conference of Charities and Correction at Buffalo, NY, June 10, 1909), 7.

⑯ *Ibid.*, 10.

所損失亦然。缺點則是華人手腳慢、不能適應新工具或新方法。例如十數年來,他們仍使用手指而不用工具種苗。日本工人勤勞、動作快、適應力強、又肯學習新事物或美式方法和習俗。但日人不守契約,動作靈敏卻經驗不足,常需監控。他們有時偷機取巧、不太老實,例如種苗時緊密排列,以利收成簡便,或收成甜菜時,只採收突出地面的部分而不整顆挖掘（有些墨西哥裔勞工亦復如此）。此外,日本工人會伺機揚言罷工,如在收成季節中間罷工,要求加薪。另因日人人數眾多,可控制季節工人的供應,而令園主疲於應付。

　　日本人會利用罷工爭取自己的經濟權利,最突出的例子是1903 年加州奧克斯納德的罷工。日本農業工人從 1899 年開始受顧奧克斯納德的甜菜工廠,主要有 9 個日本勞工承包商為工廠提供勞動力。1902 年,奧克斯納德銀行、萊維銀行和美國甜菜公司成立了「西部農業合約公司」,其目的是削弱日本勞工承包商的獨立性,以求降低日本勞工的工資。「西部農業合約公司」在一年內控制了 90% 的合約業務,工人的工資水平從收穫 1 英畝甜菜是 5 美元,下降為 3.75 美元。為了抗議這一措施,500 名日本農業工人和200 名墨西哥農業工人在 1903 年 2 月組成了「日本－墨西哥勞工聯盟」,要求通過獨立的勞工承包商與種植者簽約。1903 年 3 月初,1200 名甜菜工人開始罷工。這次罷工極為成功,「西部農業合約公司」被迫取消所有合同,農場主同意將工資提高到 5 美元。罷工之後,「日本－墨西哥勞工聯盟」要求加入白人的勞工聯盟,卻被拒絕。

　　此後,美國白人僱主開始對日本勞工提出加薪要求之事感到厭

惡，而欲加以反制。一些白人園主因此懷念起華人，讚譽華人固守
簽訂之契約，值得信賴，即使有更好的價碼，也是等待前一份契約
結束之後才轉換；華人較無野心，不會與其他種族工人比較而要求
相同待遇。雖然華人被白人僱主認為年齡較長，手腳不夠伶俐，學
習新農技較為遲緩，但是至少不似日本人的行徑，經常提出莽撞無
理的要求；一旦其他場主提供更高的薪資，則拂袖而去，毫無預警
地失信於舊有簽約者。例如加州馬德洛（Madera）有個義大利－瑞
士人聯合的葡萄酒園。有一年因豐收關係，需要大量勞工採收。園
主以一噸一塊半美元的高價聘請一些日本勞工，但這群人在工作數
日後，卻突然不見蹤影。事後才知道因別地另有高價，所以這些日
本勞工就不告而別，造成園主重大損失·。❶

　　白人又指責日本人大肆租地種植蔬果，卻急功近利、恣意開
墾，而耗損農地。聖華金河的白人對日裔「馬鈴薯大王」牛島的批
評即是如此。牛島不斷地往新區開墾，再分租給各個族群，而不注
重品種選擇、作物輪替、病蟲害防治。此一行徑如同竭澤而漁、靠
著戕害土地而致富，徒然將貧瘠土地留給後人。加州農村地區的白
人即使承認對日本勞工的迫切需要，也不滿意其作為。他們肯定日
人的勤勞、儉樸，但其貪婪、不講信用的品行，使之比華人更難應
付。❶由加州、奧瑞岡州、和華盛頓州的一些白人農場主人褒華貶

---

❶　*Reports of the Immigration Commission*, Vol. 23: 174, 175, 176；亦見
　　Proceedings of the Asiatic Exclusion League, July, 1908 (San Francisco, Organized
　　Labor Print), 15; *September, 1908*, 15; *February, 1909*, 7.

❶　*12ᵗʰ Biannual Report of the Bureau of Labor Statistics of the State of California,
　　1905-1906*, 68, 69, 71; Transactions of the Commonwealth Club of California, Vol.

日的言論來看,大量出現的日本人已然成為西岸地區種族生態轉變的一個重要環節。

即使那些對亞洲人較不具偏見的白人,也認為日人不老實,比華人還惡劣。加州威申維爾(Watsonville)的當地商人,初時表示歡迎日本人,因為日人著美式衣裝,看來較華人美國化,不似華人唐裝長辮的古怪打扮,也不會如華人擠住同一屋舍之內。但這些商人很快就發現日本人成為自己的競爭對手。日人開起洋食店、理髮廳、撞球房、雜貨店、服裝店,並經營送貨、載客的運輸業務,搶走不少白人店家的生意。當地有些銀行以日人缺乏信用,不敢兌現其支票(除非還有其他證明文件),反倒是接受華人顧客。這些因素都造成日人由受歡迎變成被排斥,使得白人呼籲修法限制日本人來美。甚至當 1905 年加州瓦卡維爾的日人基督教衛理公會(Methodists)聚會所被大火吞噬,當地白人竟然額首稱慶。三年後,日人試圖新建石磚教堂,仍得不到當地許可證而作罷。 ⓳

其實,不少白人只是因為華人日減、日人大增,才嫌惡日本人,並轉而稱讚華人、懷念華人。有時還出現白人地主捨棄日人提供的高租金而寧願低價租給華人。但這類好華惡日的情緒只是對比效應而已,許多農場或果園主人終究認為亞洲人不宜成為美國的一份子。縱使因此造成勞工短缺,必須付出高薪代價,或需調整產業

XI, no. 8 (December, 1916), *Land Settlement in California* (San Francisco: 1916): 451.

⓳ *12ᵗʰ Biannual Report of the Bureau of Labor Statistics of the State of California, 1905-1906*, 68.

結構，他們仍是贊同限制亞洲移民。⑳可見美國在開發西部過程時，白人社會深恐亞洲人的侵入帶來競爭，因而對亞洲人種，不分華、日，都懷著的歧視和偏見。

然而，即使如排亞聯盟（The Asiatic Exclusion League）這類敵視亞洲勞工的組織，也不時出現對華人和日人有不同的評語。在其每月會議記錄中，經常轉載其他報紙有關亞洲勞工之討論，並加以批評。例如他們刊載（果園）農場場主抱怨日本工人要求加薪至白人勞工的水準，並評論那些場主又何必當初，允許這些日本人進入美國呢？㉑排亞聯盟提及支持排華法案的農場場主日後將後悔沒有將日本人也放入排擠名單中，因為在華、日兩族中，華人算是最不令人討厭的（Of the two evils, the Chinese is by far the least）。㉒另在洗衣業裡，日本洗濯所和洗濯屋的經營手法也被白人認為比華人洗衣館還奸巧和具野心。華人洗衣館只是等待顧客上門，日人洗濯所不但會雇用白人勞工，故意顯示其照顧白人勞工之意，也會主動拜訪顧客或留下宣傳卡片。這種手法初期都在晚間進行，以免招搖，但日後則不論白天晚上，公開大方的招攬生意，因此給白人帶來很大的壓力。㉓

「排亞聯盟」又質疑日本人的忠誠，甚至認定他們對美國政權

⑳ *Reports of the Immigration Commission: Immigrants in Industries*, Vol. 24, 44, 108, 309.
㉑ *Proceedings of the Asiatic Exclusion League, February*, 1908 (San Francisco, Organized Labor Print), 16.
㉒ *Ibid.*
㉓ *Ibid., June*, 1908 (San Francisco, Organized Labor Print), 15.

懷有敵意。1904 年日俄戰爭期間，有艘俄國巡洋艦在公海上被日本艦隊攻擊，其艦艇人員尋求美國炮艦的庇護，因此美軍艦隊人員拒絕將之交給日軍。日本舉國敵視美國此舉，造成舊金山日本人町的打靶場氣憤地將美國國旗放在打靶目標上，供日本人出氣。1906年舊金山發生日童就學事件時，洛杉磯的日本人打靶場也是如法炮製，將美國國旗繪在打靶板上，中心點畫在加州，打中靶心還有特別獎金。這類行為（加上中日戰爭和日俄戰爭的印象）當然深化白人對日本的好戰性情，而稱讚華人愛好和平與不隨意頂撞、冒犯他人。此外，當加州歐洛維市（Oroville）有華人小女孩拿著美國國旗在街上揮舞，卻被一日本人搶下，並丟入水溝裡。兩相對照，透露出白人對華、日兩族的好惡差別以及白人疑慮在美日本人的忠誠。㉔

尤其日俄戰爭後，美國白人對日本成為新興國際勢力，頗有疑懼。㉕夏威夷有一白人報社編輯，在評論日俄戰局時，認為大連港是俄國太平洋岸的重要軍事重鎮，擁有五十餘座堡壘、配備現代軍事武力、輔以先進的巡洋艦隊，以及精銳駐軍部隊。該城就如控管

㉔ *Ibid., September*, 1908 (San Francisco, Organized Labor Print), 10, 16; *October*, 1911, 136.

㉕ 美國於 1898 年美西戰爭取得菲律賓而進入亞太地區，當時它認為俄國乃最大勁敵，故而在日俄戰爭前，其遠東政策是「以日制俄」。但日俄戰爭後，日本欲圖壟斷遠東勢力的態勢愈趨明顯，美日雙方的衝突遽增，美國因此對日本發展頗有芥蒂。不過老羅斯福總統認為只要對日本保持尊重態度，兩國之間的衝突是可以避免的，更不願為了中國而向日本挑戰。他的遠東策略改採「以華制日」，將日本牽制在遠東大陸。參見胡禮忠，《從望廈條約到柯林頓訪華——中美關係，1844-1996》（福建：福建人民出版社，1996），頁134-40。

直布羅陀海峽和北非沿岸的直布羅陀市。如此國防要地卻被日軍擊
敗，其影響可想而知。日本國際地位上升，使美國在外交上不能忽
視其勢力，而不願與之正面衝突；但又恐懼日本在亞洲的政軍、經
濟力量會危及美國利益，而懷疑其外交政策。㉖另一方面，有些美
國白人憂心在美日本人的忠誠所在。日本軍艦固定巡邏到夏威夷鄰
近海面，此舉固然讓夏威夷日本人感到驕傲，卻也落人口實，讓白
人懷疑在美日本人是否忠心於美國，而對日本人產生惡感與偏見。
早在日俄戰爭前，有些白人已經不斷提出排日要求，就如之前的排
華一般，如今日本戰勝，國際地位不同於中國，雖然美國政府官員
不願正面觸怒日本，但排日人士就藉著美國疑懼日本之機，順勢推
動排日。㉗

　　根據加州「排亞聯盟」的說詞，他們認為日本人比華人更危
險。華人因為不著西服、又不同化於美國風俗，受到白人責難，但
日本人雖然改著西服，卻包藏禍心，對該州是「危險之收穫」
（dangerous acquisition to our State）。㉘尤其就鼠疫傳染病而言，前此舊
金山疫情的案例都是侷限於華人和日人，逐漸地白人也受波及。但
因華人已經受排華法案之阻而被禁於外，日本人卻以穩定而不斷的

㉖　Yukiko Kimura, *Issei: Japanese Immigrants in Hawaii* (Honolulu: University of
　　Hawaii Press, 1988), 18-9, 20.

㉗　但一戰期間，約有五百名在美的華人、日本人、朝鮮人加入美軍，對抗德
　　軍。亞裔的這片忠誠之心，美國社會仍是無動於衷，繼續排華和排日。這些
　　退役戰士直到 1935 年才終於得到美國公民權。見 Ito, *Issei*, 117.

㉘　*Proceedings of the Asiatic Exclusion League, September*, 1908 (San Francisco,
　　Organized Labor Print), 15.

速度由各港口湧入美國，如此一來，日人對加州和美國的危害將更
大。㉙

　　日俄戰爭後，歐美社會震驚於日本擊敗俄國的事實，因而出現
所謂的「黃禍論」。美國麻州眾議員訪問德國時，德皇暢談「黃禍
論」，指日本繼軍事勝利之後，會對亞洲採閉關政策，將歐美國家
逐出亞洲市場，因此白人應彼此合作，尤其日本只怕美國，美國應
挺身與日本相互抗衡。㉚

　　隨後不久，中國於 1905 年發生「抵制美貨」運動，更令美國
擔心中國會轉而投向日本懷抱，則歐美人士被逐出亞洲市場之預言
將成事實。早先美國考慮將「排華法案」改為永久有效之時，波特
蘭商會就表達反對意見，轉而希望美國政府應對華人、尤其是華商
階級，開放自由出入美國，以促進中美貿易。此說亦獲得舊金山商
會響應。㉛「抵制美貨」發生之後，波特蘭商會在其寫給老羅斯福
總統的訴求信中提及，即使是華工移入，美國社會仍能持續進步，
而華工進入美西的數量絕不會比歐人移民進入美東之人數多，因此

㉙　*Ibid.*, October, 1908 (San Francisco, Organized Labor Print), 7.

㉚　"Kaiser Expresses His Fears of Yellow Peril, German Ruler Says Japan's Cheap
　　Labor Will Froce White Races From Oriental Markets," *Seattle Times*, September 6,
　　1905, p. 11.有關日本報導德皇的「黃禍論」，見《北米年鑑》（*The North
　　American Times Yearbook*），p. 33.有關此時之日美外交關係或發展演變，見
　　Thomas Bailey, *Theodore Roosevelt and the Japanese-American Crises*
　　(Gloucester, MA: Peter Smith, 1964); Robert D. Schulzinger, *American Diplomacy
　　in the Twentieth Century* (New York: Oxford University Press, 1994), 33-4.

㉛　"Opposes Exclusion, Portland Chamber of Commerce Opens Gates to Chinese,"
　　Seattle Times, February 12, 1902, p. 3.

華工入美不是問題。西北部的「大北公司」（The Great Northern Company）總裁希爾（J. J. Hill）也曾於 1905 年的一次商業晚宴發表演講，表示未來十年，西部仍可接納五萬到十萬的華人或日人，美國不會因此抱憾，工商業還可能會提高利潤，並聲明許多人同意其說，只是不敢明言而已。此外，中、印兩大亞洲地區裡，中國一年輸入的外貨約值兩億美元，其中美國部份只佔十分之一（印度則更低）；事實上，亞洲各地區的外貨總輸入量中，美國也不過佔百分之五而已。尤其中國因美實行排華法案而抵制美貨，更使美國輸入中國之貨物幾乎停頓，將使中國轉向他國以取所需。因此波特蘭商會建議給予華商、學生、專業人士等自由出入美國的權利，允許已經在美之華人可自由往返中美，並開放華工入美，數量約在美國全國總人口的千分之一。❸從這些訴求理由中，可見美商對中美貿易成長的殷切盼望，也因此擔心中國「抵制美貨」引發負面影響，而建請美國政府以放寬華商、學生、甚至少量華工來美的條件，表達其對華人之善意。

由於中國「抵制美貨」運動及此後中國政府抗議「排華法案」的不當執行，凡此種種都受到美國官員的重視。許多責難指向執行過程的粗暴，使商人受辱，而事實上申請來美手續過於繁複以及查

---

❸ "Chinese Needed in America, Repeal of Present Exclusion Laws Against Natives of the Flowery Kingdom Urged by Portland Chamber, People of the Pacific Coast States Said to Be No Longer Afraid of the Alleged Yellow Peril" *Seattle Times*, July 12, 1905, p. 5; "J. J. Hill Favors The Entry of Chinese, President of the Great Northern Affirms Coast Could Absorb 100,000 Orientals Yearly and Not be Hurt" *ibid*, October 4, 1905, p. 1.

證工作，也使美國駐外單位的工作沈重。此外，居於英、法、葡殖民地的華人（如香港、澳門等地）質問為何不可以其母國護照入美，卻仍需要申請額外證件。美國官員認為這些指責多是針對法案的解釋和執行方式，而非法案本身，因此決議只需要修改現行法案的實行細則即可。㉝

　　商人的國貿考量之外，有些加州農業資本家基於人力需求，根本就希望廢除「排華法案」，再度引入華人。加州發展大型農業，需要大量勞工。自「排華法案」之後，華人減少，農業資本家曾不斷討論該如何解決勞工來源和勞工成本，亦即廉價勞工問題。有些白人認為，大型農業固然對美國小農衝擊很大，但農業發展總是要與工業競爭，不能一直依賴小農自給自足的耕作方式；而大型農業不斷依賴低薪的亞洲苦力，只會降低白人薪資水平和購買力，因此不宜讓其入美。他們鼓勵培育土生農家子弟投入此一勞動人力需

㉝　"Chinese Will Get Concessions President's Recent Instructions to Immigration Agents and Consuls Do Not Afford Relief Demanded by Orientals, Interpretation of Exclusion Act and Boycott Question Discussed by Secretary Taft at a Meeting of Cabinet," *Seattle Times*, October 4, 1905, p. 12.
有關美國華人與「抵制美貨」，參見 Delber L. Mckee, "The Chinese Boycott of 1905-1906 Reconsidered: The Role of Chinese Americans," *Pacific Historical Review* 55 (1986): 165-91. 該文著重在老羅斯福總統和移民局監督（Commissioner-general of immigration）如何借重美國華人之助，改善排華法案的執行，以達到削弱抵制運動的影響；至於老羅斯福為何如此重視「抵制美貨」運動則著墨不多，此處就需要藉由日俄戰爭後的「黃禍論」來觀察。有關法案執行的改善及老羅斯福總統對排華法案的態度，另可參見 Erika Lee, *At America's Gates: Chinese Immigration during the Exclusion Era, 1882-1943* (Chapel Hill: The University of North Carolina Press, 2003), 125-6.

求，才是理想的工人來源；若是無法達成，則不妨吸引東部農業州的農家子弟到西部來。但西部的農業工作環境惡劣、薪資過低、季節性工作移動頻繁，都使其不易吸引白人勞工。❸

　　尤其 1890 年代末期到 1907 年間，是人力需求的高峰期，因此日本勞工的到來，受到農家歡迎。眾多的農業工作機會轉而嘉惠日本人，使之身價上漲而談判籌碼高。尤其日本勞工採用的策略是先以低薪搶攻，包攬各農場、果園的工作，趕走其他工人，再於關鍵時期（如收成季節、雨天來臨前）要求加薪，否則停工、任農作物腐爛。雖然農園主通常被迫不得不接受日人的條件，但有些大型農場主人因此對日本勞工甚為不滿。當加州社會的排日風潮高漲時，曾有白人農園主再思引入華工來美從事農業工作，以對抗不再乖順聽話的日本勞工。白人回顧「排華法案」實行以來，認為華工人數已經減少，不可能再成為禍害（can not be considered a menace for the future）。其實，這些白人農家並非特別對華人民族或華人文化有所偏好，純粹只因他們認定加州過往的社會、政治環境歷程，應能輕易掌控華人，使之持續處於弱勢地位。❸

　　但那些仍存種族歧見的白人農園主則既反對再度引入華工（因

---

❸　State Board of Control of California, *California and the Oriental: Report of State Board of Control of California to Governor William D. Stephens* (Sacramento, CA: California State Printing Office, 1922), 119, 120-1. 亦參見 Cletus E. Daniel, *Bitter Harvest: A History of California Farmworkers, 1870 - 1940* (Berkeley: University of California Press, 1982), 49-64.

❸　引述句見 *California and the Oriental*, 115. 亦參見 Daniel, *Bitter Harvest*, 65-7, 73-6.

為排華已有成效），也不要日本勞工。這類人士的理由包括華人不易同化入美國社會，而日人雖然西化，但美國人不願意與日人融合同化。只是對付在美日本人，不可能祭出如從前排華翻版的「排日法案」，因中國國力羸弱，不致於抗爭，而日本人自恃甚高，自認優於華人，如此敏感的國家，可能小題大作，將小衝突化成國際大事，因此必不肯接受排日法案。美國的外來移民，只有日本人會向母國告狀，造成兩國關係緊張。因此有些排日人士建議在日本移民尚未成為大麻煩之前，先採取行動、解決問題，尤其在種族問題上，不能讓在美日人援其母國之助，而護衛其權益。❸加州參議員斐倫（James D. Phelan）也認為日本是個敏感的民族，非常聰明，自認高於華人一等，不想與華人同一命運、被打入受人排擠的類別，因而必會經由兩國政府的協商，爭取最大權益。如此一來，反而可能使情勢愈加複雜。❸

　　美國社會的排日運動從十九世紀末期逐漸醞釀，經過多年發

---

❸　Chester H. Rowell, "Chinese and Japanese Immigrants - A Comparison," in *Chinese and Japanese in America: the Annals of the American Academy of Political and Social Science* Vol. 34, No. 2 (September, 1909), 9-10; John P. Young, "The Support of the Anti-Oriental Movement," in *ibid*, 17-8; John P. Irish, "Reasons for Encouraging Japanese Immigration," in *ibid*, 79.

❸　*California and the Oriental*, 135-6. 有些白人轉而提議引入墨西哥工人。雖然墨西哥工人不如華工、日工之勤奮、有效率，但未嘗不可一試。亦可參見 Daniel, *Bitter Harvest*, 66-7. 有關日人自視優於華人部份，參見 *Japanese Immigration: Hearings before the Committee on Immigration and Natualization*, Part 1: San Francisco and Sacramento, 66ᵗʰ Cong. 2d sec. (1920, July 12-14) (Washington D. C.: Government Printing Office, 1921), 26.

展，白人對華、日已經有所區隔。雖然從外表上，白人仍是分不清華、日之別，但就氣質或天性上，白人在惡日之下，認為華人避免與白人競爭，甘於卑微工作，日本人則較具野心、求平等，不懼與白人互競，之所以肯短暫地卑恭屈膝，只是為求更大的事業。❸白人也意識到華、日兩族彼此互爭的態勢。亦即雖然兩者都希望被白人社會平等對待，但兩族各自認為自己優於對方，因此若日人由美國白人處得到優惠，華人就不免眼紅抗議，反之亦然；至於華、日彼此則不會合作。❹在此之下，白人樂得處於至高點，以利操縱少數族群之間的相互制衡。

三、華日兩族看待彼此

美國白人褒華貶日的觀點，自然對華、日本兩族看待彼此的態度有重大影響。主流社會的白人經常認為，日本人大量湧入美國是填補排華法案之後華工被阻而產生的勞動力空缺，因而將日本人定位成華人的繼任人選。在白人的眼中，中國人和日本人在美國社會裡所扮演的角色既相近，人種又極為雷同，兩個族群的文化背景也

---

❸ 見〈種界接觸之研究〉，《中西日報》，1925 年 5 月 4 日、5 日、6 日，頁 2。據其報導言「太平洋岸之白種居民，前者對待華人，惡感甚深，所行之事，往往違背公理，於白種人之名譽，殊甚損礙。惟現在嫉惡華人之心理，已漸變而為敬重華人。其原因有二，一華人入境者已日少，二華人並無與白人競爭權利。」

❹ Eliot G. Mears, *Resident Orientals on the American Pacific Coast* (University of Chicago, 1928), 4-6.

無太大差異，因此當日人初來乍到時，白人對於華、日是不加區別。

　　然而，早期日本留洋的工讀學生對此認定則頗不以為然。早自明治維新時期，即有日本學生留學歐美國家。初期多為公費學生，但也逐漸出現自費留學海外的學員，以求學成歸國後，可以謀求較好的職位。從 1890 年代開始，日本移到美國本土的人士中，就有許多是工讀留學生（日文稱為出稼書生）。這群半工半讀的日本人總是與華人劃清界線，以示彼此有別。❹當時，這些日本學生自認受過教育，是來自日本社會的中上層階級，容易適應美國習俗與生活方式。他們鄙視同處美國社會的華工，認為來美華人原在中國社會是處於下層階級的一群，因此附會白人排華的聲浪，贊同美國社會通過限制華工入境，以之為明智之舉。但日人則不同，不但比華人優秀，也不輸於歐洲移民（如義大利人、斯拉夫人、土耳其人、亞美尼亞

---

❹　有關日本西化的議題，可以回溯至十九世紀後期日本的「明治維新」，欲圖藉由學習歐美典章制度而「脫亞入歐」，遠離日本鄰國如中國者而成為西方世界的一份子。當時的智識份子（如福澤諭吉）關心文明開化之問題，認為西方文化優於日本文化。福澤諭吉將日本、中國、印度等文明，都列入世界上半開化國家，其文學、藝術、工商業，皆不如西方國家。日本如要進化到高層次，則需要引入優良的西方成份，以取代中國儒教傳統。有關此論述，可以參考福澤諭吉之《文明論之概略》。1894 年，中日兩國為了朝鮮半島的管理權益而爆發了甲午之戰，中國以割地賠款了事，增長日本的氣焰。日本認定盤據東亞大陸的中國，終將因為固守傳統，不圖改進而走向沒落。1904年日俄戰爭，日本擊敗歐陸大國俄國，再次獲得軍事上的勝利，強化日本實現世界先進工業國家的信念。此後日本即開始顯現其作為東亞強國的傲人氣勢，凸顯日本與其他亞洲國家的不同。

人）或是黑人、墨西哥人。❹

其中的最佳代表即河上清（K. K. Kawakami，1873-1949）。他來自山形縣，是日本社民黨的創始元老之一，在愛渥華大學（University of Iowa）取得政治學碩士，精通英、日文，致力於捍衛日本國格和美國日人的權益。他認為西部的排亞風潮源自十九世紀、華人大量湧入美國之時。華人被凌虐、羞辱、排擠，其實是咎由自取，因為他們無視於西方社會環境，天生奴性、受到非人待遇也無動於衷。日本人非常不幸地繼華人之後到達美國，若日人也如華人般地依賴和缺乏自重，則白人就會繼續以大護小（或以大欺小）卻是侮蔑的態度看待日本人。他特別澄清日人並非如華人都是來自下層勞工階級，因此以稱呼華工的「苦力」（Collies）套用於日人並不正確。不少日人是有技術的勞工，較之於歐洲移民，毫不遜色。他又自恃日本打敗俄國，而鄙視俄國國情，呼籲不可將加州日本人的情況，對等為俄國的猶太人，因為加州白人和日本人是平等而非高低有別。眼見白人的排日風潮高漲，從前被排擠的華人反受到白人關愛，他大嘆可笑，嘲諷白人社會的健忘，並批斥白人之所以變成褒華貶日、偏好華人，是因華人乖順聽話、不夠獨立、缺乏自尊，又不求

<hr>

❹ Sidney Lewis Gulick, *American Democracy and Asiatic Citizenship* (New York: Scribner, 1918, reprint edition 1978 by Arno Press Inc.,), 20; Yuji Ichioka, *The Issei: The World of the First Generation Japanese Immigrants, 1885-1924* (New York: The Free Press, 1988), 191.有趣的是，黑人在美國排日風潮中，基於有色人種同受白人壓迫之情誼，而同情日本人、痛斥「白人至上」的種族偏見。見 Lawrence S. Little, "AME Responses to Events and Issues in Asia in the Age of Imperialism, 1880-1916," *Journal of Asian and African Studies* (Leiden University, Netherland) Vol. 33:4 (1998), 317-330, esp., 326-7.

上進。背地裡，美國華人其實好逸惡勞、嗜賭如命，並帶壞比鄰而
居的日本人。但他也說明排日的白人應該只是少數，因為比起華
人，日本人所受到的人身、財產攻擊已算輕微。❷另一位日本工讀
學生山本一橋（Yamato Ichihashi，1879-1963）駁正美國白人比較華傭和
日傭之別，以為華人安分守己，而日人野心過大、不安於位。他詆
毀在美華人都是些沒有知識的苦力，不懂上進為何物，觀其國家發
展即是明證。中國傳統上就是消極退縮的國家，這種民族不會主動
為自己創造機會。日本移民到美者與在美華人截然不同，雖然兩者
都是東方人，但日本可是當時世界最有智識和進步的民族之一。況
且，早期到美的日人多是工讀學生（School-boys），而早期華人哪有
這種身份的人物。他並忠告美國人，只要美國社會價值讚揚上進精
神，應該可以理解在美日本人的努力求變是不同於消極被動的華
人。（It may be painful, but we must admit that the progressive spirit of Japanese
immigrants has to be tolerated so long as it is considered a virtue in America, a land of
opportunity and of self-made men and women. … we can understand why Japanese
immigrants are nervous, restless, ambitions, and unstable as compared with the passive

---

❷　Kiyoshi Karl Kawakami, *American-Japanese Relations: An Inside View of Japan's
Policies and Purposes* (New York: Fleming H. Revell Company, 1912), 291-2;
Kawakami, *Asia at the Door: A Study of the Japanese Question in Continental
United States, Hawaii, and Canada* (New York: Fleming H. Revell Company,
1912), 111-2, 114, 116-23; Kawakami, *The Real Japanese Question* (New York;
MacMillian Co., 1921), 123-4, 132-3.有關河上清的生平，見 Brian Niiya, ed.,
*Encyclopedia of Japanese American History: An A-to-Z Reference from 1868 to the
Present* (New York: Checkmark Books, 2001), 237-8.

EPISODE 8

"Schoolboys"

初期的日本移民有不少是半工半讀學生，他們對早先抵美的華人頗有微詞。

Chinese）。❹這類日本工讀學生明顯地以階級差異的觀點貶損華人，但檢視其論調，不難窺見白人社會的種族歧視對在美日本人的影響，促使身處多元種族體制下層的日本人，模仿白人的心態價值觀，附會贊同白人，而以貶抑、輕蔑的態度看待華人，汲汲皇皇於與華人劃清界線。

在美日本學生群自認本族優秀而高尚，比華人更能適應美國生活方式，可由幾個例證說明。首先，比較華、日兩族在美國當地的衣食開銷，可看出兩者間生活習性之別。根據 1905 年加州勞工局的調查，華人每月餐費約是 10 至 12 美元，衣著花費則是 35 元左右。日本人餐費約 12 到 15 美元，衣著則約 65 元。至於購買家鄉貨而言，衣著上，華人採買家鄉貨比日本人多，日人多數已經西化而改著西服；但食品上，兩族都採買不少來自家鄉的乾貨、食材。❹另有調查顯示，日人平均每月的租屋花費約 3.5 元或更高，多於華人的 2 元。❹這些官方報告原是欲圖調查在美亞洲人的消費習

---

❹　Yamato Ichihashi, *Japanese in the United States: A Critical Study of the Problems of the Japanese Immigrants and their Children* (Stanford: Stanford University Press, 1932), 114-5. 引言取自 115. 山本一橋生於愛知縣，為武士的後代，1894 年到舊金山，先獲史丹福大學經濟碩士，後於 1913 年再獲哈佛博士，專研美國的日本移民問題。後來他回到史大任教。該職位是日本政府於 1910 年代因加州排日怒潮而捐給史大一個有關日本研究之職。此一職位使他備受美國情治單位關照，指他是日本官方的宣傳人員。見 Niiya, *Encyclopedia of Japanese American History*, 202-3.

❹　*12th Biannual Report of the Bureau of Labor Statistics of the State of California, 1905-1906*, 67; Kawakami, *American-Japanese Relations*, 299-300.

❹　*Reports of the Immigration Commission*, Vol. 23,138.

性，以瞭解其適應美國生活及對當地經濟的貢獻，卻可佐證日人比華人更為西化、更融入當地生活方式。

　　另一個例子則是有關服飾髮髻的變換。滿清統治之下，男人梳髮辮的習慣，被飄洋過海的華人繼續帶至新移入的地區。這項外表上的特質，經常被美國白人指控為華人不願意適應當地生活環境的例證。由於美國社會將男性蓄留髮辮當成未開化、不文明的指標之一，華人這項特有的外觀，就成為受人言詞輕蔑或肢體傷害的根源所在。相較之下，日本移民在衣著外表上，與華人顯現極為不同的面貌。日本人夏天因為天熱，有時只在腰間繫上束帶而不著上衣或只有一件輕薄如浴袍似的衣物，足蹬木屐。十九世紀末葉，西岸地區的日本鐵路修築工人，被其同族工頭要求不得以此裝束工作，即使酷暑之際亦然，以免引來白人嫌惡的眼光，並留下口實，遭人迫害。不僅是外觀衣著，在美國的日本人也調整其他生活步調，轉換為當地的方式；甚至日常食物，也盡量改換成美式食品。❻美國移民局的報告述及，雖然許多移民都非常節儉，但是日本移民比華人（也比其他族裔，如義大利裔、葡裔或俄國移民等）花費較多的錢財於美國生活上，如購買服飾、租屋、雜項之開支。❼

　　華、日兩族融入美國社會的程度不同，不止表現在衣食、租屋上，也反映在英文能力上。雖然華人留居美國的時間較日本人為久，但是在美日本人的英語聽說能力，略勝華人一籌。根據一份對美西地區的調查，在美超過十年以上的農業華工，67% 有聽說能

---

❻　Yuji Ichioka, *The Issei*, 185.

❼　*Reports of the Immigration Commission*, Vol. 23: 138.

力；而日人來美不及五年者，已有 59%。其中之故，並非所處環境有別，而是在於許多日本人去到美國之前，曾經居住過以英語為主的地區或國家，如夏威夷或加拿大。因此，他們已經對英文的語言環境有所接觸。再加上一些所謂的「學生勞工」，原本在日本時已經受過高中教育，其中包含英文文法的課程訓練，為移居美國奠下基石，自然易於進步神速。而且根據這些白人報告所察，華、日兩族看待美國語言、文化、風俗之態度有所不同。華人較自我滿足而對外冷漠，日人則較有學習意願，因而可克服語言差異、隔離、種族偏見等困難。❹可惜日本人的這些優點，卻成為白人排日的口實，批評日本農工野心過大，不甘於屈就低薪工作。

日本移民的上層人士極力反抗白人社會將日人和華人相提並論。初進二十世紀新紀元，在 1902 年排華法案十年期限將屆，需要重新檢討法案成效之際，西部各州一些排華人士醞釀將日本人和其他亞洲人種一併歸入排斥入境的對象裡。以當時西部地區歧視黃種人的氛圍，日本人不得不敵視華人，貶斥華人比日人更為低下，避免被白人視為與華人相同，以此保障其地位。有些在美日本人為了防止美國社會制訂限制日人進入美國的規定，同聲附和白種排華人士的論點，以此提升自我身分，強調日本民族的等級和美國白人相互匹配，白人儘管排華，但不可排日。❹

在美日本上層領袖對美國各類種族群體之調查報告非常注意，

---

❹ *Proceedings of the Asiatic Exclusion League, February,* 1908, (San Francisco, Organized Labor Print), 23; *Reports of the Immigration Commission*, Vol. 23: 148-9；Vol. 24: 59, 63, 65, 266.

❹ Roger Daniels, *Politics of Prejudice*, 21-3.

尤其是有關排日部分。有些報告針對亞洲廉價勞工之競爭問題，提到日本人與華人同樣具危險性。由東洋而來的船隻運來許多日本人，進入農莊、果園裡工作，是西部白人勞工的新敵手。日本人獨佔和專精於農業，而華人則是分散於各種行業。日人有華人的惡習，卻無華人的美德。這些報告內容，日人認為是對其族非常露骨的偏見和反感，也認為是華人減、日人增的一大警訊。⑩此外，1901 年，美國有個產業委員會報告將華、日亞洲苦力與東南歐移民對比，雖然白人對後者有些偏見、但至少將歐洲移民的土生下一代歸入白人，卻強力驅逐亞洲人。⑪日本人面對以上所提的種族仇恨暴動以及美國各類調查結果，已經意識到白人對亞洲人的嚴重偏見與警戒心。

　　雖然在美日本人對華人的態度甚為高傲，但由一些華人的行動，不難見出華人受此刺激後，有所轉變。十九和二十世紀之交，時值滿清帝國國勢式微之際，越來越多的美國華人剪去髮辮，並且改著西服。尤其難能可貴的是，此一轉換不僅展現在初臨異地的年輕人身上，還出現在居美數十寒暑而一再拒絕變換為美式襯衫長褲的一群老華人之中。對於後者，舊金山當地的一份華文報紙，特別致以誠摯的敬意。根據該報的論述，

　　　　夫以不通英語之人拖長辮穿華服。遊行於西人街中。西人見
　　　　其異狀而侮辱之。而彼不能以西語與之爭論，則其侮辱也愈

---

⑩　粂井輝子，《外国人をみぐる社会史》，頁 104-5。
⑪　上引書，頁 107。

甚。由此觀之，我華僑有未通西語者，則剪辮更宜早也。且
剪辮改裝者以不通英語見笑於朋輩，則由愧生憤，學習英
文，更為勉力，且藉此以造成有用之才。由此觀之，則先剪
辮而後學英文，猶勝於先學英文而後剪辮也，又何有不通英
語之足慮乎。㊿

此等論述之中，雖然沒有直接提及在美日本人的關連，但適值
排華法案通過變成永久執行，而日人湧入美國達到高峰之際，其中
似乎傳達了一些訊息。亦即日本人之到來，不無帶給美國華人一些
刺激和壓力。日本人至少外觀上和言辭表達上較為西化，促使同為
黃種的華人加速其同化於當地社會的腳步。

四、華人對排日事件之態度和反應

二十世紀之初，因為日本人移入美國的人數持續快速增加，華
人則相對地不斷減少，美國社會排擠黃種人的風潮因而將箭頭轉向
日本人。一連串的排日運動時有所聞，彷彿從前排華運動的翻版。
這類美國白人的行徑，不但打擊日本移民，也觸痛華人的舊傷。華
人和日本人同為亞裔少數民族的團體，他們在白人為主的美國社會
裡經歷著如此相近的命運。就是在這種「白人至上」的種族氛圍
裡，下文選擇美國的排日運動中，在美華文新聞報導甚詳的三個事
件，檢視華人的態度與回應，並析論其中所透露出彼此可能合作的

㊿　《中西日報》，1906 年 6 月 21 日、24 日，頁 2。

意願和難處。

㈠ 1906 年舊金山日本學童就學危機

美國西部自開發以來，人種複雜。有由東部湧入的白人，還有原來居住於此的印第安人和墨西哥人。加州當地法規以種族分界為合法，將非白種學生與白種學生相互隔離，各有其專屬之學校。華人進入美國西岸地區之後，使當地的族群益形多樣。1885 年的加州律法通過各學區可以另外設置學校，安頓「中國和蒙古種」（Chinese and Mongolians）學生。舊金山即在該年創立第一所專收華人子弟的小學。1896 年，美國最高法院在 Plessy v. Ferguson 的訴訟案例中詮釋美國憲法，確認「隔離但平等」（separate but equal）的原則，等於宣告舊金山市教育局之做法並無違憲，可以用種族為原則（而非擁有國籍與否），排斥華人子弟於一般公立小學之外。⑧然而，華人小學所獲得的教育資源與師資水平遠較白人學校為差。當時因為日本學童的數目不多，不受這條法規的約束，可以自由選擇學校；有些華人便冒稱日本人，進入白人為主的小學。⑨ 1905 年初，舊金山一家白人報刊《舊金山紀事報》（*San Francisco Chronicle*）開始在社論中抨擊在地日本人的行止，揭開排日風潮的序幕。當年

---

⑧ 有關華人在美國教育體制中接受教育的情況，參見麥禮謙，《從華僑到華人》（香港：三聯書局有限公司，1992），頁 131-133。亦可參考 Sucheng Chan, *Asian Americans: An Interpretive History* (New York: Twayne Publishers, 1991), 57-8; and Victor Low, *The Unimpressible Race: A Century of Educational Struggle by the Chinese in San Francisco* (San Francisco: East/West, 1982).

⑨ 麥禮謙，《從華僑到華人》，頁 132。

5 月 6 日，舊金山教育局宣稱白人學童不應被放置於有蒙古種學生的校園，以免因為與之交往而影響其年幼心靈。教育局以此托辭，發佈即將強制市內所有日本裔學童遷移到專為亞洲人而設的「遠東小學」（Oriental school）。㊱舊金山地震發生之後，展開許多重建工作，其中一項是有關學校建設與學童的安置。在當地白人工會所組成的「排亞聯盟」（The Asiatic Exclusion League）之強大關說壓力之下，教育當局於 1906 年的 10 月 11 日明令該市所有日裔和韓裔的學童與華裔一併就讀於「遠東小學」。㊲日人批遠東小學校內不潔、設備不全、是為隔離華人而設，日童入讀將有損日本帝國的地位與威望，而抵死不從。㊳

　　舊金山發行的《中西日報》自始至終非常關注這個事件的發展。當華人社群尚未察覺這項命令可能帶給遠東小學的衝擊時，該報即指出其中窒礙難行之處。首先，遠東小學原先設計只是容納四百名左右的學童人數。由於東亞學生四散於舊金山各學校，總數不下兩千人，若集合之，勢必超過容量，到時空間和教學資源能否負

㊱ U. S. Congress, Senate, *Japanese in the City of San Francisco, Cal.* 59th Cong., 2d sess., Doc. 147 (Washington D. C., 1907), 3.

㊲ 有一研究認為日俄戰爭對此一日本學童事件有重大催化促進作用，因日俄戰爭讓一般美國人認為日本是凶悍而具威脅性的國家，帶動美國國內的排日風潮，也讓日後美國聯邦政府為免兩國關係緊張，而出面干涉原本只算是地方性的糾紛事件。見 Roger Daniels, *Asian America: Chinese and Japanese in the United States since 1885* (Seattle: University of Washington Press, 1988), 119.

㊳ 《在米日本人聯合協議會》（在米日本人會出版，明治四十年，1907 年），頁 81；置於 Coll. 2010, Box 263, Japanese American Research Papers (簡稱 JARP), in UCLA Library, Dept. of Special Collections.

荷，實乃一大挑戰。其次，由於亞洲各國之間複雜、甚而對峙的國際關係（例如中日或日韓之間的景況），可能導致將來學校當局面臨校園內不同族裔彼此關係緊張、相互對壘的局面。❺

　　此一命令公佈之後不數日，日本國內的新聞，如《朝日新聞》、《時事新報》、和《國民報》，針對此項諭令，鳴鼓攻之，大肆撻伐；有些甚至建議日本政府在國際事務上，對美國施以報復，以其人之道還治其身。眼見日本本國如此激烈的反應，《中西日報》的編輯不免回想昔日華人子弟被迫就讀於遠東小學之過往舊事，當時似乎不曾聽聞華人團體有任何抗拒之意，編輯特別眉批曰「我國民何寂寂耶」。❺該報以母國國勢強弱的角度來解釋美國政府對華、日兩族的差別處理。根據編輯的說詞「美國議禁我華人，唯恐不力，至於禁日人也，則結舌而不敢言。無他，強弱之分耳。」它舉 1905 年抵制美貨運動時，美國華人所成立之「拒約會」為例，不到一年時間，這個組織所推動抗拒排華法案成永久條例的活動，已經偃旗息鼓，煙消雲散，沒有發揮影響力去改善對華人不公平之規定。這個例子說明華人虎頭蛇尾之態，當然無法震撼美國政府，反而使美國人更加輕視華人。❻

　　該編輯認為美國華人子弟受到不平等待遇，有幾項原因。母國國勢強弱固為其因素之一；但海外官員與華人僑社無法團結一致，未以外交手段向當地政府施壓表達反抗之意，則是另一個重要因

---

❺　《中西日報》，1906 年 10 月 12 日，頁 3。
❺　《中西日報》，1906 年 10 月 22 日，頁 3。
❻　《中西日報》，1906 年 10 月 25 日，頁 3。

素。該報特別以黑體加粗的字樣嘆道：

按金山大埠公家學堂，同是學童，同是驅逐。乃日人一聞此
耗，團體會外交官紛紛謀對待之。我華人學童被彼驅逐已數
年矣，當時未聞華僑聚集而抵抗之，華官交涉而爭論之者，
雖曰強弱之勢分，而民心渙散外交失敗著著落後，對此能無
愧死乎？❻

《中西日報》因而大聲疾呼「觀於日人而我華僑可以起矣」，
期盼華人團體眾志成城，要求舊金山教育局公平處置華人學童，一
如日人學子，不得差別待遇；否則「我華僑其聞之否乎？抑將甘受
之乎？」❻

然而華人團體內部面對這項呼籲似乎無動於衷。10 月 27 日
《中西日報》的頭版社論以「華人無團體」之說，再度非難華人缺
乏同心協力的整體意識。作者觀明追溯 1902 年舊金山一位中醫師
黃華添，獨立自費聘雇美籍律師控訴教育局之非法行徑，不准其土
生女兒捨遠東小學而就讀於白人學校；以一人之力對抗美國官府，
沒有華人僑社或母國政府的奧援，安有不敗之理。這種景況，作者
將之類比為中日甲午之役時，乃是李鴻章一人與日本全國對敵，中
國上下人民漠不關心。如此之戰，中國豈有不敗之理。然則《中西
日報》的訴求為何沒有引發同族人的支援呢？許多華人的回答是他

❻　《中西日報》，1906 年 10 月 26 日，頁 2。
❻　同上。

們沒有子女在美入學，此事與其何干。觀明痛心如此之回答「恐出
於我華人之口者，十居其九也。求其能顧大局，以此事為國體所關
者，則罕其人焉。」以此對照日本僑民也是多為單身來美，但其僑
團卻仍能同心同德、據理力爭的態勢，兩者之別豈可以道里計，因
而不免發出慨嘆「此華人與日人強弱之所由分也。」⑥重要的是，

---

⑥　《中西日報》，1906 年 10 月 27 日，頁 1。
　　事實上，《中西日報》的呼籲，並非毫無發揮作用。數日之後，清政府駐舊
　　金山總領事孫士頤詢問律師顧問有關華人學員在美國和在加州就學的權益問
　　題。孫氏所關心的主要議題是，加州法規隔離華人子弟，尤其是在美國本土
　　出生的子弟，是否違反兩條法律。第一個是美國憲法增修條例第十四條保障
　　美國公民之就學權利。第二個是違反 1868 年中美所簽訂的浦安臣條約
　　（Burlingame Treaty of 1868）之規定，以兩國自由移民，彼此僑民在僑居國
　　均享有最惠國人民之待遇。該條約第七條言，美國籍民，可以享用中國政府
　　權辦之學堂利益，反之亦然。且美國籍民可以有權在中國通商口岸設立學
　　堂，中國籍民亦可以在美國同享此等利權。然而美籍律師顧問的回函指出，
　　美國聯邦政府無權干涉各州之法規。例如黑白分界，乃是各州自治之權限。
　　此外，針對土生華裔美國人的權益受損之事，加州隔離白／亞種學童，各自
　　就讀於其專屬之學校，這只是在地方各州的層級之中，而非全國一體適用，
　　因而與通行全國之美國憲法增修條例第十四條沒有抵觸。見《中西日報》，
　　1906 年 11 月 2 日，頁 3。
　　然而不數日，美籍律師的答覆，馬上引起一個讀者嚴鳳成的反駁。在這封投
　　書中，嚴氏特別質疑，如果聯邦政府無權干涉各州法律之制定，為何當時的
　　總統老羅斯福（Theodore Roosevelt）會派遣勞工部長梅特卡爾夫（Victor H.
　　Metcalf）到舊金山去與教育局官員協調日本學童事件？除此之外，該讀者也
　　聲稱在美國沒有任何公立學校是由聯邦政府所設置，都是由地方市鎮或州政
　　府所成立的。如果舊金山市或加州政府制定法規排除華人就學於一般之公立
　　學校，其他市鎮或是州也可以如法炮製。如此一來，不等於視兩國簽訂之相
　　互友好條約於無物嗎？詳見《中西日報》，1906 年 11 月 6 日、7 日，頁 1。

文末倡議華僑應該掌握時機，趁著日本僑民與駐外使節據理以爭之
時，援其例而行；就如列強在中國的利益，一國首創，則他國遂援
例而均沾。❻雖然論者將在美之中日移民與在中國之列強相提並
論，但一為弱勢之少數族群，一為強悍之帝國主義，兩者情勢上不
免有所偏差。然而單就前項而言，以中日移民之遭遇相似，鼓勵華
人學習日人之模式，卻隱然若現。

　　如此說詞，還可以用《中西日報》對日本的一份敬佩之意加以
佐證。該報對日本人團結以抵禦外侮的精神，非常地欽羨。面對日
本國內眾多之報章雜誌的反抗和批判聲浪，該報預言美日兩國如果
對立之勢無可避免，其結果必將不同於 1905 年中國所爆發的「抵
制美貨」運動。❻這項「抵制美貨」運動，起始時波濤洶湧，聲勢
浩大；但歷經年餘，已然奄奄垂絕，不再激起任何漣漪。而華人所
殷殷冀盼放鬆禁止華工入美之約章，顯然無望，蓋「中國人心盡死
夫亦大可哀矣我旅美華僑其長此牛馬奴隸也悲夫！」反觀日本，雖
然蕞爾島國，人口不若美國之眾，幅員不似美國之廣；然人心凝
聚，萬眾一心，非不能與美國一較高下。❻語意之中，流露羨慕日
人、埋怨中國人，深有恨鐵不成鋼之憾。

　　由於這份對日本欽羨之意，以及同為天涯淪落人的悲情，有些
美國華人對西部地區以工會為首的排日風潮，頗為反感。1906 年
末，來自聖荷西地區的加州下議會議員哈耶思（Everis A. Hayes）企圖

---

❻　《中西日報》，1906 年 10 月 27 日，頁 1。

❻　《中西日報》，1906 年 10 月 27 日，頁 3。

❻　同上註。

說服該州一些農場場主多雇請本地白人，以免雇用日本勞工越多，
就越依賴之而受其左右。《中西日報》痛砭這類政客「想做官，攻
華人又攻日人」，為了選票，拉攏工會會眾。他們二十餘年前就已
經使用這類言論、手法，排擠華工；如今老調重彈，轉而迫害日本
人。❻《中西日報》眼見當前日本人遭受工會與政客之欺凌迫害，
與當年美國華人之情況如出一轍，感同身受之餘，而向日本人釋出
善意。

　　但是《中西日報》的親日傾向、鼓勵華人學習日人的行事方
法，卻引起舊金山中華公所的不悅和疑慮。尤其報社鼓動滿清駐美
領事、使節為華人爭取權益、伸張正義，被中華公所之主事者視為
不當之舉。報社則譏諷反擊其論：「我旅美之中華會館即日人之所
謂團體會也。乃凡事不敢提議。即議矣亦視報界為敗類，諱莫如
深。」❽到底中華公所對與日人合作的立場如何，沒有更具體的相
關資料可以證明，但是它之所以採取與《中西日報》意見相左的
立場，有可能是恐懼與日人關係過近，而使華人受排日運動所波
及。❾

　　日本學童事件經過美國聯邦與地方政府之內政協調與美日兩國
的外交磋商，終於化解可能兵戎相對的危機而和平落幕。老羅斯福
總統預期日本逐漸成長茁壯的國力和民族意識，因而一方面邀請舊

---

❻　《中西日報》，1906 年 10 月 9 日，頁 3；10 月 27 日，頁 3；10 月 29 日，
　　頁 2。

❽　《中西日報》，1907 年 2 月 1 日，頁 2。

❾　筆者的這項猜測，在下一個事件——加州「外人置業禁例」——的探討，有
　　更具體的佐證。

金山教育委員們到華府進行協議，允許日本學童進入一般公立學校；再一方面則與日本政府談判，由日本政府自發性地減少簽發護照，限制日工進入美國。此即著名的 1908 年美日「君子協議」（Gentlemen's Agreement）。**⑦**

這樣的結果，不僅對華人學童是一項打擊，對整體美國華人亦然。以華人而言，舊金山教育局的決定所凸顯出的意義，已經遠超過表面所見到的取消隔離日本學童之措施而已。固然已經在遠東小學就讀的華人子弟並無任何改變，但日本學童所享有的不同待遇徒

---

⑦　Roger Daniels, *The Politics of Prejudice*, 42-4.

在美日本人對此協定，則悲觀地自比為「棄民」，被母國政府所棄絕不顧，而遭限制出境人數。因此，相對於華人的悲歡，在美日本人毫無雀躍之心，認為日本政府為了外交前途，犧牲僑民的權益。見 Yuji Ichioka, *The Issei*, 4. 由國際觀點來看美日兩國簽訂此約，有一說法是老羅斯福總統為免兩國關係惡化，願意退讓美國在中國東三省的利益給日本，換取日本在移民人數上自我約束，以此平息美國國內的排日怒潮，化解危機。見陶文劍，〈日美在中國東北的爭奪（1905-1910）〉，《第三屆近百年中日關係研討會論文集（上）》，中央研究院近史所編（民 85 年 3 月），頁 155-178，尤其是頁 174-6。

此約之後，固然日本勞工不易進入美國，但該約卻沒有禁止已經在美勞工之妻小入境、因而形成一波日本女性移民湧入美國，此即所謂的「寫真新娘」（Picture-brides），直至 1924 年美國移民法案通過之後，才中斷日本女性的入境。有關 1924 年美國移民法案對日本移民的影響，將在下一節中有更深入討論。這些日本女性的到來，對此後日本移民影響至鉅，使其僑社男女性別組成大致平均，並形成第二代土生日裔美國人（二世）。這是在美國的中、日移民人口結構上之一大差別，日本僑民因此出現截然不同於華人長期以單身男性為主，並因而延遲第二代出生之情況。有關兩者移民之年齡與性別之分布比較，見 Roger Daniels, *Coming to America: A History of Immigration and Ethnicity in American Life* (Princeton, N. J.: Harper Perennial, 1990), 251-3.

然讓人領悟美國社會體制中獨獨針對華人而行種族歧視的冷酷事實。⑦一篇《中西日報》報導提及對日本學童開放之例一開，可能有華人也爭相尋求進入白人公立學校。教育局委員卻回以華人在遠東小學應已心滿意足。報紙特別眉批曰：「區別豈我所甘」。⑫顯然華人學童持續留在遠東小學就讀，並非表示他們認同所謂的「隔離但平等」待遇，實在是因為中國國際地位低落，導致華人在種族混雜的美國社會裡，受盡白人的輕忽與歧視。美國華人也是以同樣的心境看待美日「君子協議」。在這個協定中，美國宣稱為了顧及日本國的顏面而給予後者自主權限，用節制方式管控護照之簽發，以此減少企圖進入美國境內的日本勞工。然而，中國和日本同文同種，不也一樣地重視面子？卻無法與日本國一般地受美國尊重，反而必須忍受美國政府明文規定排除華工入境。這種差別待遇，實乃源於中、日兩國國際地位之懸殊。⑬

---

⑦　《中西日報》，1907 年 2 月 20 日，頁 2。

⑫　《中西日報》，1907 年 2 月 19 日、22 日，頁 2。

⑬　《中西日報》，1924 年 4 月 22 日，頁 1。

　　約在 1907 年間，發生一樁日本版的外國學生就學事件。留日的中國和朝鮮學生，遭到日本政府的限制和驅逐，不准其就讀於一般的公立學校。日本政府宣告公立學校之設置，是為其本國國民所需。一旦公立學校湧入為數可觀的外國學生，日本政府被迫採取拒絕接受外國學生入學的措施。東京高等商業學校及大阪高等工業學校已有限制中國學生之舉。日本政府的這些舉動，引起美國華人替在日之同胞學員表達其不平之意。一篇社論以美國的日本學童事件為對比，「豈美之待當一律從優，比之待我，獨可不一律從優乎？」並且詰問日本稱與中國有同文同種之情誼，卻有如此之不當行徑。見《中西日報》，1907 年 2 月 22 日，頁 1。

㈡ 加州「外人置業禁例」

由於日本人在加州農業所扮演的角色日益重要，隨著白人社會的排日風潮持續高漲，美國加州州政府於 1913 年通過「外人置業禁例」。這項禁例的擬議與推行曾經造成華、日兩族可能合作的假象。該法規主要是禁止「沒有資格擁有公民權之外國人」（Alien ineligible to citizenship）❼購買農地──尤其特別針對在美國務農的日本人（但華人也是這類人士之一）；並且限制這類人租賃農地時，最長只有三年期限。此法案也禁止這類人士將名下所擁有的土地交由親人繼承或轉賣給同族人。

這則法規通過之前，滿清外務部即已關心草案研擬過程的各項發展，同時也注意日本駐舊金山總領事向加州州議員抗議的舉動。宣統二年（1910）年，出使美、墨、祕魯和古巴之欽差大臣張蔭桓即在公函中述及此事，並稱許日本領事「外交手腕至為敏捷」，因此建議政府也應該致函加州議員，請求保障在美華僑的權益；然而文中卻不曾提及可以和日本僑界一起合作，聯合向加州州議員陳情

---

❼　所謂「沒有資格擁有公民權之外國人」，起源於美國獨立之後，在 1790 年代憲法規定，只有自由的白人及其後裔，居住美國一段時間之後，可以歸化成美國公民並擁有美國公民權。內戰之後，針對黑奴解放後的權利，於 1870 年將憲法修訂，加入非洲後裔以及非洲移民也可以擁有美國公民權。當時雖然在西岸地區已經有黃種的華人，但是人數不多，因而沒有特別處理黃種人類別的問題。1882 年排華法案擬議之時，將一個新的類別：「沒有資格擁有公民權之外國人」放入移民法律之中。

並施壓。⑮待 1913 年 4 月初，此禁例草案出爐之後，《世界日
報》與《中西日報》都相繼報導這則消息，並且督促加州華人關心
它對自身經濟利權可能造成的影響。⑯

這則警訊果然發揮一些作用。舊金山中華公所（CCBA）特別致
函加州議會，以中美貿易通商為訴求，並論及中國新近廢棄滿清皇
權，建立和美國相同之共和體制，以經貿和政治兩方面，籲請議會
諸公取消這項法案。在此同時，駐美中國公使也盱衡情勢，請示北
京政府。其中曾經提及，加州地區日本人不論是人數或地產總價，
皆超過華人。此禁例如果議成，日本人必定會根據日美兩國協約而
力爭其權益，若因此而有良好結果，將會使得日本僑民之實業，較
華人安穩保障。⑰雖然這項法案對華人的衝擊不如對日本人之大；
但他建議中國政府也應該一如日本，授權駐外人員挺身而出，保護
海外僑民之產業，否則華人雖非排擠之主要對象，卻可能因為沈
默、輕忽而遭受更大的損害。重要的是，報導中不曾提及駐美公使
有任何和日本僑民或日本政府攜手合作、共同訴請議會之意願，似
乎顯示駐外人員和華人團體對此類想法有所保留、甚至有所猜忌和
排拒。

日後的發展，證實這個看法並非空穴來風。「外人置業禁例」
在條文中，避免直接指涉所謂的「外人」即是在美國日本人；取而

---

⑮　外交檔，02-23 外務部，4-(6)：〈加省限制外人購擬田地案〉，1910 年 12 月
　　23 日。

⑯　《世界日報》，1913 年 4 月 3 日，頁 4；《中西日報》，1913 年 4 月 12
　　日，頁3。

⑰　《世界日報》，1913 年 4 月 26 日，頁 4。

代之地使用「沒有資格擁有公民權之外國人」。但因為加州日本人，或是購地自營、或是租地墾荒，參與農業開發甚深，禁例內的法規設限明顯地針對日本人及其農業活動而量身設計。根據《世界日報》與《中西日報》的新聞報導，「在美日本人會」曾經向南加州洛杉磯華人組織「伸公理會」（Chinese League of Justice of America）提議聯袂向州議會抗議。「伸公理會」由受過美國教育的土生華人，聯合一些比較開明而無種族歧見的白人一起組成；目的一如其名，為華人在美國社會伸張公理正義。❼❽雖然「伸公理會」以該會成員皆是美國土生人士、而非外國人為理由，不適宜參與反對該禁例之訴求，但是他們應該了解禁例的主要對象，自然試圖和日本人以楚河漢界、劃清分際，而對日方的提議加以婉拒。❼❾「伸公理會」曾經投書給當時美國國務卿（William J. Bryan）以及加州州議會，分析排華法案之後，華人和日本移民的不同發展。華人受制於排華法案，人數不斷地遞減，所擁有的農業地產也日漸稀疏零落；反觀日本人，則是迥然不同，一片生氣盎然的景象。正因如此，「伸公理會」明言華人、日人兩方人數懸殊，族群性質也相異。有關之禁例嚴格施諸於日人時，華人沒有異議，但請勿提及華人字樣，以劃清界線。❽⓪衡諸西部地區華、日之間的經濟和社交關係，確實因華人減少而由日人取而代之。顯然華人對日人的不滿、對日本國的不信任，以及因中日兩國關係惡劣而對日人心生芥蒂，仍是深植於華人

---

❼❽ 參禮謙，《從華僑到華人》，頁 165。

❼❾ 《中西日報》，1913 年 4 月 26 日，頁 3；《世界日報》，1913 年 4 月 28 日，頁 4。

❽⓪ 《世界日報》，1913 年 4 月 29 日，頁 3。

心中，才有如此的反應。

　　然而，即便「外人置業禁例」是針對日本移民而來，但並非對華人就毫無衝擊。《中西日報》有一專篇探究此禁例給華人的啟示：

> 夫以此等重大之問題，日人對之則如此激昂，我國人對之則如此沈默。就現在嘉省之實業，我國人或略少於日人，而嘉省農民所注視，亦多在日人而不在我國。不知同是黃種，已為彼等所厭惡，兔死狐悲，物傷其類。應如何聲氣應求，互為犄角。❽❶

　　此中癥結所在，乃是美國社會根深蒂固的種族偏見，才有過去針對華人的排華法案及現今指向日人的「外人置業禁例」。固然物傷其類，華人應當同情日人的不平遭遇；但更重要的是彼此應該打破藩籬，聲氣相通，結為一體，才能扭轉少數民族遭受歧視迫害的境況。數日之後，有消息傳出，雖然華人人數與農產業不如在美日本人，但華人預備聯合日本人，配合其腳步，向美國聯邦政府控訴加州「外人置業禁例」違反中美兩國條約，侵犯華人權益。畢竟並非所有的加州華人都擁有公民權，他們唯恐將來遺產不能傳給親人管理。❽❷可惜這個消息，就如曇花一現，不見後續更為具體的華、日兩族合作方案。反倒是中華公所獨自向一些加州州議員陳述反對

----

❽❶　《中西日報》，1913 年 5 月 2 日，頁 1。

❽❷　《世界日報》，1913 年 5 月 8 日，頁 3。

之意，籲請他們阻止禁例通過。⑧

　　華人對於與日本人合作之事，如此裹足不前之因，大約有二。首先，有些議題更為攸關當時華人在美國生活的權益。最為華人所詬病的就是排華法案嚴苛擾人之規章、華人入境美國海關所受種種不人道之苛待、以及移民官員貪污腐化等情形。這些眼前的問題對華人的緊要性與急迫性，遠遠超過「外人置業禁例」所可能引發的問題。華人只企求改善排華律法，移民官員能善待華人，「俾入美華人，得與日人共處同等之地位」。⑧移民局在舊金山入境關口天使島（Angel Island）的嚴苛檢查，頗令華人不滿。曾有華人聲稱他由天使島入境時，共有四百位男性華人和六十位女性華人被拘留審問，卻只有一位女性日人、而沒有任何男性日人被滯留島上盤查。因為華人被滯留在天使島的時間比任何他族還久，此島幾成華人拘留所。⑧其次，則是有關自本人的種族歸屬問題。華人看不順眼日人的原因之一，是日本人拒絕隸屬蒙古種。早在 1893 年，舊金山教育局以加州法規命令日本學童加入專為中國或蒙古種之後裔（Chinese and Mongolian descent）而設之公立學校。但是當時人數不多的日本學童，自稱不是中國人，也非蒙古種，而是馬來種

---

⑧　《世界日報》，1913 年 5 月 12 日，頁 3；亦見《中西日報》，1913 年 5 月12 日，頁 2。

⑧　《世界日報》，1913 年 4 月 28 日，頁 4；6 月 16 日，頁 3。
　　有關移民律法的苛待濫用，除了入境海關時的盤問與傳染病檢驗等習難，另為華人所困擾的是移民局官員大規模無預警的查驗移民證件（華人稱為搜冊）活動，尤其是在一些華人眾多的大城市，如紐約、波士頓、費城等都會區。參見麥禮謙，《從華僑到華人》，頁 75-6，77。

⑧　見 SRR, Box 27-150-5, The History and Problem of Angel Island.

（Malayan）。以此理由拒絕教育局的命令，反而被接納進入一般白人公立學校。❽這種論調，聽在美國華人的耳裡，頗不是滋味。許多華人認為日本在明治維新之後，非常驕傲自滿，不再與中國互稱兄弟之邦。十九世紀與二十世紀之交，排華法案的十年期限將於1902 年屆滿；一些美國西部地區的政客企圖遊說大眾支持展延這項法案時，工會領袖也隨之起舞，叫囂著將排除華人擴大為排除華人和日本人。他們訴求將「所有的亞洲人種」（all Asiatic races），「蒙古種和馬來種移民」（Mongolian and Malayan immigrants），或是「所有的蒙古種勞工」（all Monglian labor），都涵括在法案適用的範圍內。❽排亞聯盟即以種族之不同，延伸解釋為同化之不可行，並將之認定是自然天成：

... the difference between the Caucasian and the Mongolian or the Malayan races amounts to a difference of species, and that nature herself puts a ban upon the assimilation of different species throughout the whole animal kingdom of the world.❽

工會甚至還認為日本人偽善謙恭，只算是更墮落的華人而已（The Japanese, with all his politeness and pretenses, is only a corrupted Chinaman. He

---

❽ Roger Daniels, *Asian America*, 111-2.

❽ 上引書，112-3。

❽ *Proceedings of the Asiatic Exclusion League, April*, 1908, (San Francisco, Organized Labor Print), 22.

is a Malay-Mongolized mongrel）。⑧這些口號與說詞證明從白人眼中看來，不論種族如何，華人和日本人並無區別。以當時西海岸地區反對日本人風潮之激昂熾熱，顯見日本人自稱為馬來種、是與華人和蒙古種不同之說法，其實無法有效地改變白人種族歧見和抑制排日運動。1913 年「外人置業禁例」將行之際，日本人又提出日本實屬馬來種和亞利安種（Aryan）之混合。如此一來，按照人種分類，日本人可歸為白種，亦即有權自稱「自由之白人」，具備資格入籍美國，而無所懼於「外人置業禁例」。⑨《世界日報》編輯以「日人爭入美籍之種界問題」為眉批，報導日本人試圖脫困之道，並於報導之後評論：

> 中國自成吉思汗兵力震歐洲，故泰西人至今稱亞人為蒙古種
> 人。蒙古種者，實即黃種之代名詞，非蒙古一地方之謂也。
> 日本人根據於地理歷史上，原與吾同洲同種同文，然日人自
> 維新以後，夜郎自大，謂日本人另一種派，不與中國人同
> 種，今因爭入美籍之利，故寧附於馬來亞利安島民之列，但
> 日人面目，終是黃色，恐美人祇分黃白種界，而不分其蒙古
> 與非蒙古耳。

日本人一再以種界之說，自外於亞洲民族。華人譏其終究是黃

---

⑧　*Proceedings of the Asiatic Exclusion League, October*, 1908, 11.

⑨　《中西日報》，1907 年 2 月 1 日，頁 2；《世界日報》，1913 年 4 月 16
　　日、17 日，頁 3。

色面孔，不為美國人所接受，更造成彼此的隔閡。在此之下，華、日兩族要以同文同種為根基，在面臨相似的白人歧視迫害之後，發展出聯盟的可行性也隨之斷絕。

因為 1913 年「外人置業禁例」無法有效地阻止日人繼續掌控加州農業，而在 1920 年出現第二個「外人置業禁例」。1913 年之後，在美日本人雇用律師，利用第一個禁例中的漏洞，避開原先針對日本人而設計的法規。例如，第一代的日本人（一世）雖然沒有資格擁有美國籍，但是他們的子女（二世），多數是在美國出生，自然擁有美國籍。因此，第一代日本人將土地產權轉到他們未成年的子女名下，再以監護人名義，行管理地產之實。或者籌組地產公司，再由對日本人友善的白種人掛名公司主管，即可迴避法規的限制。⑨此外，日人也認為其他州不會如加州之如此排日，有日文資料預言西雅圖地區不會排日，因其欲圖與東亞來往貿易，因此不可能再重演 1886 年排華暴動。⑨可惜好景不常，華盛頓州、奧瑞岡州和其他西部州（如新墨西哥州、愛達荷州、蒙大拿州）都先後於 1921 年至 1923 年通過類似「外人置業禁例」的州法。有些白人不認為這些禁例可以真正改善日人問題，他們以鄉村地區較不計較與日人為鄰，反而擔心若華、日亞洲人都由農村移入城市，與白人勞工競爭工作機會、以及亞洲人入住造成地產價值下滑等問題，都將使黃白之間的種族關係會更為惡化。更何況日本人常有規避律法之方，

---

⑨ 　有關在美日本人如何規避 1913 年「外人置業禁例」，詳見 Roger Daniels, *The Politics of Prejudice*, 63, 88.

⑨ 　《北米年鑑》(*The North American Times Yearbook*), p. 49-50.有關此一排華暴動事件，參見劉伯驥，《美國華僑史》第一冊，頁 815-8。

不可能對日人產生太大影響。❾❸

　　西部華人對第二個「外人置業禁例」之回應，大致受到美國種族歧視機制和國際外交發展之影響。《中西日報》比較美國的排華和排日運動始末之後，大為貶抑在美日本人所承受之苦難，宣稱自十九世紀中葉以來，華人遭受白人之凌辱戕害和所損失之性命與財產之多，現今日本人之境遇只算是皮毛之痛。另一篇社論以 1906 年舊金山日本學童事件為例，評斷在美日本人以及日本國小題大作，將教育措施聯想成種族歧視問題。最為乖謬之論，則是華人將美國社會歧視亞人和黑人之行徑合理化，並且支持本土孤立主義反對移民入美之說，認為歧視行為和反對移民二者都是美國人口快速成長之下自然而生的現象。❾❹自從民國建立以來，日本亟欲利用中國動盪的政局從中漁利，擴張它在山東、東北、內蒙等地區的勢力。受到這些母國情勢變革的刺激，美國華人受到中國民族主義的催化，轉而接受白人的種族偏見，這不僅扭曲了他們看待在美日人的觀點，也蒙蔽華人認清自身也是這個制度的受害者。

　　自從 1913 年「外人置業禁例」之後，加州聖華金河流域河下地區的日本農民採用穀物合約（cropping contract），仍舊享有如同租地方式的經濟利益，而不受後者之三年限期。穀物合約讓日人成為地主的勞工，但其薪資是依照收成價值而與地主協商比例多少，而

---

❾❸　其規避方法不少，例如白人園主假裝每月付支票為薪資給其日本雇工，後者將之兌現成現金再還給園主，表面上彼此為主雇的勞資關係，實則是租佃關係，由地主與日人協定收成後的分成數。見 SRR, Box 30-294-10, 30-294-12, General Summary of the Oriental Situation in Californian Agriculture.

❾❹　《中西日報》，1920 年 12 月 6 日、7 日、9 日，頁 1。

非固定薪資。白人地主在此穀物合約中也獲利不少，而願意與日人合作。這種合作關係還延續到 1920 年第二個「外人置業禁例」之後，仍可避開新法之限。但 1921 年夏天，加州州檢察官維伯（Webb）宣布這種穀物合約違反「外人置業禁例」的精神，是不合法的。日人就以司法途徑爭取法院判決來討取公道。尤其不少日人的穀物合約將於 1921 年冬季到期，若不儘快改變舊有法規，日人將無法與白人續約。

當地土生華人趁機遊說白人地主，最好不要再與日本人續約，轉而與有公民權的華人簽約。他們向白人地主散發反日的宣傳小冊，附上州檢察官維伯的聲明，以此警告地主若繼續與日人合作可能會受到罰款、監禁、甚至沒收土地的懲罰，而土生華人具有美國籍，可合法租地。根據日人研究，這招影響甚大，確有許多地主開始猶豫是否要與日人續約，但經當地「日本人會」四處奔走，不斷解釋穀物合約只算是一種聘僱契約、非關土地租借，讓白人地主安心而終於首肯續約。不過日人的這些努力很快地都付諸流水，因為聯邦最高法院於 1923 年判決加州、華盛頓州的「外人置業禁例」沒有違法，也將穀物合約判定為抵觸「外人置業禁例」。在美第一代的日本人視此司法判決如同死刑，認為此生翻身無望，只能寄望在美出生、具美國籍的下一代。⑮

當加州法院將穀物合約判為違法，以此堵住第二個「外人置

---

⑮ Eiichiro Azuma, *Walnut Grove: Japanese Farm Community in the Sacramento River Delta, 1892-1942* (M.A. thesis, UCLA, 1992), 117-21; Yuji Ichioka, *The Issei*, 232-43.

業禁例」的漏洞，舊金山西文報紙大為激賞，並批在美日人扮演日本軍國主義的前哨，利用美國資源而欲登上世界大國地位；對比之下，盛讚華人善良、單純、不具侵略性。日文報紙駁斥自己並非母國前哨，也訝異西文報紙對日人的誤解如此之深，更恐其誤導美國民眾。日文報又認為加州人民曾極端排斥華人，如今卻稱之為「善良鄰人」，聽來令人彷若隔世。白人社會對日本人祭出各種禁例，其背後理由並非單純只是法理因素，而是包含政治因素；換言之，是日本政府的因素造成在美日人的困境。**96**

(三) 1924 年移民法案（The Immigration Act of 1924）之頒布

第一次世界大戰結束之後，美國國內充滿一股孤立於國際之外的氛圍。在此之下，國會於 1924 年通過新的移民法案，縮減外國移民入美人數（尤其是由歐洲移入美國）的法案。這個法案，以 1890 年美國人口普查數字為基準，將當年各國移入美國人數的百分之二，定為許給該國移民的配額。此法案將移民配額定在 1890 年人口普查之年限，一方面是因為眾多的東歐、南歐、中歐地區的歐洲移民（如義大利裔、希臘裔、波蘭裔、和俄國猶太人等）多在 1890 年以後才進入美國；再一方面，日本移民進入美國也是出現在 1890 年之後。因此這個法案算是一石兩鳥，既禁止多為天主教信徒的東南歐、中歐移民，也杜絕來自日本的移民。**97**日本移民解讀這項移民

---

96 山中伸二，《奮鬥的第一線：集桑港日本新聞社社論》（東京，大正 14 年，1925），612-6。

97 這個法案雖然禁絕亞洲人入境美國，但華人之入境，早已受到排華法案的限制，而其他亞裔人種（如朝鮮裔），在二十世紀初期，並不多見；因此此案

法案的施行，認定明顯地是白人至上的種族主義作祟，特別挑明將
日本人排擠在外。尤其重要的是，長久以來，日本人一直看扁同樣
來自亞洲的中國人，並且極力和華人劃清界線；如今他們也面臨如
華人般地被美國社會排除的殘酷事實。⑱

　　華文報紙對此移民法案的看法，頗為複雜。有些報紙幸災樂
禍，因為日本人一向自恃高貴於華人，如今在美日本人落得如此下
場，這類華報自然不會給予同情。例如《中西日報》轉載日本東京
之新聞，呼籲遠東民族面對美國排亞風潮應團結一致時，即嘲諷日
本人如今「當悔自外同種」；但文後仍不免懷疑「特不知口談同
種，口談親善之三島民族，亦覺悟否耳。」該報尤其責難日本以歧
視不公平之政策對待入境日本的華工，與美國對待華工的方式如出
一轍。此外，它也抨擊 1923 年關東地震災後，日本政府縱容暴民

對日本人的衝擊最大。但有些激進排日人士，如參議員斐倫，則認為此法不
可能實行，因為日本自認一流國家，不會滿足於配額方式，而會要求與歐洲
人種族平等，享有相同權益優惠，甚至包括公民權等。見 California Joint
Immigration Committee, *V. S. McClatchy, Quota for Japan: Conflicting Views of
Hawaii and California* (San Francisco, 1931), 4-5.

但不容忽視的是，此法影響美國土生華人的外國籍配偶與在國外出生的子
女，將無法入境美國。有關當時華文報紙對此的報導，見《世界日報》，
1924 年 5 月 17 日、21 日、22 日、23 日、26 日、29 日，頁 3。此後法案經
過土生華人的力爭，才有所改善。詳見麥禮謙，《從華僑到華人》，頁
167；Sucheng Chan, ed., *Entry Denied: Exclusion and the Chinese Community in
America, 1882-1943* (Philadelphia: Temple University Press, 1991), 123-7.日人同
受影響，因此也密切注意華人利用司法途徑爭取公道的過程、進展、結局。
參見山中仲二，《奮鬥的第一線：集桑港日本新聞社社論》，632-51。

⑱　Yuji Ichioka, *The Issei*, 247, 249.

排外，屠殺日本華僑四百餘人；之後對於死難者之處理失當且賠償不公。更不用說自十九世紀末葉以來，那些忍受日本軍國主義凌辱的滿、蒙、臺、澎之民眾。⑨中日兩國之間的新仇舊恨，全部進入美國華人清算日本政府的名目之內，也可以見出華人的中國民族主義將對日本政府的不滿延伸至在美日本人身上，使得指責對象失去焦點，反而模糊了這個法案的始作俑者乃是美國白人的種族偏見。

事實上，美國社會的種族偏見仍然影響有些華人繼續對日本國及其僑民採敵視態度。白人的排日怒潮如此洶湧，華人也不免對日本人避之唯恐不及。有位華商在華埠之外自有住宅，鄰居有義大利人、猶太人、日本人。他表示不會讓自己的孩童與日童玩耍，以之為低下階級，言下之意是看不起日本鄰人。⑩

但有些美國華人則同情在美日人，表達對其境況感同身受之心情。⑩他們以國力盛衰為主軸，分析美國為何對日本人採取此一限制措施。有一篇報導，以日本此時正處內憂外患之際，才遭致美國以強凌弱之勢排擠日人。因為 1921 年的華盛頓會議，歐美對日本軍艦噸數加以壓制，使日本在國際政治中的氣燄銳減。同時，英日同盟的關係也終結；取而代之的是對日本較為不利的英、法、美、日四國條約。除了外患之餘，1923 年 9 月 1 日，日本關東地區發生大地震，東京、橫濱地區受創甚重，數年之間可能不易恢復其國

---

⑨　《中西日報》，1924 年 4 月 22 日、23 日，頁 2；5 月 12 日、16 日、27 日，頁 1。

⑩　SRR, Box 27-187-5, Interview with Chin Cheung (Proprietor of Yee Chong Co.) by C. H. Burnett, on August 21, 1924.

⑩　《世界日報》，1924 年 4 月 14 日，頁 1。

力。華文報紙由此推論美國才敢趁機恣意壓縮在美日本人之權益、
祭出阻絕日本移民入境的做法。華人以日本母國內外受迫之觀點來
解釋 1924 年移民法案的施行，顯示其將自身的經驗投映在日本移
民的身上：正因為中國自十九世紀以來，積弱不振，才導致華人在
美國社會受人排擠、欺凌，「將昔日之所以加於華人者轉以加於日
人，將所未嘗加於歐人者獨以加於亞人。」⑩由此而論，難怪這類
華人對在美日本人之乖舛運途，似乎有份同是天涯淪落人之感傷。

　　就是這份感傷之心，讓華人認清美國社會排斥黃種的種族偏見
之深沈。《世界日報》一篇題為「美國之移民政策與東方人」之社
論指出，就如國際貿易問題一般，移民問題也應該以供需原則為基
石，而不應受到種族偏見的左右。其言「假使用定額，限東西方諸
國民族一致者，政策公平。今也不然。必非僅妒東方勞工之低價競
爭，更有種拘（race-prejudice）之大原因在也。」此外，該社論再以
推動國際貿易為例，一國政府絕無禁止外商入境而讓本國商人獨享
出洋從商之理，以此譬喻批判美國移民政策。基於合則互惠、分則
兩傷之原則，該文作者在文末警告這種歧視意味濃厚的移民法案，
將會帶來「嚴重之後果」，一如當時日本駐美大使植原正直送交美
國國會之抗議 1924 年移民法案信件中的字句（原文是 "grave
consequences"）。⑩

---

⑩　《中西日報》，1924 年 4 月 22 日，頁 1。

⑩　出雲館主人，《世界日報》，1924 年 4 月 19 日、21 日、29 日，頁 1。
　　所謂「嚴重之後果」，作者主要意旨抵制美國貨物之經貿活動。至於日本駐
　　美大使這份帶有威脅意味的抗議信，曾在美國國會引起極大反彈聲浪，甚至
　　被認為是對美國「隱含的威脅」（veiled threat），因此對國會通過該項移民

　　《少年中國晨報》也是把砲口朝向美國白人社會，指其一面高揭「門羅主義」大旗，但又一面侵略美洲以外的領土，其侵略本性使之除以經濟手法控制他國之外，也限制外來移民，因此排日之舉，乃是理所當然之事，不足為奇。但該報特別區隔美國排華與排日在心態上是有所不同：「排日者，忌日本也；排華者，鄙視華人也。」該報原以為日本挾其日俄之戰的戰勝餘威，可以為黃種人稍微扳回顏面，卻終究與華人遭遇同一命運，因而慨嘆「嗚呼，兔死狐悲，物傷其類。日人不自哀，亦將為黃種人哀。日人無識不足道，吾中國人奈之何不早自奮勵也乎！」⑩

　　《中西日報》分析排擠日人的「1924 年移民法案」，最後的結論如下：

　　　是美國此次移民新例之成，表面雖為藉此取締日人，實際又為永遠取締華人。日人竊取歐美狹小國家主義，自身曾立限制華人之法，重遭美人口實而無以自白，深傷同種感情而惚不知悔。吾人固不暇為之哀，亦勿庸為之辯矣。惟此項移民

法案，有推波助瀾之反效應。見 Roger Daniels, *Politics of Prejudice*, 101.之後，曾有一說，將第二次世界大戰日本偷襲珍珠港事件，附會其緣起即是 1924 年植原大使所言的「嚴重之後果」。見 Donald R. McCoy, *Calvin Coolidge-The Quiet President* (New York: The MacMillan Company, 1967), 231；以種族對立因素解釋日本偷襲珍珠港事件的說辭，亦見於 Phil Hammond, ed., *Cultural Difference, Media Memories: Anglo-American Images of Japan* (London: Cassell, 1997), 42.

⑩ 〈人種戰爭將從此起〉，《少年中國晨報》，1924 年 4 月 21 日、22 日、24 日，頁 1-2。

新案既並所有亞人包括於中，華人亦為亞人之一，又足妨礙
中美改約機會，永使華人不得入境，則實有不能不訴諸公
理，剖陳利害，以作不平之鳴者在焉。國人幸勿僅視此案為
日美兩國之移民問題可也。❶

《少年中國晨報》亦呼籲華人：「不應因美國之排斥日本而復
抱樂觀，以為足以洩二十一條之憤也」，並結論「吾人儘可不同情
於日本之被排，亦斷不當不可憐自己之被排，且以日本之被排為快
意，至反為美國人所竊笑也。」❶兩報社論其實都透露出華人對日
人境遇而生的感傷，並不等於憐憫日本國或日本僑民，當然也不會
出現些許可以開啟華、日兩族同舟共濟之契機。

1924 年四月下旬，針對美國最新之移民法案對亞洲人的歧
視，《世界日報》報導數則由日本東京傳出中日兩國可能拋棄前
嫌、攜手合作的新聞。例如東京《朝日新聞》提及一位中國前司法
部長宣稱美國這種歧視亞洲人的法案，將會促使亞洲國家重新思考
彼此之間的關係。中日兩國之間將可能發展出更為緊密和諧之交
誼。另外一則新聞進一步述及太平洋地區之國家將依種族膚色之
別，相互聯合黃種人以抗美國的白種人。最可能打動美國華人的新
聞則是一份有關家鄉廣州的報導，指稱廣州地區近來出現抵制美貨
和英貨的運動，「且為日本之後援」。這種行徑，令美國華人想起
1905 年因排華法案成為永久性，引爆中國「抵制美貨」運動的浪

---

❶　《中西日報》，1924 年 4 月 23 日，頁 2。
❶　《少年中國晨報》，1924 年 5 月 31 日，頁 1-2。

勢。時空遞嬗，兩者之間的相近景況，似乎露出中日兩國同心協力之曙光；也就是這樣的氛圍，使得英國和其他歐洲國家對於所謂的「黃禍」（Yellow peril）可能再起，頗有戒心。[107]

　　然而，若謂中日聯合而使「黃禍」將屆，則又言之過早。事實上，倡議亞洲各國相互結盟之構想仍面臨諸多考驗。衡諸當日東亞各國政經發展，彼此之間的矛盾、仇視與抗衡，仍是不可勝數。舉其大端者，如朝鮮人抵制日本的殖民統治即是其一。朝鮮自 1905年受日本保護，五年之後，終於淪為日本的殖民地，其國民一直抗拒成為日本的螟蛉屬民。意圖出洋海外的朝鮮人民受制於殖民身份之限，必須宣示效忠日本政府，才准獲得赴外之護照簽發。[108]此外，日本排擠華工入境，也造成中日關係緊張。東京地區的華人團體，抗議日本政府禁止華工進入。日本華人舉美國移民法案限禁亞洲人之例，引發黃種之間的同仇敵愾，憤而指責日本竟然也效法美國，阻絕華人入境，並言「似此歧視，斷不能有彼此凝結之提攜」。[109]在美華人深受美國排華禁令之苦，對於日本禁絕中國勞工入境之舉，甚表不滿；有關與日本合作之議，特別注意，也顯示他

[107]　《世界日報》，1924 年 4 月 22 日、25 日、28 日、30 日，頁 2。至於「黃禍」論述與其意涵如何轉化為民族主義所用，打造中國新集體認同和集體記憶，則見楊瑞松，〈爾有黃禍之先兆，爾有種族之勢力：「黃禍」與近代中國國族共同體想像〉，《政大歷史學報》（2006 年 11 月），頁 65-108。

[108]　《世界日報》，1924 年 4 月 26 日，頁 3；自朝鮮變成日本之殖民地之後，朝鮮人民入境美國時，均援用美日之間的「君子協議」，向日本官員領取入美護照。亦見《中西日報》，1924 年 5 月 20 日，頁 2。

[109]　《中西日報》，1924 年 5 月 6 日，頁 2；亦見《世界日報》，1924 年 4 月 17日，5 月 3 日、5 日，頁 2。

們對聯合日本之倡議，仍是裹足不前。這種情況，在美國國會宣佈
退還中國更多庚子賠款以示友善之後，愈加顯著。美國此舉，使得
中國對於與日合作之意願，有所保留；美國華僑也隨即附和。因此
當日本東京傳來之消息報導，片面指稱中國各城鎮不再隆重悼念由
二十一條款而來之「五九國恥」、對日本不再加以苛責時，《中西
日報》非常疑懼，特別眉批「五九紀念豈變論調耶」；《世界日
報》則以「華人果助日抗美耶」之新聞要目，表達恐懼與日本合作
的觀點。⑩

　　令人啼笑皆非的是，即使 1924 年移民法案對日本移民大加限
制，華人卻對日人仍有一股妒羨之情。此中之故，在於有些白人，
出面為日本人作說客，以國際政治和經貿關係為由，大力阻止該案
之通過。⑪以此對照從前排華法案擬議之時，並無美國白人聲援華

---

⑩　《中西日報》，1924 年 5 月 20 日，頁 2；《世界日報》，1924 年 5 月 19
　　日，頁 3。
　　有關美國歸還庚子賠款事宜及其用途，參見《世界日報》，1924 年 5 月 19
　　日、21 日，頁 2；6 月 16 日，頁 2；羅香林，《梁誠的出使美國》（香港：
　　香港大學亞洲研究中心，民 66 年），頁 93-9。該退款主要用於學術研究和教
　　育推廣，如設立北平圖書館、翻譯國外著作、於大學設立科學教席，對科學
　　教育有重大貢獻。
　　中國也關注此一移民法案，但重點是其延伸的後遺症，即恐怕日本移外的地
　　區會從美國轉向中國東北。見程光銘，〈美國新移民法與中國之關係〉，李
　　定一等編纂，《中國近代史論叢》，第二輯，第四冊（台北：正中書局，民
　　50 年 11 月），頁 137-48。
⑪　這類人士的說詞，見 Japanese Immigration and Colonization, A Counter Brief,
　　1922 (To that of Mr. V. S. McClatchy, Senate Doc. No. 55, 67th Cong. 1st, in behalf
　　of the California Committee of Justice and Other Citizens), 67th Cong, 2nd Sess.,

人，華人因而感嘆「世界之崇尚強權勝於正義，昭然若揭矣」。⑫
另有華人言及，此法雖是針對日人，但美國卻不會如「排華法案」
之明言「排日法案」，就是因為日本是個強國，恐引發後續紛擾，
甚而還又把華人包括入內，但華人其實早已因「排華法案」而被禁
了。⑬事實上，獨有華人被冠上「排華」（Chinese exclusion）之名，
其他族群都不曾有過，而之前限制日人之法規，稱作「君子協議」
（The Gentlemen's Agreement），似乎頗令華人吃味。⑭

Doc. # 188, 4-7. 該資料主要對抗參議員 McClatachy 及其支助的沙加緬度蜂報
（*Sacramento Bee*）之排日態勢，並以 1920 年加州投票結果，反日和擁日各
半為例證，呈請為了加州經濟利益及國際友誼為考量，不要排日。

⑫　《世界日報》，1924 年 4 月 29 日，頁 1。

⑬　見 SRR, Box 27-278-13, Life History and Social Document of Andrew Kan
(Seattle, Washington), interviewed on August 22, 1924, by C. H. Burnett. 至於因
為將華人包括進去，是否造成中美貿易問題，甚至再度引發中國抵制美貨，
美國白人與華人的看法各異。美國人較為悲觀，認為此法可能使中國發動抵
制美貨，因為觀之前此經驗，日本貨物雖算低廉，但數年前中國仍發動抵制
日貨之行動。西雅圖的中國領事助理則言不至於此，但他認為此法傷害日人
之餘，卻也非預期地傷害到華人。但如同「排華法案」，勞工部與法院的解
釋和作法不同，行政與司法不同調，日後若法院對於此案的解釋不夠寬
鬆，美國大眾也會使之修改。見 SRR, Box 27-194-10, Kew Kay, the Assistant
Chinese Consul of Seattle, interviewed on August 29, 1924, by C. H. Burnett; SRR,
Box 28-218-8, Interview with Mr. Henry A. Monroe (Attorney) on August 22,
1924. 有關美國排華律令造成行政與司法不同調，造成華人多次上訴法院成
功案例，參見王秀惠，《種族歧視與性別：二戰前美國大陸男性華人之經
歷》（台北：允晨文化實業股份有限公司，2006），頁 131-42。

⑭　SRR, Box 27-183-8, Mr. Woo Gen (Chinese Import and Export Company, Wah
Chong Co., Seattle), interviewed on July 29, 1924, by C. H. Burnett.

結 論

　　華人和日人之間的相互連動，重大影響因素之一即是美國社會的種族歧視機制。白人以不同的態度對待華人和日本人，這種差別待遇攸關華人與日人之間的情感。二十世紀初期，美國社會開始醞釀一股排日風潮，並隨著國際局勢日漸加溫。美國華人以排日風潮之激昂，而自身作為白人社會裡另一個少數黃種民族，自然與日人劃清界限，顯現兩族間猜忌、對立的態勢。華人唯恐與日本人同一聲氣而遭魚池之殃，對於與日人合作之構想，顯得躊躇不決。

　　母國國際地位對於海外僑民在國外之身份權益，固然影響至鉅；然而美國白人社會歧視有色人種之狹隘種族偏見，才是導致華、日兩族相互猜忌、對立、妒羨的重要原因。白人社會置種族對等之公義通則於不顧，當然會使美國華人將中日兩國之國際地位作為解釋兩國海外僑民處境有別之源。在重重的障礙之下，雙方又如何奢談彼此聯盟以抗白人之不公平對待。跨國移動的人群，不但背負母國所作所為之重擔，還身陷居留國偏見的泥淖中，才會出現一些令人沈痛莫名觀點，竟致於嫉妒白人排日手法過於溫和，不如其排華之嚴重激烈。

　　（本章部份內容原刊於《師大歷史學報》，第 29 期（2001年 6 月），頁 171-205，並經增刪。）

第五章
1915 年華人「抵制日貨」運動
與民族主義新意

　　本章以 1915 年美國華人「抵制日貨」運動為焦點，探究華人民族主義之發展與其意義。由於美國的華、日兩族在當地由互賴共生走向競爭的複雜關係，上層華人菁英更趁著白人社會的排日風潮，加上不滿日本帝國主義欺凌中國的怨懟，開始以民族意識為重要動能，推展一場與日本移民的角力戰。華人發起的「抵制日貨」運動即是公開宣告華、日兩族之間的對抗，並順應白人的排日氛圍，藉此宣示力量、爭取尊嚴。

　　美國華人「抵制日貨」運動最初始於 1908 年的「二辰丸事件」，但當時只見少數華文報章的宣揚呼籲，華人社群其實並無具體的組織或行動。❶直至 1915 年，日本向袁世凱政府提出「二十

---

❶　麥禮謙，《從華僑到華人：二十世紀美國華人社會發展史》（香港：三聯書店，1992），頁 286-7。此事件與 1909 年日本在東三省安東至瀋陽的「安奉鐵路改築問題」引發出抵制日貨運動，兩者在民族主義的意義上頗為相近，都提高中國人對日本侵略的警覺，同時也更暴露出清政府在處理國際外交事

一條要求」，才引發華人如火如荼地倡行「抵制日貨」運動。美國華僑史家劉伯驥曾言：「美國華僑對日本發生仇視而有反抗之行動者，始於 1915 年，因日本駐華公使日置益向袁世凱提出二十一條苛刻要求，華僑嘩然反對。對付日本，且形諸實際行動。」❷美國各大城市如舊金山、華盛頓特區、紐約、芝加哥，紛紛組織救國會，發動抵制日貨。其中舊金山救國會首先登高一呼，號召抵制日貨。

　　有關海外華人抵制日貨行動的分析，羅志田教授認為海外留學生和華僑乃是最早具有組織行動的團體。根據他的說法，留日中國學生首開風氣之先，早在 1915 年二月中旬即以集體退學歸國的方式，抗議日本所提出的「二十一條要求」。❸到了二月下旬，美國紐約哥倫比亞大學、中部伊利諾大學、麻省理工學院和哈佛大學的中國留學生，則主張對日作戰，並強調國防的重要性，甚且為因應戰事的需要，計畫在美國尋求接受軍事訓練。❹美國舊金山華商則在二月下旬致電廣東當局，主張抵制日貨行動。不過中國國內受制於政府的壓力，不方便立即有所動作；但海外地區如舊金山者，則

務之顢頇無能，對激發革命心理影響甚大。有關「安奉鐵路事件」，見林明德，〈安奉鐵路改築問題與抵制日貨運動〉，《中央研究院近代史研究所集刊》，第二期（民 60 年 6 月），頁 345-64。

❷　劉伯驥，《美國華僑史續編》（臺北：黎明文化事業股份有限公司，1981），頁 563。

❸　羅志田，〈「二十一條」時期的反日運動與辛亥五四期間的社會思潮〉，《新史學》，第三卷三期（民 88 年 9 月），頁 42-3。

❹　上引文，頁 43-4。

無此顧忌，遂逕付實施，開始拒購日貨。❺該文認為海外華人排日行動早於國內的重要原因是因為「身在海外，民族主義的感觸通常要比國內的同胞更強烈。」❻至於海外華人這份「民族主義的感觸」由何而來、又如何凝聚民氣，可能因為並非其論文主旨，故該文並未加以說明，但這個問題對海外華人研究卻是個值得深入的議題。由美國華人的「抵制日貨」運動來看，海外華人之民族主義內涵是否具有不同於中國境內的新意義？或是中國之受日本凌辱與在美華人之受歧視有相近情境，而具有互換連通之處？換言之，這種民族主義是否顯現居留地環境的影響力，使得美國華人對當地族群生態有所領悟，並對自我命運覺醒，而思爭取尊嚴與地位。

　　美國華人「抵制日貨」運動的特色是包括抵制當地的日商行業，例如拒上日人經營的澡堂、旅館、理髮廳、洗衣店、彈子房，而這些都是華人日常生活所不可免的部份。固然美國華人呼應中國國內的「抵制日貨」運動，算是一種對母國的民族情感。但是抵制行動中，除了承續從前抵制日貨的模式（如拒搭日船或拒購日貨）之外，還延伸為拒絕到當地的日人商家消費，時當美西白人社會排日怒潮洶湧之際，因而使得「抵制日貨」運動的意義，似乎已超越對母國的民族主義情感。

　　此一「抵制日貨」運動的效應之一是有些下層階級華人不認同此作法，造成華人社群的分裂，致有學者認定 1915 年華人「抵制日貨」運動為失敗之舉，其中原因除了愛國意識不敵現實經濟壓力

---

❺　上引文，頁 45。
❻　上引文，頁 42。

之外，還顯示下層華人表達民主意見、爭取平等發言，以抗上層菁英的操控。❼效應之二是引來日本社群的相對抵制行動，呼籲日本僑民拒絕光顧華人所經營的中華料理店和華人賭館等。在多種族又歧視氛圍濃厚的美國社會裡，華人抵制日貨及日商的作法，有何意義？其後續效應又顯現何種意義？這些都是本章欲圖深入檢視的重要問題。

一、「抵制日貨」運動的先聲：
「二辰丸事件」

㈠ 事件經過

1908 年 2 月 7 日（光緒卅四年正月初六），日本商船二辰丸裝載軍械，在澳門附近的九洲洋過路灣之洋面，被廣東水師以私運軍火之名逮捕，認其有暗助匪亂或不法革命活動之嫌，將船隻扣押，並卸下日本國旗。此舉引起日本政府不滿，於是與清廷展開連串的外交談判。雙方交涉期間，日方態度強硬，要求放船、還旗、懲官、謝罪，甚至欲圖宣戰。日本最先是爭辯事發地點為葡國領海、而非中國領海，因此廣東水師無權扣船。此一說詞因中、葡澳門劃界問題尚未解決、澳門地位未定，日方要以之證明中國無領海權，立論不夠明確，遂轉而力爭日船並無私運行為。根據日方說法，二辰丸

---

❼ Shehong Chen, *Being Chinese, Becoming Chinese America* (Urbana: University of Illinois Press, 2002), 85-6.

是因等待潮興而在中國領海暫泊，並無起卸動作，且該船持有日、葡運送武器執照，所以絕非私運。中方則認為該船雖有澳門官廳和神戶海關的准單，但所運槍械非澳門官廳所訂，而是澳門華商慶和商店所購，應是企圖運入內地圖利。日方以中國對二辰丸的控訴證據不足，且該輪不是被中央政府海關緝獲，而是地方性的廣東水師，因此不適用海關會審章程。更由於廣東水師官員於拘捕二辰丸時，曾將日旗撤下，代之以中國黃龍旗，日本視之為一大侮辱。此因時當日本船主與廣東水師官員爭辯是否違法之際，忽有澳門派來葡國兵船，中方水師暫換龍旗，以免葡船干預而橫生枝節。日本卻藉此為名，指責中國官吏所為不當，故要求清廷交還國旗，並懲處相關官員。❽

清廷在「二辰丸事件」交涉事件過程，最終向日本道歉、賠款，嚴罰不法官員，並歸還船貨，以此了結雙方爭端。所以致此，實因當時中國國內革命運動蜂起，清廷恐私運武器落入革命黨手中，為鞏固政權安穩，對外不敢採取過度強硬的立場，希望中、日雙方能簽訂禁運軍火章程，以圖補救，因此只是採取被動的妥協方式。

但事件並未就此落幕。粵督和廣東紳民認為錯不在中國，日本只是恃強而驕，逼迫清廷委曲求全，造成中國在此事件受日本羞侮，因此感覺不滿。三月初的交涉期間，廣東十二商會曾致電外務部應據理力爭。隨後，上海的兩廣同鄉會開會決議抵制日貨；直至

❽　楊麗祝，〈二辰丸事件之交涉與抵制日貨運動〉，《嘉義農專學報》第九期（民72年5月），頁21-24。

三月十九日聽聞外務部接受日方所提要求，此案即將議結，憤慨之餘，遂化行動為力量，進行抵制日貨。

此次抵制日貨首先由廣東發起。該區是由粵商自治會領軍，首先調查日本輸入中國貨品，確定今後不再與之貿易，並呼籲各都市同時響應抵制運動。他們並藉由報紙，鼓吹排日浪潮。隨後廣東棉布公會、海產公會也議決抵制方案，包括不購日貨、不用日輪載貨。同時港口苦力亦行罷工，不肯起卸日貨。一般旅客也拒搭日本商輪，改乘美國或英國的客輪。紳民企圖以抵制為手段，切斷日本產品的輸入，激起大眾愛國之心，振興本國商務。廣東的抵制日貨運動，不久就蔓延到上海、香港、廣西等地。此為中國第一次的「抵制日貨」運動，因而甚具意義。❾

當廣東的「抵制日貨」運動開始時，日本政府即謀求對策，要求清廷消弭此一運動。清政府也以其有害國際交涉，不贊同抵制，於是下令各有關督撫加以彈壓。除廣東地區持續較久之外，上海、香港的抵制很快地平息下來。熱潮至 1908 年夏天漸漸和緩。❿

在這些抵制風潮中，經常見到保皇會人士的身影。例如粵商自治會的主要人物就與保皇會關係密切。主因是粵商自治會緣起於清廷預備立憲時，廣東紳商為推動本身利權而成立，因此與保皇會有所聯繫。兩廣和香港抵制運動的主要領導人也有不少保皇會人士參

---

❾　上引文，頁 26-27。

❿　復因香港部份倡導抵制的人士試圖再度煽起抵制之風，才又死灰復燃。十月八、九日，一群香港自治會人士不滿部份商民的退縮行為，於是派出敢死隊員衝入脫離抵制行列的商家倉庫，掠奪商品並投入海中，導致商人因懼怕受害，再度停止由日本進貨。

與。抵制運動風行之時，日本為謀求對策，除了要求清廷彈壓中國各地的反日運動，還拉攏革命派人士，並利用革命派在南洋、香港的報紙，痛斥保皇會藉機坐大，以打擊保皇會領導的抵制運動。**⓫**

㈡ 美國華人的回應

　　中國沿海各城市的抵制行動迅速傳播到海外華人社群。美國地區的《中西日報》持續報導事件過程之餘，亦不免有所評論，就中首重民氣的凝聚。它認為日本若真對中國開戰，雖然英國因與日本有同盟關係而不會干涉，但其他各國卻可能以保全中國主權完整而出面干涉，故日本應不至於對中宣戰。但若日本執意率行，不惜與友邦為敵，則「非聯結團體以抗之不可。為中國計所最宜保護而引伸之者，民氣也。」但它也擔心「滿清政府專制已久，特未知能得中國人民團結否耳」，反應清廷不一定能得民心；又言「日本所注意者，中國市場。然中國人之於日本，無同種同文之感情，正不祇一處矣。既失中國之寵愛，烏能得中國商務之利權」，語中已經透露中國人視日本「無同種同文之感情」，並認為若民氣可用，以之為利器，推動抵制活動，將可擊中日本要害。**⓬**

　　至清廷政府悉從日本要求後，該報報導廣東省城居民的各式活動，如印派抵制日貨的傳單、聚集議論，有些演講者甚至責備清政府作為，並指斥以軍機大臣身份兼任外務部尚書的袁世凱「媚外無智、尸居外部。」該報並以放大粗體之醒目印刷，報導廣東省自治研

⓫　同上註。

⓬　《中西日報》，1908年3月15日，頁2。

究會之聚集處所「懸掛中國喪式白布並出意見書，嗣後每年以送還辰丸之日為凶喪日」，表達其對二辰丸事件結果之嫌惡與不滿。❸

　　美國華人雖居於外地，但生活中亦不免受中國抵制日貨行動之波及，因此華文報紙非常關切哪些抵制活動會干擾海外華人生活與營業。例如此事件之發展變化即攸關利用日本輪船往返中、美兩地的華人或進出口運輸業。日本「東洋汽船會社」固定有來往於香港和美國西岸的輪班，香港漂折灣沿岸各麵粉公司進口美國麵粉，一向托由該會社運載，如今香港華商特別電囑西雅圖的坎文公司不可將麵粉交給該輪船會社，改用美國或是他國輪船來載貨。❹此外該會社由香港開往舊金山的「美國丸」船上，已無華人貨物，只有二十五名搭客；反觀同時由香港開往英屬溫哥華的英籍「印度皇后」輪，華人乘客則多達七百人。❺到了五月底，美國華人仍然拒用

---

❸　《中西日報》，1908 年 3 月 24 日，頁 3。

❹　《中西日報》，1908 年 3 月 31 日，頁 3。

❺　《中西日報》，1908 年 4 月 14 日，頁 3。

太平洋航線一向由美國、加拿大的船公司所獨佔。日本明治維新之後，鋼鐵、輪船製造工業起飛。十九世紀末期起，開始有日本客輪加入，航行於香港、日本與北美。由於日本客輪的價位低廉，且飲食習性相近，吸引不少華人顧客。見 Madeline Y. Hsu, *Dreaming of Gold, Dreaming of Home: Transnationalism and Migration between the United States and South China, 1882-1943* (Stanford, CA: Stanford University Press, 2000), 33-4. 通常日本客輪的二等艙為四人一間，英、美客輪則是十二人一間，可見其別。雖然日本客輪較為划算，但是入境美國之時，移民局對搭乘日籍或美籍客輪可能是有不同的對待，導致華人的考量不是只有價位單一因素而已。見 Haimin Liu, *The Transnational History of a Chinese Family: Immigrant Letters, Family Business, and Reverse Migration* (New Brunswick: Rutgers University Press, 2005), 81.

「東洋汽船會社」輪船，改搭美國人經營的「西伯利號」輪船。該船公司原先還憂慮貨物不能滿載，但後來購位和托運者突然增多，顯示抵制日貨的效應已經浮現。之前由美運往日本的棉花甚多，但該次則無棉花原料，因為中國商人抵制日貨，日本棉紡織廠多已停產而不需再進口原料；倒是美國出口不少麵粉、皮料運至中國。至於客船部份，因華人不搭日船，故是次普通艙位也已賣出四百，由此見出美國華人參與抵制日貨運動的景況。❶⑯

此時甚至有熱心華人黃錦棠寫信予《中西日報》，並請其轉知《大同報》、《國魂報》、《世界日報》等三家報館，共同呼籲華人不可搭乘某某船。該報社回以「但得人人如諸君子之存心，爭國體、動公憤」而加以肯定，但也提醒眾人雖有民氣可用，但也不得不注意當地國的一般法規，而須「加以毅力，出以小心可矣」，免得他日該輪船真有喪失利權之時，可向美國政府控告華人報社煽動民情，並據以求償。❶⑰此外，華文報紙以僑居之便，可從海外報導他國看待此一運動的論點，例如報導「東洋汽船會社」經理白石元一郎在美國以大事化小的冷淡態度看待抵制日船行動，或是報導美國對中國抵制日貨行動的附議態勢。❶⑱

《中西日報》以澳洲華商參與抵制活動為例，激勵美國華人社群加以學習。該報的各國新聞部份，以「我華僑亦有感情否」為標頭，報導雪梨華商感受中國抵制運動之風潮雲湧，而呼應其行動，

---

❶⑯　《中西日報》，1908 年 5 月 26 日，頁 3。

❶⑰　《中西日報》，1908 年 4 月 14 日，頁 3。

❶⑱　「白石氏論我禁日貨事」，《中西日報》，1908 年 4 月 18 日，頁 2；「禁日貨亦制彼死命」，4 月 23 日，頁 2。

因此由該處開出的日本商船，竟無任何華客搭乘，也無華人附寄任何貨品。隨著這項報導，記者還附記一條新聞：凡是搭乘日本會社之輪船回香港者，香港商民不派人接船，也沒有小艇為其起卸行李貨箱。這條新聞是以放大的粗黑體印刷，明顯呼籲美國華人需詳加斟酌，努力跟進拒用日船的抵制行動。[19]這類鼓勵華人的標題陸續不斷，如當其轉載西文的《舊金山紀事報》（*San Francisco Chronicle*，粵人稱江尼咕報）有關澳洲華僑抵制日船行動，新聞標頭為「抵制日貨宜堅持」[20]；當其報導香港華商和中國各處的抵制日船，轉而採用美國或他國船，標頭為「我僑民看看」[21]，顯係提醒美國華人加以效法。

然以美國華人視之，此次抵制日貨運動之最大忌諱就怕重蹈覆轍，再嘗 1905 年抵制美貨失敗之苦果，因此各項評議中，經常可見以前車之鑑，提供今次應有的準備。其中大致可分為三種：

1.首先是注意清廷政府的態度與回應。有一篇評論肯定抵制乃弱國的最佳武器，但也提醒眾人「抵制日貨之事，非可以空言制勝也」，並舉證「前年抵制美貨，動中美兩國之交涉。政府一禁，幾成大獄。抵制之往事，遂冰消而瓦解。」因此評論意見認為固然貿易買賣為人民之自由，非本國或外國政府可干預，但強國與弱國相交，往往因此而起釁，本國政府遂不得不介入而彈壓抵制行動，故喚醒眾人空言抵制不獨無補於事，反須注意「將以空言而得禍」，

---

[19]　《中西日報》，1908 年 4 月 24 日，頁 3。
[20]　《中西日報》，1908 年 4 月 26 日，頁 2。
[21]　《中西日報》，1908 年 5 月 5 日，頁 2。

遭清廷逮捕。❷

　　有一華人投書認為此次排日風潮洶湧、不可遏抑，日本和清廷其實各有解決方案的算計。就日本而言，清廷「拒外侮之力雖不足，而遏民氣之力實有餘」，因而採間接手段，恐嚇清廷；何況「前日之微肆恐嚇（指二辰丸事件），即降心曲就，更何妨再伸威力，恣意苛求，以達保全商務之目的」，使清廷屈從於日本之要求；此乃日本對於抵制一事的計畫。就清廷而言，投書者指清廷忌諱民氣，因為民氣之用「不惟拒日人，且反對政府，而政府之忌之者亦深矣。」如今日本要求彈壓抵制活動，清廷「亦必藉口有詞，借題發揮，以達其催鋤民氣之目的。」更何況此番私運軍火之情事，清廷為之震驚，既然中日交涉之後，日本允諾禁止私販軍火，則對清廷而言，正可除革命勢力之大患，此乃「陽以敦友邦之交誼，陰以消革黨之亂萌，一舉兩得」，實是「日人利用政府，政府又利用日人，合馬齊附」。如此一來，「抵制之前途尚堪問耶。」❸而我民氣「既見凌於日，復被挫於官，……其不盡泯滅者復幾何也。」❹

　　當廣東地區傳出日商故意於市區路旁擺設貨品，期望以此策略招惹華人與之為難，則日本政府可與清廷交涉，要求鎮壓抵制和排日風潮，美國華文報紙以貿易買賣乃個人自由，日本雖強橫，亦無可奈何，但最令人擔憂的倒是「未知我國官吏尚再施前待馮、潘、

---

❷　牖民，〈論廣東人籌議抵制日貨〉，《中西日報》，1908 年 3 月 27 日，頁1。

❸　同上註。

❹　大公，〈論日貨應如何抵制〉，《中西日報》，1908 年 4 月 4 日，頁 1。

夏三君子之手段否」，重提馮、潘、夏三人被清廷逮捕之前例，可見對美國華人而言，1905 年抵制美貨失敗的陰影猶存，殷鑒不遠，恰為此次抵制日貨提供經驗。**㉕**

　　既然抵制之路可能因清廷鎮壓而前途堪憂，如今之計當強調個人抵制。有一投書者以抵制美貨為例說明：「前年拒美苛待之事起，其始也未嘗不熱潮岔湧，死力相持。」然而「一旦政府以嚴諭申斥，而驚天動地之大事業，即煙銷跡滅，盡付於無何有之鄉。」結果苛例依舊，通商如故，抵制之舉徒然無功，毫無實效。箇中道理就是大眾只知有多數人之抵制，而不謀個人抵制之所致。**㉖**一旦將來清廷諭令禁止抵制，則從前抵制美貨時「志士被囚之活劇，行將再現於今日也。」因而大力呼籲「不言實行抵制則已，如欲實行，則當竭一片血誠，力行個人抵制，不求刑體之集合，而求精神之專注，以持之久遠。」否則眾人天天集會，泛言抵制，都只是虛張聲勢，徒然「貽他人以可乘之隙，虎其頭而蛇其尾，鬼口揶揄，而外族之憑凌將無窮期，吾安得不為之懼。」**㉗**

　　華文報紙不斷強調堅之以恆、持而不懈的態度，顯示其「爭尊嚴」的意念。有社論言「為今之計，則勿鼓譟、勿暴動。彼貨之來，我不必不與起卸也。但使人人共悉日人之野心強權，共知何者為野心強權之日人貨物，我守貿易自由之公例，我自不購之，彼又何詞也。諸君祈堅持之。」**㉘**顯然華人由抵制美貨失敗的經驗，瞭

㉕　《中西日報》，1908 年 4 月 11 日，頁 2-3。

㉖　是男，〈抵制日貨之將來〉，《中西日報》，1908 年 4 月 3 日，頁 1。

㉗　同上註，頁 2。

㉘　大公，〈論日貨應如何抵制〉，《中西日報》，1908 年 4 月 4 日，頁 1。

解振興工藝之耗時費日，轉而重視堅持精神，這種論調遂一再出現於華文報紙。當傳聞日本擬派巡洋艦五艘、驅逐艦十艘馳赴中國南方以解散中國商民之抵制日貨行動，美國華文報紙評以若抵制行動「一敗於拒美，再敗於拒日，而民權從此湮沒矣」，鑒於凝聚民氣之重要，因而大呼「提倡之志士祈堅持之。」❷

2.抵制之餘，仍需滿足眾人日常生活基本需求，因此自製貨品實當務之急。若本國能自製麵粉、布帛等貨物，才能不購他國貨物。日本貨雖然質料不如歐美，但因人工廉價，可使成本降低而大受各國歡迎。中國今日若也能興辦工廠，利用多餘人力，一旦自製貨物充足，所需物品即不必外求，抵制之議乃可以實行。否則只靠少數人之空言抵制，安能強求全體人民堅持不敗。因而評論就力勸粵人「其速開工藝廠哉。」❸

當中國《申報》之評論涉及抵制美貨經驗，美國華文報紙更加以轉載。該論認為勿輕言排擠外來貨，而應模仿洋貨。之所以有此倡議，主要來自抵制美貨的經驗，而稱「夫使抵制而果有效，則昔年抵制美貨，早已有效矣」，因此提議「以仿造洋貨為第一要義。」文中並諄諄告誡商界，勿貪小利而不顧大局。此番話語實是警惕之前所謂的仿造洋貨，多只是模仿外表，但內容偷工減料、品質低劣。如此圖取短利，一旦人人得此印象，銷路頓失，更「以吾之劣品，顯彼之優品」。文章強調「凡仿造洋貨，必勝之而後已，

---

❷　《中西日報》，1908 年 4 月 22 日，頁 3；另報導澳洲雪梨之抵制新聞表頭時，亦用〈抵制日貨宜堅持〉，見 4 月 26 日，頁 2。

❸　牖民，〈論廣東人籌議抵制日貨〉，《中西日報》，1908 年 3 月 27 日，頁 2。

其次為同等。不及則銷滅之，勿為商界羞。」[31]如此抵制才能收效，中國才有前途。

　　由抵制日貨到自興工藝而生的「爭利權」概念卻對美國華人有所啟發。日貨銷售於中國，其所以較歐美各國為優，主因在於價廉又適用，故日本商務較之歐美，大有一躍千丈之勢。此外，日本早思奪盡中國各項利權（如鐵路、礦產、森林、土地等），冀望乘間底隙而據為己有。自廣東、香港商人抵制日貨運動一起，若歷經一年，則日本商務之失，恐在數十兆以上，日本豈不力爭而務求必勝。[32]「爭利權」的概念遂啟發美國華人運用於其境內。他們以加州地區為例，當地日本人不斷地開設銀行，至 1908 年已有十五家。當時商業銀行的資本額約為美金二萬五千元，儲蓄銀行則為五千元左右。而這十五家日本銀行約有五十萬資本額，存款額則在三百萬元上下。因其日常來往對象皆以本國人為主，故在 1907 年的金融恐慌中，仍能獲利。這個例子讓美國華報認定日本銀行雖多，但日人凡有出入，都使用本國銀行，而能「自顧團體、自挽利權」。對比之下，華人旅美數十載，任利權外流而不曾愛惜。1907 年終於有一廣東銀行成立，且歷經金融恐慌仍能安然渡過，因此華報評以「結團體爭利權，我大眾同胞固口不談矣」，並大力疾呼「所望勿徒為外人傀儡，而附我應有之利權於不顧也。」[33]

---

[31]　〈論今日當注重仿造洋貨〉，《中西日報》，1908 年 5 月 2 日，頁 1-2。
[32]　大公，〈論日貨應如何抵制〉，《中西日報》，1908 年 4 月 4 日，頁 1。
[33]　〈日本銀行何多〉，《中西日報》，1908 年 4 月 4 日，頁 2。

　　此後該社論即鼓吹美國華人「爭利權」，並舉出不少適用之範圍。先以銀行業為例。美國華人人數，最多時有十五、十六萬，至1900年間，人數已減為六、七萬。若以此人數為基礎，每人出入銀行款數為美金五或十元，則至少有三十萬以上（折合成中國貨幣則有百萬以上）。這些利權一向因出入於美國的銀行而漏卮於外人。自廣東銀行設立，華人亦知宜爭利權，而踴躍附股、匯兌。❸❹該文由銀行之例，延伸到華埠商家。華人的食品、衣物類，因為非本國所習用者不可，一向已由華埠所謂的「金山庄」、「蘇杭舖」包辦。至於其他貨品，如絨氈、染布、香水、銅鐵製品等「洋貨」者，因為中國尚少此類洋貨，若能集資，並聘僱卒業專家、學子督造，將可與外人爭利權，此為最大之工商利權。若非買、非用洋貨不可，則用外國辦庄（進出口商）或本國人辦庄也有商業利權之分。文中以舊金山為例，指1906年大地震後，華埠重建，華人開始自設富麗堂皇之洋貨店舖，如今已有六家，與洋人在華埠所設店家相互競爭。作者認為「外人之公費工值，何一不重大於我華商也，不向貨物取償，將何取償耶。」如此一來，「以我可稍挽之利權，而甘溢於外人」，這些利益難道不值得華商爭取嗎？❸❺

　　雖然已有少數華商投入，但報社由抵制日貨之精神得到「爭利權」概念，因此鼓吹更多華商經營攸關華人生計用品之行業，免使利權外流。其中所顯現的重大意義在於，已有一些美國華人在追隨

---

❸❹　兩經滄海客，〈論華僑之爭利權〉，《中西日報》，1908年5月9日，頁1。

❸❺　同上註。

中國風潮、觀念後，將那些風潮、觀念移用於自身的海外環境中，逐漸滋生在地化思維，為日後美國的抵制日貨運動定下適應當地景況的基調。

二辰丸事件發生時，美國的日本人不多，並分散於西部沿岸各州和落磯山區域。但舊金山的日本人社群卻採取報復當地華人行業的方式，針對中華料理店和華人賭館進行抵制。❸這種相互抵制模式為日後華人進行更大規模的抵制日貨活動埋下伏筆。

總結 1908 年的抵制日貨運動可以見出，美國華人所採取的對策（如拒搭日船、拒用日船載貨），其實是追隨一些中國城市的抵制模式，透露出以中國為基準的拒日意識。但「爭尊嚴」、「爭利權」的概念已經摻雜入內，並因應美國環境而生相關策略，顯現在地意識的雛形。這種在地意識的滋長茁壯，要留待 1915 年的「抵制日貨」運動。

二、1915 年「抵制日貨」運動

㈠ 日本提出「二十一條要求」之背景與中外迴響

日本自 1895 年中日甲午戰爭之後，侵華野心雖逐漸擴大，終因顧慮國際社會的態度，不敢斷然橫行，且日本國內各方意見不一，「大陸政策」無多進展。進入二十世紀之後，日本在華所得權

---

❸ 藤賀與一編著，《日米關係在米國：日本人發展史要》（加州奧克蘭：米國聖書協會，日本人部，1927），頁 152。

益，漸落於英、俄之後。歐戰爆發，日本見有機可乘，遂藉口英日同盟，對德宣戰而出兵山東。此時國際形勢對日本極為有利，蓋中國屢弱如故，無抵抗之力；而歐洲列強多已捲入戰爭，無暇顧及遠東；日俄之間又有第三次密約，英國站在同盟立場，皆不致於牽制日本，美國對遠東問題採取消極態度，應不可能以實力援助中國。日本以機不可失之態，遂對中國提出更多要求。

　　1914 年冬，日本政府擬妥對華要求方案，召駐華公使日置益返國會商，翌年 1 月，正式向中國提出「二十一條要求」。日本報紙輿論主要聚焦於確保日本在滿、蒙的權益，以之為日本的最高目標，也是中日親善的關鍵；遂而呼籲日本政府無論如何，應以解決此一問題為首要。因此「二十一條要求」的重點，自亦在此。

　　1915 年 1 月 18 日，日本駐華公使日置益晉見袁世凱，當面遞送「二十一條要求」。此舉實為國際外交史上空前未有的舉動，蓋一國外交代表與另一國政府進行外交談判，從無不經外交部而逕達總統者。該次中日交涉的另一特色是日本壓迫中國嚴守保密。❸

　　「二十一條要求」共有五類。第一類關於日本繼承德國在山東的特殊權益，共計四條；第二類關於日本在滿蒙的特殊權益，共有七條；第三類關於日本與中國合辦漢冶萍公司的特殊權利；第四類規定全中國沿岸港灣及島嶼讓租權；第五類關於中日合辦事項七條，包括開礦、築路、設廠、傳教、中日人民雜居、及聘用日本顧問技師等權利。其中第五類因要求過苛，中國不得不違背日本原意，將所有要求條款全部洩漏，遂引發列強的關心與猜疑。但英國

---

❸　林明德，《近代中日關係史》（臺北：三民書局，民 73 年），頁 71。

所關心的事，僅限於英國在華利益是否受損，至於日本在南滿應享權益則持同情態度。俄、法兩國雖然忌妒日本在華勢力的擴張，卻因歐洲戰事方酣以及「日俄密約」、「日法協約」等關係，而無可奈何。

　　美國的態度則給予日本較大的困擾。美國對華政策的根本方向是「門戶開放」，如今日本的要求適足以破壞此一原則。當第五類要求經美國報紙披露之後，立刻引起美國各界人士的注意。美國華文報紙因地利之便，自然對美國國內反應時加報導。初時美國華人曾興念盼美國能介入「二十一條」案而助中國，但華文報社擔憂「前此請美阻止日犯中立，彼既不肯干涉，則今此問題，亦斷難賴之以求解決，其理自明。」❸當美國阿拉巴馬州眾議員催請美國政府加派兵艦，護衛美國在華之商務利權，舊金山一西文報紙卻認為即使日本管轄中國，必無深閉固拒之理，應仍行門戶開放之策、善待美國商務，故欲以兵艦保護美國在華之商務，實可不必。此論被華文報紙批之為「謬論」，顯示其欲拉攏美國出面干涉中日「二十一條」案之心態。❸此後，曾有美國記者就此事訪問總統威爾遜，總統答以關於此案交涉，因中日兩國所發來之公文，各有不同之

---

❸　〈西報對於中日交涉之謬論〉，《中西日報》，1915 年 2 月 11 日，頁 3。
❸　〈西報對於中日交涉之謬論〉，《中西日報》，1915 年 2 月 11 日，頁 3；該西報認為英、俄兩國之拒日，雖不欲日本獨佔中國權益，但只能故做姿態，實是力有未逮。美國對於日本之逼脅中國，如無礙自身利權，即使中國盡為日本併吞，料日本必未遽改商業入口稅則，則美國不須隨英、俄起舞。見〈中日交涉記：美報界對日之言論〉，《中西日報》，1915 年 3 月 19 日，頁 2。

處，到底孰虛孰實，不得而知，故尚未有對策。❹這個答案顯示威爾遜似乎唯恐過分干預，可能招致日本反感，更何況加州通過「外人置業禁例」，打擊當地日本人，使得威爾遜總統亟需與日本改善關係，不可能為了中國再與日本發生糾紛，只得暫時持觀望與姑息容忍的態度。但來自美國商界人士的態度則明顯反對日本對華之嚴苛要求。美國大企業疑慮這些要求將有礙其在中國之利權發展，故希望美國出面設法幫助中國，拒絕日本之無理要求。例如士丹達煤油公司（Standard Oil Company）已投資七十五兆元在中國開發油礦，聽聞中日之間的交涉而甚感焦慮，因此欲查問美國政府日本此舉是否妨害中國門戶開放，希望美國外交部門能出面反對。此外，美國煙草公司（American Tobacco Company）亦表相似之關切立場。❹

中國境內在日本提出「二十一條要求」的消息傳出之後，各地商民群情激憤。在強烈愛國心的驅動下，民眾紛紛發起抵制日貨運動。而袁政府因為受到日本的壓力，禁止商民進行抵制日貨，商民於是將忿恨之情轉向推動愛用國貨。❹

---

❹　〈中日交涉之美人觀〉，《世界日報》，1915 年 2 月 24 日，頁 2。

❹　〈美國資本家對於中日交涉之態度〉，《世界日報》，1915 年 3 月 1 日，頁 3。75 兆元疑為以中國國幣為單位。但即使如此，此報導可能過於誇大其數額。

❹　袁世凱主政時期，工商業已逐漸成長，但主要原因是第一次世界大戰爆發以後，外貨進口減少，而歐洲各國對物資的需求旺盛。國際白銀價格上漲，提高中國貨幣的購買力也是一項誘因，為中國工商業發展提供有利的客觀條件。1915 年的抵制日貨之舉更是促進民間大力投入中國工商業發展的重要動力。參見 Ernest P. Young, *The Presidency of Yuan Shih-k'ai: Liberalism and Dictatorship in Early Republican China* (Ann Arbor: University of Michigan Press,

㈡ 美國地區的「抵制日貨」運動

1.全面行動之前的議論

本文前言曾經提及，羅志田教授以海外留學生和華僑為最早具有組織行動的團體。中國留美學生將日本所提出的「二十一條要求」模擬成在美國西部的狀況，訴求給美國人理解：美國威爾遜總統允許日本人自由進入西部各省，可以購地和從事任何工商活動；在美日本子民應遵守美國律法，但這些律法需先經舊金山日本領事同意；若美國人想在西岸地區鋪設鐵路，必須讓日本人來開築；若西部各州想要貸款，只能向日本借貸。以上這些日本作為，都是為美國著想，日本作為美國的朋友，提出這些要求是為了美國將來的福利，所以美國應不至反對這些安排。**❸**這種假設情境，以當時西部白人社會的排日氛圍，根本不可能被接受。如此時空轉換，美國人自然可明瞭中國對「二十一條款」的強烈反彈。

早自 1915 年 2 月初，《世界日報》就提出以抵制日貨反擊日本，其言「總之我中國人維持中國事，分所應為。凡我國中，不買日本貨，乃發見個人愛國之熱誠。文明對待，無國際交涉。若得我國人齊心合力，堅持對待，共肩責任，絕彼財源，亡可立待。」文中並稱日本以工商立國，其所產貨品端賴中國人代其轉運、分銷、

1977).

有關愛用國貨與中國的消費文化，參見 Karl Gerth, *China Made: Consumer Culture and the Creations of the Nation* (Cambridge, MA: Harvard East Asian Monographs, no. 224, 2003).

❸ *Chinese Students' Monthly*, Vol. 10 (June, 1915), No. 9: 535-7. 見 SRR, Box 2-2-535.

消費。單以海產品一類，日本即誇言一年入息，足供海陸軍經費有餘。因而該文特別說明「舍我中國人不食外，無一國消受。布疋衣物亦然。是則我中國人，不買日本貨物，乃暗戰日本之勁軍隊。」❹該文特別將銷售最為熱門之日本商品條列而出，供讀者列入抵制名單：江瑤柱（即干貝）、魷魚、昆布、瓷器、白臘、鮑魚。其中還特別指明現有之「蘇鮑」是由日本攜出，再於蘇州發沽而產者，提醒民眾其實中國無鮑魚之物。❹

　　至於另一華文報紙《中西日報》則是針對日本所提「二十一條要求」，陸續報導中國各界團體大動公憤、紛紛籲請中央政府拒絕日本之無理要脅。該報有一社論將此公憤情狀對比 1913 年加州日人的景況。該年加州議會通過「外人置業禁例」（禁止無公民籍者購置土地），引發加州日人和日本國「皆動公憤」。加州日人不但召開演說大會，籌議對應之策，連日本政府也行抗議之舉，企圖藉用外交管道，謀求轉圜餘地。事越兩年，日本人仍蠢蠢欲動，不只希望取消此土地禁令，更欲爭得日人在美之歸化權，藉擁有公民籍而解套，其中可見日本人受到美國社會歧視待遇後的激烈反彈。但該社論轉而指稱「美固不公，而遠不若日本乘我之弱，割我領土，擾亂遠東平和之險惡。而日之政府及其國民，對美手段之強硬，感情之憤激，若彼其甚。而吾政府吾國民對待日本，既無強硬之手段，更歷年未見有若何憤激之感情。」這些描述說明了對比之下，作者認為當時日本政府和日本僑民抗議加州「外人置業禁例」的激動程

---

❹　〈代論：以抵制為報復之苦衷〉，《世界日報》，1915年2月2日，頁2。
❹　同上註。

度，遠遠超過歷來中國人抗議日本帝國主義的侵略，而後者的嚴重
性卻是影響四萬萬人！作者因而慨嘆「我之待彼，終不若彼之待美
之強硬。」❹

　　顯然作者認定日本此番對中國提出「二十一條要求」比之美國
加州政府對該州日人設下「外人置業禁例」的事態更為嚴重惡劣，
但平心而論，作者以及該報的讀者乃是工作於美國、生活於美國的
一群人，加州「外人置業禁例」對他們的立即影響應該比日本對中
國的「二十一條要求」更為現實，然該文只是輕描淡寫美國歧視外
人的不對，忽略自身也會受到波及，卻轉而關注中國國內人民的冷
漠態度，並振聲疾呼，推動中國政府向日抗議。由此可見，文中除
了顯現作者對中國的強烈關懷，由他對加州「外人置業禁例」的看
法也透露出其對日本人（不論是日本國或在美國當地）的厭惡情緒。而
這股厭惡之情即來自前面章節所言，兩個少數族群在美國社會環境
裡的經、社地位之爭奪。且作者顯然了解這項法案主要是針對當地
日本人，因而出現附和白人排日論調，而將唾棄日人之情投入於民
族主義內。

　　《中西日報》後續的社論持續顯示其厭惡日本之立場。有一篇
社論說明強國與弱國因利權而生爭端，比較亞洲與歐美，其言「亞
洲者，本黃人之亞洲，如能各業其業，各居其居，兩方權利自由，
自無容互相侵犯者。」如今「歐美諸國，與我異種殊洲，祇以商務
利權，猶且竭力保護遠東和平，以圖各人利益」，至於「所謂同種

---

❹　顯微，〈本報論說：國民對於日本之公憤〉，《中西日報》，1915 年 2 月 6
　　日，頁 1。

同洲同文之日本，竟不遂其夙願不止、不吞我國不休，提出二十一款之要求條件。」❹論說中透露出身處種族歧視氛圍的美國華人固然感受到黃、白種族對立或歐美、亞洲區域對峙，但也逐漸產生中、日有別的意識，尤其是排拒中、日雖同種同洲同文，兩方卻不必然會攜手合作，顯示其厭惡日本國之情，而此正與當時美國白人排擠日本人的態度一致。

　　到了二月中旬，《中西日報》出現一篇社論提出抵制日貨之論。根據該報記者由北京所發出的專電，上海、香港、廣東省各處的不同團體，對於日本提出「二十一條要求」的反應，都是義憤填膺，紛紛籲請中央政府嚴加拒斥；這些團體還「分發傳單，提倡抵制日貨」，而採取這種行動主要是「吾民因大受激刺，蹶然而興，相與開會集議抵拒之策。自知軍備薄弱，未足與戰，乃決議提倡抵制日貨，計亦良苦矣」，可見抵制日貨行動，乃是不得已之下的權宜之計。但是文中也說明，就現今而言，抵制日貨雖非最佳良策，卻是「人人之力所能及，權自我操。貿易自由，強權所不能干涉，事所當行，在今日無過於此。」❹此後，提議抵制日貨的呼聲陸續出現於不同的報章。《世界日報》呼籲中國國民回復日本之無理要求，應有相當之對待，而對待之法，「所顯然易為者，無過於杯葛主義。」因自由貿易的行為，「本世界普通之公例，政府雖戒我商民暴動，然文明之抵制，與日賊斷絕交易，日賊雖橫，斷不能強迫

---

❹　黃信芹，〈國人當協力拒絕日本之要求〉，《中西日報》，1915 年 2 月 23 日，頁 1-2。

❹　顯微，〈本報論說：抵制日貨之民氣〉，《中西日報》，1915 年 2 月 11 日，頁 1。

我與通商。」而且從前已實行而有成效，因此「今當濟之以堅忍，持之以一心。有國民責任者，必不可放棄也。」❹

此時，另有讀者投稿，論說拒日救國之道後，轉而批評美國華人社群的冷淡反應。文中提及「聞海內各界同胞，已大動公憤，或提倡抵制日貨，或開會研究對待之策，不愧為愛國健兒，能盡國民責任也。」由於時值陰曆新年，美國華人絲竹管絃，酣歌熱舞，儼然一片太平盛世。對比中國國內人民同仇敵愾、為拒日、抗日而奔走呼號的景象，不禁令作者大嘆：「嗟夫！商女不知亡國恨，隔江猶唱後庭花，其惟美洲之華僑乎？」❺並且批評自從日本提出「二十一條要求」，已經由中國國內不同報紙披露出來，但是美國華人的反應卻是「一如寒蟬仗馬，不聞有何等之舉動，可見我華僑國家思想之薄弱也。」❺作者還指稱日本此一策略，無異於將沿用併吞朝鮮的方式，滅絕中國，因而大呼：「我美洲之僑胞，願為亡國之民也則已；不然，不可不盡國家興亡、匹夫有責之義務也」❺，隨後倡議蓄財與才能之人以貢獻母國。數日之後，一篇名為「國民對抗日本之責任」的社論，再度提及「邇者祖國民氣大憤，抵制日貨

---

❹　〈本館論說：對待日賊之最後手段再續〉，《世界日報》，1915 年 2 月 24 日，頁 2。

❺　黃傳琳，〈拒日救國說〉，《中西日報》，1915 年 2 月 17 日，頁 1。

❺　同上註。

❺　同上註。類似之批評，指責美國華人無家國意識也出現於他報。見黃傳琳，〈來稿代論：華僑宜預籌抗日之策〉，《世界日報》，1915 年 2 月 25 日，頁 2。

之說，日盛一日。」❸

　　但是抵制日貨行動一旦啟動，累月經年之後所可能面對的難題，卻也不容忽視，務求解決之道，才能使民眾全力發揮抵制之功效。其中最令人擔憂的就是大眾熱情有餘，卻毅力不足，無法堅忍持續地抵制日貨。有社論以抵制美貨和二辰丸事件失敗為借鏡，而言「吾國民因二辰丸案，曾洶洶湧湧，抵制日貨矣，而未能協力改良國貨；亦嘗因工禁抵制美貨矣，而以私利破公利，為國家之蟊蟲者，尚多其人」；並點出原因所在：「當時美孚洋行運來火水，奸商利其價廉，為銷受之，改換字號，以射厚利。美國麵粉，運到日本，亦由吾國奸商，改換包頭，然後再運津滬港粵等處」，故而力言「今之倡言抵制，當痛除前此之陋習慣。」至於痛除陋習之方，即在於「一面不用敵人之貨，即（既）一面自行改良國貨。切實調查，以為入手，因利乘便，以策進行，喚起全國人之精神，相與振興工商實業。」這項改良國貨、振興本土工商業的辦法，「非徒為一時洩憤計，乃為永久之國本計」，此中還透露爭取利權所在的重要性。就日本而言，以其貧瘠之國，而能籌措經費，充實軍力，固然有多種因素的配合。但其中一項重要原因，則是日本工商業的發達；而其工商產品的銷售市場，又以中國為其主要對象。因為中國人輕忽這類工商實業的經營利權，徒然將這個利潤流入日本人手中。因此，提振中國本土的工商實業，由國人自己經營本土市場所需的貨物，將可以由日本手中奪回利權，而這才是積極之道。至於

---

❸　顯微，〈本報論說：國民對抗日本之責任〉，《中西日報》，1915 年 2 月 19 日，頁 1。

消極之道，則是防止一些違抗抵制日貨行動的奸商，暗地行動以改換商品字號或是外在包裝，卻仍然販售日本貨品，以圖私利。不論是積極的提振工商業，或是消極的防治奸商藉機混淆詐騙，都是在爭取中國人自己的利權，不至於外流於他人手中；而爭取自身利權，正反映了一股自我覺醒的意識。❺更有華人投書美國華文報社，論其從前在日本東京（江戶）所見所聞：在商店內，有人大書特書「舶來品」，五光十色、燦然並列，但徘徊察視，卻發現門可羅雀、無人過問。詢以當地人士則答曰：「此外來之貨也，我若購買他一分之貨品，則外溢本國一分之權利，是以相戒勿用。」可見眾志成城、婦孺同心，撙節有用之錢，振興國貨，此日本抵制外貨之法，正可為今日之借鏡。❺

2.運動開展

(1)舊金山首先發難

時至 2 月 20 日，舊金山地區的華商主動聚會，決議抵制日貨。華商總會總理麥安邦說明此次日本向中國提出「二十一條要求」，是企圖以朝鮮模式吞併中國，吾人亟應設法對付，以保主權。隨後一群以經營日本貨物為主的商人陸續聲援此議。舊金山華埠重要商家「福和南京公司」之司理劉琳謂其係經營日本漆器之店家，如今眼見日本要脅中國，凡有血氣者莫不切齒，因此該店寧願犧牲部份利益，「亦必不辦日貨，而轉辦我祖國之貨物，一則以振

---

❺ 顯微，〈本報論說：抵制日貨之民氣〉，《中西日報》，1915 年 2 月 11 日，頁 1。

❺ 石，〈本館論說：抵制聲中之晨鐘暮鼓〉，《世界日報》，1915 年 3 月 12 日，頁 1-2。

興國貨，一則與日賊斷絕交易，以制其死命。」❺❻另有「兆昌泰號」司事鄧晉卿及「生昌公司」司理容文達也附和其言，稱他們雖是經營日本貨生意，也共表同情而願犧牲一切，務達抵制目的。當時麥總理提及商場抵制之法，需依照個人自由、自動自發之文明規範，於是眾議援照抵制二辰丸案之辦法，再「略為修改，並加入數條，大眾遵守而行。」❺❼寥寥數語所言及的修正，卻是此番抵制與 1908 年案的差別，見諸日後有關抵制當地日本商家之行動，即可證明。次日華商總會再邀齊華人經營日本藝品店之司事，共商一切，以期一致行動，可見這類經營日本漆器的華商是推動抵制的啟動者，而如本書前面章節所言，自日本人移入美國並加入經營行列之後，這類商家利機大受打擊，對日本人當然更生怨懟之心。

　　隨後這些商人投書《世界日報》，倡議抵制日貨行動。他們認為「吾等皆國民一份子，若任日人達其奢望，恐我政府亦因而秘密賣國，是為放棄國民之責任」，顯然不信任袁政府，因此「用特提倡文明對待，再實行前數年對于二辰丸之辦法，并聯合內地各省共起排斥該國貨物，以為政府外交之後盾。」這群商人也瞭解凡事貴身體力行，並說明「吾等既為金門倡始之人，應先由自身做起。」他們提出具體作法包含：「現在吾等家中之日本貨物，如絲巾、布疋、鞋帽、衣服，各物盡付一炬，以為吾僑之先聲，并擬自後回國及運辦貨物，決不搭載該國船隻。」其中最為特別的是連華人日常生活所需，如薙鬚、剪髮、洗衣、沐浴，亦不可到日本人之店戶，

---

❺❻　〈華商總會決議抵制日貨〉，《世界日報》，1915 年 2 月 22 日，頁 3。
❺❼　同上註。

並認為「凡此皆旅美吾國人可實行之事，雖一時不能遽達拒禦外侮之目的，亦大足振興本國之民氣，而使弱肉強食者有所戒懼也。」文章最後稱時局危急，呼籲華人決不可坐視，而「貽涼血動物之誚」。❺⑧

數日後，抵制之組織行動由華商總會擴散至中華會館。中華會館主席余嘉本在集會演說，謂日本脅迫中國，中國自問無武力可以抗拒，然保國方法不一，即使是抵制日貨，亦足以制日人於死命。在此氛圍下，商會順勢由副總理鄺祝敬宣布商會所草訂之章程條款十六條，眾人鼓掌贊成。當時即組織一會，舉定臨時總理林壽圖、副總理余靈；正中文書記黃覺流、副馮顯章；正西文書記劉琳、副鄺文光，並致電美洲各埠，舊金山將實行抵制日貨，乞請鼓吹和力行。❺⑨

其中值得注意的是「福和南京公司」司理又是商會書記的劉琳以及《世界日報》主編余靈的言論。劉琳謂其生於美、長於美，但仍屬中國人，因中國乃其家鄉，一旦被日人佔據，將無家可歸；其商店雖係經營日本貨物，此後可犧牲利權，與日人斷絕交易。由此可見抵制之事，非僅限於第一代華人，土生第二代也參與其中。其次，余靈的演說提及抵制日貨之事，最難做到者即商人，因有損其利權也。不料此次活動卻倡自商人團體，令其敬佩不已。他除追隨商會之後，也以身作則，將《世界日報》報社內所有日本書籍一

---

❺⑧ 〈來函代論，快看快看愛國僑胞之來書〉，《世界日報》，1915 年 2 月 22 日，頁 1-2。

❺⑨ 〈中華會館對日之大會議〉，《中西日報》，1915 年 2 月 23 日，頁 3；〈中華會館救國之大集議〉，《世界日報》，1915 年 2 月 23 日，頁 3。

併焚燒，並在報紙上鼓吹，籲請舊金山勞工配合。根據他的說明，日本人在舊金山華埠所開店者，以理髮店、澡堂、旅館、彈子房為主，俱係依賴華人光顧。若從此下手，開始抵制行動，將來推廣於美國各處，眾志成城，足以讓日人喪膽。⑥由其言論可知，抵制範圍已經不再只是華商停辦日貨或華人拒搭日船而已，還包含抵制當地日人商店；換言之，美西華人已經由怨恨日本國，再添上仇視當地日本人，而這份仇視正呼應之前《中西日報》社論評議加州「外人置業禁例」時所透露出美西華人對當地日本人的厭惡情緒。

　　配合此次抵制日貨，如何持續行動力量的老問題又再次被提出。⑥早在二月間美國地區的華人報紙即不斷地重申振興本土實業的重要性，批判國人以經營實業不算高尚職業的錯誤態度。可見華人對這類抵制洋貨行動的感觸良多，1905 年抵制美貨的集體記憶，使他們對這種虎頭蛇尾的結局多所體驗，因而亟思唯有振興實業、製造足以替代洋貨之物，才是根本之道。⑥尤其這次行動包含

---

⑥　同上註。

⑥　1915 年的反日運動，在中國國內的發展，主要是集中在城市地區，可算是一個商人與工人所結合的城市群眾運動。羅文對此一運動由盛而衰的分析中，指出其中關鍵處在於徒有抵制日貨行動、空言提倡國貨，卻無「可以相當之物」以應民生之需；日久之後，不適宜的國貨產品，難逃優勝劣敗的原則，則民心又重回使用日貨的習性。抵制日貨的持久之道，終究要靠振興本地實業，使自己生產足以替代舶來品的貨物；一旦國貨品質可以和日貨不相上下，才能徹底改善抵制日貨運動只是一時風潮的短暫命運。羅志田，〈「二十一條」時期的反日運動與辛亥五四期間的社會思潮〉，《新史學》，第三卷三期（民 88 年 9 月），頁 62-3。

⑥　顧微，〈本報論說：愛國〉，《中西日報》，1915 年 2 月 24 日，頁 1。

抵制當地日人商家，更需提早作萬全準備。有社論云「蓋抵制日貨者，非口頭禪之可貴，亦非徒停辦日貨，便可了事。」其認為停辦日貨，只是抵制行動的第一步，尚有許多後續之經營與配套措施；尤其是仿造洋貨、改良土貨，且應確實銷流；一旦吾人挽回利權，即能保有持久抵制之力，而為敵所畏，使其不敢再挾野蠻之手段，逼人而來。因此吾人現在所需者，即「察社會所需，而給其所求。」例如平時日本某項貨物，最受中國所喜者，今既為國人所拒，則或仿造、或改良，以迎合大眾心理。再如舊金山華人既抵制日貨，則當察平時日本人之何種營業，為吾人之所需，轉而因時制宜、自行經營，以挽利權。甚至可以一面謀求新興事業，另一方面對因抵制日貨而蒙受損害者，為其設想，代籌種種方策，分類獻議，聽其採擇，以利設施。❻可見美國華人因抵制失敗之陰影猶存而生謀定後動之各種對應方法。

(2)華人對萬國博覽會中國館的責難

　　值此抵制之際，美國正慶祝巴拿馬運河開通而於舊金山舉辦萬國博覽會，中國展覽館的展示與設計遭致當地華人之批評，顯示部份華人對「爭國體」、「爭尊嚴」的重視。華人指責中國展覽館兩旁所附設之茶亭，不用中國有名的磁器，卻用外國磁器；不用中國自製的糖果，而偏用日本餅。又有廣東所派赴會代表，著禮服高

---

❻　顯微，〈本報論說：愛國續論〉，《中西日報》，1915 年 2 月 25 日，頁 1；
　　顯微，〈本報論說：蘇桂華與歐洲戰國國民〉，《中西日報》，1915 年 2 月
　　26 日，頁 2。

帽,卻與侍役同奔走。❻此外,華人對於中國政府館之建築亦有所
責難。該茶亭出現之後,遂將政府館前門左右兩旁之地圈入,以致
前門狹窄刺目。華人認為雖然中國財政困難,但總要勉力使門面增
華,是為保全中國名譽。如今中國政府館建築工程不盡理想之餘,
又有茶亭販售日本物品與不當人員失禮之舉,凡此皆被舊金山華人
認定有失國體,中華會館甚至致函博覽會中國部門之監督陳蘭薰。
報紙刊出公函全文之後,記者還加上一段註記,說明有西人認為政
府館形同駐在首都華盛頓的公使館。若政府館可開茶亭,則公使館
也可開旅館,其辱國體,可見一斑。且有傳聞言該茶亭乃政府辦事
各員集資私設,只顧私利、不顧國體,因而記者建議應電告北京政
府拆除該茶亭,或另擇地點改建,否則不足以挽回國體。❻數日之
後,中國館監督陳錦濤覆函中華會館,說明茶亭之設,係之前在國
內時,浙江出口協會商請其在政府館隙地建築茶亭,以期推銷茶
葉;尤其日本茶葉在世界各地銷路日廣,而華茶銷路益滯。此等國
貨在美洲幾無立足之地,為挽回利權而不得不有此舉。他又言報紙
所載有關使用日貨乃道聽途說,容有失實,可置勿論。然而,《世
界日報》於刊載該覆函之後,隨即批評該茶亭乃營業性質,應在政
府館圍牆之外進行,否則陳監督初時貪領多地,卻又不加整理,將
貽人以口實;並言有否使用日貨,眾目睽睽,自有定見;最後鄭重
聲明「本報為國體名譽起見,投鼠忌器,恐為西報及日本報所轉譯

---

❻ 〈開會日之中華賽品〉,《世界日報》,1915 年 2 月 22 日,頁 3;2 月 23
  日,頁 3。
❻ 〈中華會館致陳監督之公函〉,《世界日報》,1915 年 2 月 25 日,頁 4。

嘲笑，故凡事隱忍而不揭揚」；若他日有人將中國赴博覽會之怪象傳回內地，俾後來者知所鑑戒，監督將何以自為？⑯茶館事件之外，該報又言博覽會場之各國政府館，均有專人管理，負責招待遊客、解說產品出處，以達推廣商務之目的，獨中國政府館及陳列物品，全無英文說明，又無人管理，恐有失竊之虞。該報對袁政府不假辭色地指責「中國政府，事事放棄責任，故釀成今日亡國之禍。不料來美賽會之政府館，亦出一轍，良堪浩歎。」⑰由這些評議可見報社知識菁英重視國家顏面的自尊意識。

當時另有西人在博覽會場設一地底華埠，以蠟像和真人演出華人賭博、吸食鴉片等情形，招人觀覽；並有西人男女少年，向華人購買或吸食鴉片，及待警察而至，改裝轉穿救世軍服，掩人耳目，以瞞警察，得出煙窟。⑱這類演出大損華人名譽，華文報社論不斷批駁，視之為另一國恥，其言「今日吾國民被外人輕視已久，凌虐已甚。生計被奪，百業衰落。前途茫茫，靡所知屆」，反映華人工商業歷來受白人（也可能包含日人）侵蝕的困境，因此更言「宜掃除舊習、振作新機，示人以進取之精神，潛化其鄙夷之惡感，非尊嚴自重焉不可。」⑲華文報社雜誌如《中西日報》、《世界日報》、

---

⑯ 〈陳監督覆中華會館函〉，《世界日報》，1915 年 3 月 3 日，頁 3-4。

⑰ 〈放任之政府館〉，《世界日報》，1915 年 3 月 18 日，頁 4。

⑱ 見〈捏造華埠地獄之可惡〉，《中西日報》，1915 年 3 月 18 日，頁 3；〈當設法對待地底華埠〉，《世界日報》，1915 年 3 月 18 日，頁 4；〈各界對待華埠地獄之情形〉，《世界日報》，1915 年 3 月 20 日，頁 3。

⑲ 顧微，〈本報論說：博覽會中之國恥〉，《中西日報》，1915 年 3 月 20 日，頁 1。

《少年中國日報》、《中國民國公報》、《教會雜誌》、《民口雜誌》還聯合起來代表中華民國全體報界致書博覽會總理和值理諸君，以示抗議。[70]此項演出後經中國駐舊金山領事、中華會館、華商總會，及博覽會中國館監督等加入抗爭行列而作罷。[71]這個事例反映華人知識菁英重視國家名譽之自尊心，並聯合華商一起行動，而這股自尊而後人尊的意識，與商會抵制日貨和日商的精神是相互呼應、並行不悖。

(3)組織與行動

隨著中華會館的介入，華商開始籌議抵制日貨、日商之各相關組織與行動細目。臨時會長林壽圖當眾宣佈之前商會所擬定之規則，又提請選出幹事員，分為調查部、籌款部、演說部、文牘部等，並將此組織稱為「華僑全體救國會」。這些提議當場由各華人團體與各堂蓋章贊成，並由各堂派出代表，齊集會館，協同各幹員往各處之華人商家與團體說明，並與之蓋章實行。其中規定凡是日人經營的理髮廳、洗衣館、澡堂、旅館等，概行抵制，並將於一週後開始照例實行。[72]

正式啟動抵制行動之前，舊金山「華僑全體救國會」為籌商進

---

[70]　〈報界反對華埠地獄原函〉，《中西日報》，1915 年 3 月 24 日，頁 3。另有讀者投書此類演出還感染到其他各城（如洛杉磯、聖地牙哥）之博覽會場亦有相近活動。見〈捏造華地獄者何多，一地獄引出數地獄，我國領事各團體萬勿置諸度外〉，《中西日報》，1915 年 3 月 26 日，頁 3。

[71]　〈華埠地獄已實行封禁〉，《世界日報》，1915 年 3 月 27 日，頁 3-4。

[72]　〈中華會館集議抵拒日賊之進行〉，《世界日報》，1915 年 2 月 25 日，頁 3。有關「救國會」所訂之規則，見書後附錄（二）。

行之法再次集議。會中聲明「救國會」已正式成立，應由全體重新公舉正式職員，分任各事，以專責成。於是由眾人推舉正副會長：正會長黃覺流（肇慶會館主席），副會長林壽圖、黃恆；另有調查部部長余靈、幹事部部長胡瑞等，以及其下人員數名。所有幹部人員即時屢任視事，並公議所定規則，自三月一日下午一點鐘起，斷絕與日人交易。其規則中言明，各條款經眾人贊成，自應遵守；又言「為爭國體、挽利權」，可見本次抵制活動除了爭取國家尊嚴之外，也具有挽利權之用意，而利權所在多有，不只是用日貨、搭日輪，還涵蓋光顧當地日人經營之商店。❼❸

　　抵制行動，雖有規則，還須眾人恪守文明規範，以免橫生枝節。抵制規則中明定，凡對華人同胞，固不宜徇私隱庇，尤不宜挾怨加誣，反不利於抵制之進行。其中，調查部部長余靈特別提醒眾人，抵制行動宜出以文明手段，勿過於激烈。調查員如往各處查巡，遇有華人仍與日人交易，當查明其人姓名、或同到中華會館交由評議部判罰，才是辦法。他的考量主要是針對日人的反應。前此，日人商會幹事川島和另一代表訪問余靈，請其居中調處、不要抵制當地日人店家，但為其所拒。余靈說明，根據其料想，日人必會到華埠偵查吾等華人之舉動。若華人不以文明對待，或有不法之過度行為，則日人必藉此抗議，從中破壞本會，故眾人不可不慎。❼❹

　　這些調查部、調查員等組織、規章，以及運作進行方式，多由

---

❼❸　〈愛國會第四次集議對待日賊〉，《世界日報》，1915 年 3 月 1 日，頁 4。
❼❹　同上註，頁 3-4。

憲政黨人領導統籌，並指揮堂號人士到各日本商號前站崗。憲政黨的功能與所扮演的角色，可能延續自 1905 年抵制美貨的經驗。保皇會（憲政黨前身）在該次運動中，發揮重要的規劃、聯繫、統整各支會之作用，使之相互配合，甚至與中國國內各支會搭配協調。**75**此一模式後來運用於中國國內後續多次的抵制運動，只是原是黨人所扮演的角色，後來由學生取而代之。但動員手法、運作方式都如出一轍，亦即將抵制日貨道德化，並通過規章、約束，將道德法律化，並有人扮演法官做出評斷，再交由同輩執行法規，對違反抵制者進行調查、懲戒。**76**

　　華人的這些抵制行動立即引來當地白人社會的注意，並加以報導。《舊金山紀事報》（*San Francisco Chronicles*）報導華商連日在華商總會和中華會館集議，決定停辦日貨，已有多家經營日本漆器之店和中華料理店，將首先實行。該報導並稱，據統計華商每年購辦日貨約有五百萬美元。**77**西文報並訪問華商鄺文光，其言華人此舉，實欲日本政府將二十一條款收回，以免中日交涉棘手。已有華

75　有關保皇會在該次抵制運動的活動分析，參見 Jane Leung Larson, The Chinese empire Reform Association (Baohuanghui) and the 1905 Anti-American Boycott: The Power of a Voluntary Association, in *The Chinese in America: A History from Gold Mountain to the New Millennium* (Walnut Creek, CA : AltaMira Press, 2002), ed. by Susie Lan Cassel, 195-216.

76　中國推行抵制日貨方式與衍生衝突，以及其中意涵，參見李達嘉，〈罪與罰——五四抵制日貨運動中學生對商人的強制行為〉，《新史學》，第十四卷二期（2003 年 6 月），頁 43-108。日後美國推行抵制運動時，也加入類似手法，如將違法者遊街示眾、污名為漢奸，名字登報等，顯見其中的連通性。

77　〈西報對於拒日之言論〉，《世界日報》，1915 年 2 月 25 日，頁 4。

人貲裏捐助，以為「救國會」經費，若日本仍堅持不讓，該會永無取消之日。❼❽另一西報也報導舊金山中華會館將於三月一日推動抵制，斷絕與日人之交易，現居於日本旅店之華人已次第遷去。中華會館所聘白人律師對該報稱，華人抵制日貨乃個人自由，甚為文明。❼❾但證諸日後救國會的規章與罰款，可見其對華人社群的要求，至於個人自由只是應付白人的外交說詞而已。

3.各埠華人之回應

舊金山華埠作為美國華人所稱之「大埠」，動見觀瞻，其號召之抵制行動迅即發揮效應，及於美洲他處。加拿大溫哥華地區於二月底成立「華僑救亡會」，以合群禦外、挽救危亡為宗旨。會中有人慨言彼此同是華僑，當將舊日之姓界、族界、邑界、黨界等盡行消弭，結合一心；並呼籲如今之急務莫如抵制日貨，否則與其交易，等於資助敵人財力以征服我國，實禽獸不如。其抵制行動之細目包含：一、演說；二、編輯；三、調查（交涉事件、商品出入等）；四、募捐；五、專銷國貨；六、擴充各埠。由這些細目可見大致是遵循舊金山「華僑全體救國會」的模式。❽⓪隨後並選出正、副會長

---

❼❽ 〈關于抵制日貨之各方面〉，《世界日報》，1915 年 3 月 3 日，頁 4。顯然美國社會對此發展亦有所關注，加州呈給國務卿有關「日人移民問題」的州情諮文報告裡，兼及日本國事和中日關係時，提到中國國內民族意識甦醒，抵制日貨運動波濤洶湧，西岸華人，尤其是加州華人，也隨之跟進。參見 Skeleton Brief by Mr. V. S. McClatchy, Representative of the Japanese Exclusion League of California, on "Japanese Immigration and Colonization" filed with the Secretary of State, 67th cong. 1st sess., Doc. #55, 1921: 72-3.

❼❾ 〈抵制日貨之西報談〉，《中西日報》，1915 年 3 月 1 日，頁 3。

❽⓪ 〈雲高華華僑救亡會之成立〉，《世界日報》，1915 年 2 月 27 日，頁 10。

和編輯部、調查部、勸誡部、演說部等部長和幹員，分別任事，著手進行。不數日，華人開始斷絕與日本人交易，該華埠內原有數家日人經營之店家遂陸續遷離。[31]中美洲英屬牙買加（Jamaica，粵人稱占美架），華人店戶約有兩千餘間，自日本挾約發生，咸感憤恨，再於五月成立救亡籌餉會，當場認捐共約千餘磅。[32]

雖然舊金山華商登高一呼，彷彿四方響應，實則當商會倡言集體抵制日人行動之前，曾經出現一些雜音與異議，反映出美西華人和當地日人複雜的社經來往。先前《中西日報》竭力倡導抵制日貨行動，當時已有人表示不同意見，因而引起該報的回應和答辯。《中西日報》在其社論抨擊「眼光短小之徒，時發囈語，謂他處可言抵制日貨，惟美洲華僑，不適用此言。窺其意，以為美洲華人所得於日人之利權，超於日人所得華人之利權。」這種另類意見，透露美西華人與日人之間深厚而複雜的社經關係，甚至認為華人的商業利基是仰賴日人顧客。雖然該報大肆批評這些人只見眼前小利，而置中國國內四萬萬同胞之利害於不顧；但它也不得不承認華人與日人彼此之間深厚的經濟互賴關係，只能貶斥「彼所謂美洲華人所得於日人之利權，超於日人所得華人之利權，實未經精確之調查，不過率其含糊論事之私意，妄斷為如是而已。」[33]

到底美西華人與當地日人的經濟互動關係是如何呢？根據該報

---

[31]　〈雲埠華僑救亡會之進行〉，《世界日報》，1915年3月3日，頁3。

[32]　〈國仇忠憤錄：占美架救亡籌餉會開會情形〉，《世界日報》，1915年5月7日，頁10。

[33]　顯微，〈本報論說：國民對抗日本之責任〉，《中西日報》，1915年2月19日，頁1。

的解說，美國華人所得於日人的利權，「大抵以食品及（賭）博為大宗」。但是對於這兩項商業利機，孰大孰小，該文只論及中華料理味美價廉，日本食客大受其益而為其所好；至於博奕之事，卻避而不談。其中可能是因為賭博行徑為法律所不容，故而不願意公開在報紙上談論；也可能是不承認有華人經營賭館，因而輕描淡寫、點到為止，甚至在文章中只印「博」字而去「賭」字。賭博之為商機，華人所得到之利權，已見前章。❽❹至於日本人所開設的旅館、洗衣館、理髮店、澡堂和彈子房（日文為波房，即球房），則以華人顧客為最多。❽❺文末還將以日人顧客為主的美國華人，譬喻為在日本各大城（如橫濱、神戶等）經商的中國人，勉其不要為孳孳蠅頭小利，「而謂必吸受日人之小利，然可以謀生，亦自薄之過甚矣。」但是這已凸顯在美西社會白人種族歧視的濃厚氛圍下，中、日兩個少數族群已然產生互賴共生的經濟和社會生態，此一發展不免衝擊、甚至減低某些華商之中國民族意識。❽❻

到了舊金山華商總會和中華會館接連開會集議抵制行動時，不同論調又再次出現。商人陳晦投函報社，謂同胞中有一二人，雖不敢當眾反對，卻暗中仍持異議。而各堂號中人對抵制行動紛表贊同，因此已經秘密決議，如有華商暗中反對者，將以激烈手段對付這類異議份子。❽❼

---

❽❹　詳見第三章。

❽❺　顯微，〈本報論說：國民對抗日本之責任〉，《中西日報》，1915 年 2 月 19 日，頁 1。

❽❻　同上註。

❽❼　〈來函照登〉，《世界日報》，1915 年 2 月 23 日，頁 3。

(1)聲援響應

　　當抵制行動於三月一日自舊金山正式展開後，眼前的問題就是各處華人，不論工商，馬上面臨是否表態加入抵制行列。離舊金山最近的奧克蘭（Oakland，粵人稱屋崙）首先響應。由該市華埠發出的電訊云，其地華人以日本「二十一條要求」過於嚴酷，侵奪中國主權而咸動公憤，決議遵照大埠中華會館章程，全體一致抵制日貨。當地有位華商說明，舊金山的抵制行動條款雖尚未宣佈，但據其所知，加州各埠華人已一律實行；凡是華人向日本所訂貨物，概行止辦；且此行動及於全美華人，大家都持杯葛態度以抵制日本。相似之愛國論調也出現於加州首府沙加緬度（Sacramento，粵人稱為「二埠」）和鄰近的士作頓（Stockton）、老大（Lodi）等華埠。沙加緬度華商據稱已經不動聲色地開始依照大埠救國會之章程實行，與日人斷絕交易。士作頓華商則言，不特該處如此，將來全球華人皆堅持抵制，以對付日人。此因中國政府以日本之無理要求，迫挾太甚，於是准我華人採抵制之法，文明對待，以為後盾，因此華人自後永不辦日貨。⑧鄰近另一小鎮屈崙（Courtland）之所有華人店家，亦不擺設日貨。至於日人商店，華人戒勿光顧，例如當地僅有一間理髮店，係日人開設，華人遂不再與之交易，自行安排於週日假期赴二埠之華人理髮店。⑨除此之外，若遇有華人需與日人混同之場合，華人也儘量避免。有一華人到戲院看戲，隨後有數名日人亦到場看戲。未幾，又有些白人到來，老闆以座位不敷，請華人與日人同坐

---

⑧　〈抵制日貨之響應〉，《世界日報》，1915 年 3 月 2 日，頁 4。

⑨　〈關于抵制日貨之各方面〉，《世界日報》，1915 年 3 月 13 日，頁 4。

而讓其位於白人。該華人以時當抵制日本，羞與日人為伍，而寧不看戲，退費離場。⑩

　　加州隔鄰的奧瑞岡州首府波特蘭（Portland，粵人稱砵崙）亦隨之響應。⑪西南部亞利桑那州吐桑市（Tucson, AZ）之華人集議後，當場有人認捐月薪一百八十五元，也有商人認捐生意一月利潤，以為軍餉，眾人遂發起捐資之舉，並言杯水車薪、無濟於事，然各埠同胞若能共襄盛舉，亦可阻日人之要求。⑫內陸省份內布拉斯加的大城奧馬哈（Omaha, NB）之華人也決定實行抵制日貨。他們將平日所買日貨，一概棄置或當眾焚毀，以示與日人決斷之意。然而因該處也是華人、日人共處，有少數華商表達反對意見，卻遭致其他華人的毆辱。⑬

　　東部城市迅速回應舊金山中華會館所號召的抵制行動。自大埠華僑救國會成立後，紐約華埠即遍貼傳單，各界華人在中華公所開全體大會，公決杯葛日貨，以響應大埠同胞之舉。⑭底特律華人集議於當地致公堂，並發起救國團。⑮隨後，芝加哥華人也成立華僑救國團，其成立佈告書中批評袁氏政府干涉人民抵制日貨、特派專員赴日本磋商，「無異盜未攜人，彼則自行送死」，又言「苟官場不可托，我同胞當出而自圖之，萬不能因代理人之不善，遂放棄責

---

⑩　〈關于抵制日貨之各方面〉，《世界日報》，1915 年 3 月 8 日，頁 4。
⑪　〈抵制日貨之響應〉，《世界日報》，1915 年 3 月 2 日，頁 4。
⑫　〈華僑之義熱〉，《世界日報》，1915 年 3 月 6 日，頁 10。
⑬　〈抵制日貨又多一埠〉，《世界日報》，1915 年 3 月 4 日，頁 4。
⑭　〈關于抵制日貨之各方面〉，《世界日報》，1915 年 3 月 5 日，頁 4。
⑮　《中西日報》，1915 年 3 月 2 日，頁 3。

任，任外人割烹侵佔我本有之身家財產」，故大力呼應抵制行動。
❻辛辛那提華人集會演說後，隨即捐聚電費，呼籲北京拒日，並成
立拒日救亡會，舉定職員，為籌辦拒日進行方策。❼甚至鄰國加拿
大溫哥華處之華人，也實行抵制日貨，凡日本人所捕獲之魚產，概
不購買，且已經有華人籌設公司，專做魚產之賣魚生意，以挽回原
先固有之利權。該市華人領袖還宣稱，此次華人與日人斷絕交易，
乃出於愛國熱誠所致，絕非中國政府迫勒而為。❽

(2)觀望保留

　　看似眾口同聲的愛國高調，同時卻有一些地區的華人猶疑觀
望，持不同的態勢看待抵制日人行動。即使在首先發難的舊金山，
當「救國會」沿戶懇請華人商埠打印簽字，以示加入此舉，就有華
人不肯蓋章簽名。這種現象被認同抵制之華人批為「甘為奴隸、甘
為亡國，亦足見此等之病狂心理之不齊也。一至於此，誠令他人不
禁發嘔矣」；並認為這種敗類徒顧私利、不顧國亡，甚至指責中國
之所以會使列強生出種種野心，「無一非若輩弄成之也」，故言
「當鳴鼓而合攻之，可乎。」❾難怪《中西日報》舊論重提，建議
「救國會」為萬全策、久遠計，當命其調查部從事積極的工作，例
如：華人銷流日貨，每年到底總額若干；銷流何種貨物為多；何貨

---

❻　〈芝加高華僑救國團之佈告書〉，《世界日報》，1915年3月13日，頁
　　10。

❼　〈先先拿打華僑之拒日大會〉，《世界日報》，1915年4月9日，頁4。

❽　〈抵制日貨之響應〉，《世界日報》，1915年3月2日，頁4。

❾　英屬馬求德來稿，〈議抵制日賊之後之輿論〉，《世界日報》，1915年3月
　　17日，頁10。

我可仿造、何貨我可逕以國貨替代；另外就是華人每年消費於日人商店者，為數到底又若干，從中明瞭中日貿易多寡之數及利害關係，如此才能於言論上有所根據，不為無識者之浮言所動。顯然其中所謂的「無識者之浮言」確實存在，他們自有其考量，以致不能附和「救國會」的抵制行動。⑩

西雅圖（Seattle，粵人稱舍路）華人雖接到舊金山中華會館要求共襄盛舉的消息，卻因華商對於抵制之事，贊成與反對者各半，故未實行，需待之後全體集議才能決定。在某酒樓宴會席上，雖有華商極力贊成，但也有數位名望華商認為抵制之事恐難堅持到底，萬一虎頭蛇尾，適足見笑於外人，貽羞全國。⑩這些華商的論點顯然是以 1905 年和 1908 年抵制行動失敗為前車之鑑。見證於當時華埠有位經營旅館之日人老闆聲稱，華人抵制日貨行動，事同兒戲，必不能持久；而西雅圖之日人領事亦言，華人杯葛日貨之事，將迅即消失。這些日人論調確實是華商恐貽人笑柄的考量。⑩

何況西雅圖的華、日兩族群之間在經濟、社會層面還有深厚的相互依賴關係。因為不數日之後，即有一華文報紙批評該處某位華人為「無恥之輩」。事因於美國西北海域（如西雅圖附近的哥倫比亞河和阿拉斯加等地）盛產鮭魚，可製成鮭魚罐頭。西人經營的罐頭工廠

---

⑩ 顯微，〈本報論說：所望於愛國會者〉，《中西日報》，1915 年 3 月 13 日，頁 1-2。
⑩ 〈抵制日貨之響應〉，《世界日報》，1915 年 3 月 2 日，頁 4。
⑩ 同上註。西雅圖當地西報亦有相關報導，言各華人對於抵制一事，無法達成全體一致行動的決議，因此仍要再行召集各界商量公決。見〈關于抵制日貨之各方面〉，《世界日報》，1915 年 3 月 5 日，頁 4。

內，雇用不少亞洲勞工，先是華人，後因華人日減而改用日本人。西雅圖有不少華人經營的勞工仲介所，仲介華工和日工。據報導所云，大多數華工、日工皆由此一所謂的「無恥之輩」經手，且日工價賤而華工價高，因此他的仲介對象仰賴不少的日本勞工，故而大力反對抵制當地日人之舉。報紙評之「以現今而爭國體計，辭九十而就一百，亦義所當為」，更何況各埠景氣冷淡，不少華工遊手好閒，豈有不雇本國人、而用國仇之日本人。報紙因而抨擊其人「不顧大局，不爭國體，一味孳孳為利，實自甘為亡國奴也」，還舉廣東富商蘇佩華之例，說明其願將家產財物變賣，撥充軍費，以與日賊決死戰，汝等「無血之物見之，能無汗顏否耶。」⑩如此責難似乎無助於事，西雅圖華人社群終究未能全體一致地實行抵制。

西雅圖華人並非孤例，仍有一些區域之華人各有考量而礙難照辦。洛杉磯地區華人在日本向中國提出「二十一條要求」時，曾經敘集於中華會館。當時人心共憤，願效力疆場者有之，願擔任籌餉者有之，均望海內外同胞力籌對拒之策，並致電中國政府「日本無理貪求，華僑大動公憤。請嚴絕、勿退讓。」⑩如今真要推動抵制日人活動，洛杉磯華人卻有所遲疑、各持己見，無法遵照舊金山中華會館章程而一體實行，顯然當地華、日兩族互賴情況亦是匪淺。該處中華會館某代表曾在商會與各商家討論，商會雖不表反對，但也不肯聯合各團體一致行動。據其總理所述：生意場上，貿易自由

---

⑩　〈舍路華僑之抵制觀〉，《世界日報》，1915 年 3 月 5 日，頁 2。有關鮭魚罐廠混用華工、日工之情形，見第二章。

⑩　〈羅省中華電京拒日〉，《世界日報》，1915 年 2 月 24 日，頁 2。

乃理所當然，因而抵制與否，任人自便，商會概不理會。⑩日人就直指洛杉磯的華日兩族在蔬果市場的共同利益甚多，華人抵制日貨會變成抵制自家人，並說明抵制日貨的行動只是一群反袁華人之行動而已。⑩洛杉磯有個華商在白人區開設有中日雜貨公司，仍雇用日本人為工。該公司針對白人和日人顧客所開的雜碎食堂，亦雇用廿餘名日工，可見以白人、日人為顧客對象的華商，其經營與雇工情況須賴日本人。但此等華商不免被認定為「涼血之徒，實屬破壞大局。」隨著華人抵制日貨和日商，該市日人之理髮廳、澡堂及妓戶漸少華人足跡，日本人乃「以其人之道還治其身」，採取抵制華商之舉。洛杉磯有一華人料理店自此常有日人立於門前，見有其他日人欲入內就食，即勸阻之，甚或扯之他去，使該料理店大受滋擾。⑩

因華、日兩族相互抵制，遂衍生各式紛擾。前述互相立於店門之外，阻客入內只算其中之一。另有擺賣瓜菜的華商，對日人顧客到來，不但不肯賣之，還斥罵一頓，引起日人不滿，請來其他日人和警察，反將之戒飭警告。或有日本人指華商任意抬價，報警處理，使華人受誣罰銀，因而華文報紙對這類事件會冠上「日人詭詐，我華僑慎之」的警語，呼籲同胞既與日人斷絕交易，則當防

---

⑩　〈抵制日貨之響應〉，《世界日報》，1915 年 3 月 2 日，頁 4。

⑩　〈不一致非買運動〉，日文報《新世界》，1915 年 3 月 5 日，頁 5。有關洛杉磯蔬果市場的華商、日商混雜情形，見第二章。

⑩　〈羅省日人抵制華人之行動〉，《中西日報》，1915 年 3 月 24 日，頁 9。

之。[108]

　　加州佛雷斯諾（Fresno）華人約有一百五十餘人，其中不少居住於華埠裡日本人經營的旅館；今因抵制風潮，彼等遂陸續喬遷他處。而以日本人為顧客的華人餐館，亦斷絕與日人交易，以示實行文明抵制。其他華人則抵制日人理髮店、洗衣館、澡堂，並有數名華人常立日人戲院前，規勸同胞勿入看戲。然而，也有不少親日派的華人認為，舊金山中華會館倡行抵制舉動，導致華人、日人互生惡感，「殊為可惜。」言下之意，彷彿兩個群體之間原是共生共存、相濡以沫，如今卻反目成仇，非常遺憾。此因當地華埠與日本人町毗鄰而立，平日彼此往來甚為密切；如今華人推動抵制日人之行動，日本人也反擊而開始抵制華人，華埠因而失去不少商機與利權。[109]

---

[108]　〈日人詭詐乃至此〉，《中西日報》，1915 年 5 月 20 日，頁 3。該類事件發生於墨西哥國境內。有趣的是，華人抵制日貨另有額外插曲，即白人和高麗人藉機向華人推銷原是日人所獨佔的商業活動，如鄰近舊金山華埠的西人理髮廳或高麗理髮店就趁勢刊登廣告，歡迎華人光顧。見〈修容堂廣告〉，《世界日報》，1915 年 3 月 2 日，頁 4；〈高麗理髮店告白〉，《世界日報》，1915 年 3 月 9 日，頁 4，其廣告內容言：本店樂與華人過從，設在華埠中心，望華友先生惠然光顧。

[109]　〈抵制日貨之響應〉，《世界日報》，1915 年 3 月 2 日，頁 4；《中西日報》，1915 年 3 月 2 日，頁 3。這類發展也見諸於西文報，顯示華、日社群間的敵對關係會引來西人之注意。如士得頓（Stockton）有西報報導該市華人決定實行抵制，但需候召集各界商議，乃能公決實行辦法；而洛杉磯的西報報導則直言本市華、日人生意來往極多，斷絕交易之事不易辦到，決議不予照行舊金山救國會所提之章程。見〈關于抵制日貨之各方面〉，《世界日報》，1915 年 3 月 5 日，頁 4。

聖荷西（San Jose，粵人稱山多些）亦接到舊金山中華會館之訊息，籲請抵制日貨，以為聲應氣求。但各華人議論之後，以該處華、日兩埠相連，彼此交通來往甚便，驟然間不易做到，日後再議如何辦理。⑩類似狀況也出現在加州老大（Lodi）埠，當地華、日兩國人多以栽種馬鈴薯和洋蔥維生，互有來往、彼此為善。其日本人以母國在此案交涉中，太過強橫，因此將聯合稟告日本政府，要求修改條件、稍微退讓，俾利此案可和平落幕，顧全兩國邦交。⑪另在加州中部大城北架斐（Bakesfield），該處華人約有七百人，日人則有三百人，彼此混雜而居、來往密切，因此抵制之事，驟難實行，故一時之間，對於是否抵制未有定論。⑫由上可見不少地區的華人因與當地日本人互有交往，乃對抵制日商有所猶豫而左右為難。

何況舊金山華人社群裡就有不服規定者，仍往日人理髮所剪髮，或投宿華埠的日人旅館、租賃住房。他們若不是被帶到中華會館議罰，就是為人捉獲，罰銀五元。⑬然一旦日久，不免出現矯枉過正、甚至誤認日人為華人之事，引來華、日雙方社群的緊張對立。日本人協會曾經致函舊金山警察總署，報稱自從該市華人倡行

---

⑩　〈關於抵制日貨之各方面〉，《世界日報》，1915 年 3 月 8 日，頁 4。

⑪　〈關於抵制日貨之各方面〉，《世界日報》，1915 年 3 月 9 日，頁 4。

⑫　〈關於抵制日貨之各方面〉，《世界日報》，1915 年 3 月 13 日，頁 4。

⑬　《世界日報》，1915 年 3 月 5 日，頁 4；3 月 8 日，頁 4。該報於報導之後，又寄語僑胞，辛無以身試法，顯見其諄諄告誡之意。另見日文報〈天洋丸支那人船客に罰金か〉，《新世界》，大正四年 1915 年 10 月 12 日，頁 13。此則新聞提到中華會館將對這些華客罰錢。

抵制日貨、與日人斷絕交易之後，有華人偶入日店，竟另有華人尾
隨其後、追入店內，勸其勿買日貨。按照自由貿易原則，華人杯葛
日貨，無需報差干涉，惟入店騷擾，已有礙商業，且恐此等華人滋
生事端，有遭意外之虞，乃不得不報警處理。[114]此外，華人、日人
同屬黃種，偶有將日人誤認為華人。四月初，舊金山有一日本人橘
田虎七，到仁田阪床之理髮廳剪髮，被抵制日貨者誤認為同胞光顧
日人店而毆傷之，引起日人社群的不滿。[115]於是日本領事和日本人
協會聯合向當地警察署要求取締華人之暴亂舉動，並致函質問中華
會館。[116]因此華文報紙經常呼籲華僑當以文明方式處理抵制行動。
如有跡近疑似為日人所冒認之營業，只可互相勸勉、勿與交易。一
切入店干涉及率眾糾纏等不規則舉動，皆應杜絕。若有過激行徑，
惹起交涉，救國會同仁將不會為之認過。[117]這些提示和警語不正反
應仍有華人照常購銷日貨或光顧日店，才會激起制裁行為。

　　華人社群出現這種不認同抵制之異聲與行徑，凸顯海外華人對

---

[114]　〈日人請禁止抵制之妄想，望我華僑舉動文明，勿貽日人口實〉，《中西日
　　　報》，1915 年 3 月 11 日，頁 2；又見〈日人竟請警官干涉抵制耶〉，《世界
　　　日報》，1915 年 3 月 17 日，頁 3-4。

[115]　〈誤拘日人將起交涉〉，《中西日報》，1915 年 4 月 3 日，頁 3。

[116]　數週後，中華會館律師函覆日本人協會，以事發當時會館職員一概不在，並
　　　不知情，自問與該事件無涉，且無從查究當日滋事者姓名，如此回覆而落
　　　幕。見〈麥納律師覆日本人會函〉，《中西日報》，1915 年 5 月 10 日，頁
　　　9。

[117]　〈華僑愛國會通告〉，《中西日報》，1915 年 3 月 12 日，頁 9；〈救國會傳
　　　單照錄〉，《中西日報》，1915 年 4 月 2 日，頁 3；《世界日報》，1915 年
　　　4 月 6 日，頁 3。

祖國之呼喚號召其實並非全體一致行動。早至清末保皇會與革命黨的海外活動時期，即見到兩方較勁，分裂僑社。民初袁世凱政府對華僑顯現照顧的誠意，贏得華僑的信賴與擁戴。從二次革命至袁稱帝，海外僑界對祖國內政之立場分歧，有些擁袁、有些擁護中華革命黨，有些則支持梁啟超的進步黨。⑱到了中日對抗時期，也出現一些附日擁汪的華僑，而誠如李盈慧教授所言，有些華僑不想背負「漢奸」罪名，但又與日本合作，牟取自身利益。⑲證諸美國有些華人與日本人的交往景況，但若深查社會上歧視亞洲人的時代脈絡，我們實不忍以「漢奸」苛責他們。

(3)菁英呼應排日而抵日

相對於工商界華人對「抵制日貨」在看法或作法上有所分歧，華文報界菁英則堅定其反日、拒日態度；尤其重要的是，這股反日態度經常舉用當時美西社會白人排日的觀點和作風。抵制日貨行動於三月啟動後，即有華文報論鼓吹與日絕交。其中論點闡明，現今世界，非洲、美洲、澳洲已盡為白人殖民或管控範圍，即使亞洲亦幾為白人殖民地，獨剩中、日兩國。歐戰和議之後，若白人覺悟同族相殘之弊，轉而鼓吹黃禍，行其白人統一世界之野心，則中、日將有「輔車相倚、唇齒相依」的關係。社論因而呼籲日本應與中國合作：

---

⑱ 陳士源，《分歧的「愛國」華僑——民初華僑對祖國政治之態度（1912-1916）》（臺北：海華文教基金會，民91年12月），頁87、113-4。

⑲ 李盈慧，《抗日與附日——華僑、國民政府、汪政權》（臺北：水牛出版社，民92年3月），頁268。

爾欲生存於地球，必須與中國相親睦，共保東亞之和平。乘
此歐戰之風潮，我亞人發憤圖強，將來之世界，為黃為白，
未可預測也。不見美人之排亞乎，若華若日，一丘之貉，以
亞人為黃種而排之也，而日人猶不知種界利害乎。

　　此論借用當時美西的排日風潮，以種族因素來訴求日本與中國
合作之必要，可見其對當地白人歧視黃種人之深刻感受。但社論隨
即再言「今日與倭寇言交道，何異與虎狼說人道」，又顯示其嫌惡
日人之態勢，並言日本財政恐慌已日益嚴重，轉而呼籲國人「抵制
日貨，尤須堅持到底，自有效果出現。」[120]由上可見，知識菁英與
下層工商業者，兩者對日態度存有鴻溝：下層工商華人基於經濟現
實，必須與當地日本人交易互惠，但知識菁英則將民族愛國意識附
會於當地白人之排日情緒，強化其反日、拒日態度。

　　諷刺的是，華人知識菁英即使不滿美國白人之種族歧視，卻仍
傾向聯合美國來拒斥日本，而非華、日合作的作法。數篇社論經常
表達其親美反日的態度。例如，有一社論警告日本「螳螂捕蟬，黃
雀在後」的道理，引用俄國入侵奧圖曼土耳其時，德國出而干涉之
例，以此而論「區區三島之日本，欲吞十倍之大國，吾恐其食未下
咽，旁觀之人，必扼其吭而攫奪之」，並「試問三十餘兆之木屐
兒，能與歐美之雄師相爭否耶」。[121]針對二十一條交涉，日本見中

---

[120]　黃傳琳，〈本報論說：與倭絕交為救國利器之一〉，《中西日報》，1915 年
　　3 月 15 日，頁 1。

[121]　（新），〈本報論說：警告日本〉，《中西日報》，1915 年 4 月 5 日，頁 1-
　　2。

國欲求美國援助時，其國內發出議論，謂中國欲聯美抗日，實屬空望，不如中日同盟、互相提攜，反可增進中國國力。此論馬上受到華文報紙的駁斥：「吾中國前途如何，斷無庸有賴於與國之提攜，中德聯盟、中日聯盟，皆所不可。今日本因時利用，辣手之下，誘以甜言，吾政府與國民所急當致警也。」⑫隨後，該作者還比較美日兩國，論日本則「昧然見利忘害，同與糾纏，自詡為智，適以著其愚妄而已」，論美國則「隔海觀戰，逍遙無事，能堅守中立又能內修政治，力能自衛也」。⑬兩相對比，立見其親美反日之勢。當舊金山有西文報導以昨非今是之態，自責從前侮辱、打擊華人，今則認識華人誠實、仁愛、勤力之優點，不再有此行徑，華文報紙回應「雖美國人知之太遲，然必由積年閱歷比較，而後乃矢諸口而為言。」⑭此中流露出的親美姿態，固然源於少數族裔欲爭取白人主流社會認同，但其言「積年閱歷比較」，與白人排日論調中常指斥日本人虛偽奸詐，而華人敦厚誠懇，正好兩相輝映，凸顯華人知識菁英順應白人排日風潮，搭配其強烈民族意識，而生親美拒日之態度。

(4)設立「中國郵船公司」

華人「抵制日貨」的重要插曲之一是成立「中國郵船公司」

---

⑫ 顯微，〈本報論說：非中日提攜說〉，《中西日報》，1915 年 4 月 14 日，頁 1-2。

⑬ 顯微，〈本報論說：非中日提攜說，續二〉，《中西日報》，1915 年 4 月 16 日，頁 1。

⑭ 顯微，〈本報論說：吾國民性質若何〉，《中西日報》，1915 年 5 月 14 日，頁 1。

（China Mail Steamship Co.）。早自 1875 年，日本「東洋汽船會社」為了與美國競爭，先後以「美國丸」、「日本丸」、「香港丸」加入太平洋航線。1915 年抵制行動的要項是拒乘日本輪船，於是華人有自己籌組輪船公司之念。當時正好美商太平洋輪船公司（Pacific Mail Steamship Co., 中文名華昌公司）因美國實行水手國籍限制條例而停業，造成華人來往或運輸商業諸多不便。於是由舊金山華商聯合中華會館、金山廣東銀行等籌措經費，訂購太平洋輪船公司的「中國號」輪船，於 1915 年十月中旬成立「中國郵船公司」。該公司的倡辦序言即反應強烈民族意識：「……太平洋為新舊兩大陸交通之孔道，中美各貨物運輸之要津，竟無隻輪片帆飄揚我國國旗者。非特國體減色，抑亦利權外溢也。」其招股簡章因而明白揭示「本公司專為往來太平洋各商埠運載客貨，以挽回我國利權為宗旨。」該公司之成立，由爭利權、爭國體兩方面出發，凸顯華人企圖掌控自我命運的欲求。⑫

　　「中國郵船公司」成立初期，業務進展順利，續購入「南京號」、「乃路號」（The Nile），三輪之中，「南京號」最大，「中國號」最快，「乃路號」最小。⑫抵制日輪期間，若無本籍輪船，

---

⑫　Yong Chen, *Chinese San Francisco, 1850-1945: A Trans-Pacific Community, 1850-1943* (Stanford: Stanford University Press, 2000), 188, 233. 也見麥禮謙，《從華僑到華人：二十世紀美國華人社會發展史》，頁 99-100；劉伯驥，《美國華僑史續編》，頁 279。

⑫　〈中國郵船公司成立〉，《東方雜誌》，第 12 卷第 12 號（1915 年 12 月），中國大事紀一；余進源，〈聯邦客輪鞠躬盡瘁〉，《金山時報》，1978 年 4 月 29 日。見 AAS ARC 2000/70, Ctn. 26-26。

華人就勉強選擇英國輪或荷蘭輪，絕不搭乘日輪。又因抗日聲浪正熾，每抵日本港口，華人乘客相互勸誡抵制登岸，即使日本海關對遠東籍旅客提供優先上陸、不需檢查之便，華客為表示愛國，只憑欄眺望，以此渡過停舶時間。曾經有一華客在橫濱下船買食酒菜，回船被其他華人毆打。❼「南京輪」由美國開往亞洲時，常載有華人數百人，而日本人亦近百名。船上華籍員工自組愛國會，當日人尚未離船之前，不敢有所舉動，恐觸動義憤，導致華日衝突，妨礙船公司營業。待船至橫濱解纜後，日人盡去，則由船上愛國會員邀請船中名望人士演講愛國問題。❽此一華人自營的輪船公司，因經費有限、無法與資本雄厚之外商船隻公司競爭，又缺乏經營經驗，管理不當，歷經八年風波，終因破產而劃下句點。但「中國郵船公司」的成立，誠如有些學者所言，是展現國際競爭力，也是美國華人建立自信與自我認同的重要指標。❾只是我們不可忽略在「爭國體」、「挽利權」背後，有美國社會華日兩族抗爭的背景因素，方使其民族主義情懷更加厚實。

4.在美日本人之反應

　　美西華人抵制當地日商之效應，逐漸浮現，他們開始感受日本人的相對抵制回擊。此與中國境內抵制日貨行動之發展迥異。❿自

---

❼　余進源，〈續金山唐人埠今非昔比〉，《金山時報》，1966 年 2 月 21 日。見 AAS ARC 2000/70, Ctn. 29.

❽　〈南京船乘客之愛國熱〉，《中西日報》，1919 年 4 月 17 日。

❾　See Shehong Chen, *Being Chinese, Becoming Chinese America*, 104-10; Yong Chen, *Chinese San Francisco*, 187-8.

❿　中國境內並無居留日人之抗議，卻有日本出面要求中國政府鎮壓抵制之壓力。

從舊金山華商熱烈集議抵制相關事宜，日人即甚為注意後續發展。該市日文報紙《新世界》對華人抵制日貨行動之發起人士背景稍加介紹，指稱此次運動主要由華商（世昌會社：經營進口日本瓷器、絲織品）、報社（《世界日報》、《中西日報》）所發起，並有堂號（憲政黨人）派人站崗，還附上詳細之抵制行動實行法則。⑬舊金山日本人町非爾摩街（Filmore Street）的日人俱樂部以及士作頓街（Stockton Street）的日本人協會（Association of Japanese in America）都迭經數次會議，籌商對待之法。尤其是日人經營的旅館、飲食、糧食雜貨店商，一向以華人為顧客，特為此事商議，決定先由日人商會派員與華人交涉，探詢華人商會諸員之意見，勸阻抵制行動，調停兩方之杯葛，免生惡感。但若華人一意孤行，日人商會也將通告旅美日本人，不與華人賭館和料理店交易，以為報復。⑬根據《新世界》報導，日人的態度一方面責斥華人頑固而偏狹的抵制行徑，另一方面也以彼此乃鄰國人民，又同在海外營生，應該相互提攜。報紙社論認為國家和國家之間的問題，並非用斷交的方式；兩國國民應該致

---

⑬　《新世界》，1915年3月2日，頁3。此實行辦法之內容大抵與「救國會」所發佈之規則相近：一、排斥日貨，斷絕和日人商業來往的關係，大家同心協力一致恢復本國的利權。二、由本會致電在橫濱、香港、上海等城市的中國商人，已經簽下的契約儘速履行；此後則嚴禁與日人商業來往。三、此後不許中國人搭乘日本的船隻，也不許用日本貨輪運送貨物。四、本地中國商人若是借用白人名號而輸入日本商品，以致耽誤大局者，將處以重罰。五、與日本人的全部契約，不得在規定期限以後仍續約。六、嚴禁出入日本人經營的澡堂、理髮廳、妓女戶、餐館。七、違反本會規定之時，初犯者處以兩百元，再犯者將處以四百元。舉發違法人士的密告者，可獲贈一半的罰金。

⑬　〈實業會そ日貨排斥問題〉，《新世界》，1915年2月28日。

力於友好和平，尤其是華日兩族共同處在美國法律之下，且又都是東洋人，卻互相排斥，只會給美國人得利。該報又說明，華人經營的賭館、料理店等所賺得之日人錢財，遠多於日人經營的汽船公司、理髮店、澡堂、撞球場所賺得之華人錢財；因而日人很不諒解華人竟然還敢抵制日貨，要華人好好反省、權衡抵制活動的利害得失。⑬隨後日人商會派幹事川島訪詢中華會館通事鄺文光與抵制臨時會副會長余靈，華文報紙指稱兩人嚴詞厲色相告而使川島氏知難轉圜。⑭但日文報紙則稱川島拜訪余靈、伍盤照，相談愉快，伍氏還出示袁政府給廣東地方政府的電文，示意中日交涉已經圓滿解決，切望勿再抵制日貨，以此讓川島放心。⑮

　　舊金山日本領事沼野奉命調查此事，再回報日本國內。⑯該領事一派輕鬆地向西文報紙宣稱，每年日貨輸出到美國者，約值七十到八十兆元（以中國幣值計），其中只有少數屬華人所辦貨品。因此現今雖有華人之抵制日貨行動，於日人利權無甚傷害，反倒是華商所損失之利益尤甚於日商。其蔑視華人之態勢顯而易見。⑰此論還引來華文報的回擊，稱美國共有近一億人口，其中華人只佔七萬餘人，自然屬少數。但是若以每人每年所耗日貨之平均數言之，則一

---

⑬　〈卑怯なる日貨排斥〉，日文報《新世界》，大正四年（1915）2 月 27 日，頁 1。

⑭　〈實行抵制足寒日賊之膽〉，《世界日報》，1915 年 3 月 1 日，頁 3。

⑮　〈川島氏の支那人歷訪〉，《新世界》，1915 年 3 月 4 日，頁 3。

⑯　〈抵制日貨之西報談〉，《中西日報》，1915 年 3 月 1 日，頁 3。

⑰　〈關于抵制日貨之各方面〉，《世界日報》，1915 年 3 月 3 日，頁 4。

個華人實三倍於一個美國人。若華人人心一致，亦可發揮力量。⓭⓯

　　隨著華人抵制行動逐漸在各地展開，不少城鎮的華人已經感受到日人的相對抵制。舊金山日人批評華人在日本人町強行拉走光顧日人商店的華人，因而倡言反制華人，將由中華料理店開始，派人站崗、禁止日人進出；日人還圖自營中華料理店，以爭回利益。有團體聲言組織「非チャイナ飯同盟會」，其告同胞書中質問日本諸君之胃腑是否已成為中國人的奴隸，不食中華料理不行嗎，以此激勵日人斷絕再入華人餐館。⓭⓰此舉致使洛杉磯有一華人餐館老闆出現協調華日兩族，並稱華人抵制日貨活動以年輕人或美國土生者居多，只能代表某一群華人之意見而已，且批評他們於日人商店前拉走華人顧客之不當行為，而力說中日兩國人民親善之必要性。⓮⓪即使是販售日本藝品的華商，也有人言自己不可能抵制日貨，該活動應是有些反對袁政府的勢力策動所然，但他私下也認為袁氏是個賣國賊。在他眼中，華日兩族雖不是很緊密，但也不至於到達反目成仇的程度。⓮⓵加州聖荷西南方的挖慎委利（Watsonville），華人與日人人數相埒。當地華埠裡的餐館、白鴿票廠、賭館等一向都是華、日人混雜往來。但自從華人倡行抵制日本之後，該處華埠已無日人

⓭⓯　顯微，〈本報論說：國民心氣力之三大要素〉，《中西日報》，1915 年 3 月 5 日，頁 1。

⓭⓰　《新世界》，1915 年 3 月 9 日，頁 3。

⓮⓪　〈非買運動空模樣，兩國有志者の會見〉，《新世界》，1915 年 3 月 9 日，頁 7。

⓮⓵　〈彼は賣國人也〉，《新世界》，1915 年 3 月 11 日，頁 5。這則新聞中，該華商之態度前後矛盾（不會抵制日貨、卻又罵袁世凱為賣國賊），似乎顯示他對日本記者的客氣說法，或是日文報紙的取材偏頗。

足跡，顯見日人亦抵制華人商店。⑫此外，日人聽說「中國郵船公司」設立，不但鄙視華人的經營能力，並預測其悲慘下場。他們以資金籌措不易、船隻國籍登記問題、調和不同國籍水手之困難，而質疑缺乏經驗的華人不可能處理完善。⑬

　　華日兩族的敵對氣氛不但見於商場上，舉凡生活各面都受其影響。一位日本醉漢，在舊金山的一家槍枝販售店裡大肆吼叫，怒稱因為當地華人抵制日人，所以他要買槍，把華人通通擊斃。⑭連重建新華埠之議，也反應兩族爭端。汪古魯（Walnut Grove）華埠在1915年10月上旬慘遭祝融之災，因日本人町與華埠相連，也受到波及。日人指責起火地點在華人餐廳廚房，而華人又冥頑不靈，不肯讓消防隊將華人教堂設施毀壞，當作防火牆，避免火勢蔓延，才使得火苗延燒到日人區，燒毀不少新建房舍。⑮事後日人議決重建事務時，為了是否要與華埠隔離或繼續雜居而爭吵不休。有些以華人為主顧的商店（如理髮廳）希望仍與華埠相連，這種言論隨即被其他日人斥責自甘墮落，不趁機遠離低級階層的華人、跳脫賭博深淵，竟然還願繼續與之為伍。⑯

---

⑫　〈關於抵制日貨之各方面〉，《世界日報》，1915年3月13日，頁4。

⑬　〈支那郵船成立〉，《新世界》，大正四年1915年10月13日，頁1；〈中國郵船公司〉，大正四年1915年10月14日，頁1；〈支那汽船會社に疑惑〉，1915年11月1日，頁3。

⑭　〈支那人を皆殺〉，《新世界》，大正四年1915年11月2日，頁3。

⑮　〈河下の大火〉，《新世界》，大正四年1915年10月9日，頁1。

⑯　〈全新の市街は面目を一新せん〉，《新世界》，大正四年1915年10月9日，頁3；〈全燒の町再建〉，10月13日，頁3；〈支那人と離れ〉，10月14日，頁3。

「支那賭博撲滅運動」成為日人回拒華人「抵制日貨」之規模最大、持續最久的行動，可惜成就有限。早在 1908 年「二辰丸事件」時，在美日人就以滅賭運動回應廣東「抵制日貨」的方式。加州農業區汪古魯（日人稱河下）、弗雷斯諾（Fresno）、華盛頓州亞契馬（Yakima）都有日人組織道德改進委員會，呼籲去除華人賭館。❼1908 年夏天，河下日人工商會舉辦道德改革的演講比賽，其中一位參賽者指出賭博乃是華人的陰謀，企圖消蝕日人財富之後，迫使日人知難而退、離開河下。當地日人社會的上層人士甚至雇請白人警察鎮嚇日工進入華人賭館。此舉使得華人賭館暫時銷聲匿跡，但不久即因有些日人商家反對推動滅賭運動而又死灰復燃。這類商家的理由是有賭博遊戲，農工才會到日本人町，商家才有生意上門，可見日人的滅賭運動是曲高和寡，造成內部階級衝突，使之不易推行。❽

1915 年美國華人熱烈展開「抵制日貨」，日人再度提出滅賭運動回擊，更加上美國加入一戰之後，白人主流社會大力推行「百分百美國化」（100 Percent American）運動，日人上層領導人士隨之搖旗吶喊，鼓舞農漁勞工階級進行改革、去除惡習，全面美國化，使得此次滅賭運動延續較久。❾加州許多大城小鎮的日人無不感受到此波風潮，而日人上層更是以此為禁絕華人賭博的最佳良機。日人

---

❼ 《須市日人會》，頁 28；《セキマ平原日本人史》（セキマ平原日本人會發行），頁 63-4。

❽ Eiichiro Azuma, *Between Two Empires: Race, History, and Transnationalism in Japanese America* (New York: Oxford University Press, 2005), 101-2.

❾ Ichioka, *The Issei*, 177-9; Eiichiro Azuma, *Between Two Empires*, 51-2.

俱樂部則趁機大作廣告，抵制華人賭館和簽賭白鴿票，並一再聲稱日人受賭害而被貪婪華人賺走的錢財實在不可勝數，如今藉著滅賭運動可得到的收穫，反是一大利益。⑮ 1917 年末，士作頓（Stockton）啟動消滅支那賭館，效果不彰；1918 年以後，河下地區的日人上層推動滅賭運動則成效較顯著，公開賭徒名字給日人社群、白人警察，造成華人賭館移到鄰近的士作頓。⑯有位河下的銀行行員指出從前都是華人賭館來存錢，但該年日工薪資顯然存留較多，以致存款增加，同時也有大量匯款寄回日本。1919 年因中國爆發「五四運動」，華人「抵制日貨」又起，日人再度大力推行滅賭。洛杉磯日本人指責市區的華人商店大半是掛羊頭賣狗肉，外表看起來是賣香菸、雜誌，其實內部是賭場，有識見之日人都繞道避開此一是非之地。⑰這次算是日人長期滅賭運動最為成功的一次。

---

⑮ 〈亞市の賭博撲滅運動〉，《新世界》，1915 年 2 月 28 日；〈對支那人協議，ボイカチトヅと善後策〉，《新世界》，1915 年 3 月 7 日，頁 3；〈同志倶樂部の報復〉，《新世界》，1915 年 3 月 9 日，頁 7；〈南加羅府方面〉，《新世界》，1915 年 3 月 10 日，頁 3；〈田舍の支那人と排斥〉，《新世界》，1915 年 3 月 12 日，頁 3。〈南加羅府方面〉那則新聞提到日人只從光顧日人妓女院的華人身上賺回一點零頭。

⑯ 〈賭博の公開を訴ふ〉，《新世界》，1919 年 4 月 4 日，頁 6；〈支那賭博と警告文〉，《新世界》，1918 年 4 月 18 日，頁 6。大橋貫造編，《北米加州スタクトの同胞史》（須市日本人會出版，昭和 11 年，1936），頁 96-7、139-42；根據一位日人訪談所述，士作頓華人將賭博生意移到沙加緬度河的行船上。Coll. 2010, Box 412, Interview 158, Japanese American Research Papers (簡稱 JARP), in UCLA Library, Dept. of Special Collections).

⑰ 〈ボイコチト開始〉，《新世界》，1919 年 5 月 8 日，頁 8；〈支那賭博を極力撲滅の策を講す〉，《新世界》，1918 年 6 月 20 日。

至 1920 年的收成季節結束時，日人「救世軍」成員到河下推動滅
賭運動，他們繞行華埠，呼喊滅除支那賭博的口號，遭到華人投以
石頭、鞭炮、泥漿。旋因日工人數已經減少，賭客大減而旋即結束
此一行動。⑱從這些日文資料所顯現的反擊行動，可以見出其觀點
是斥責華人抵日之不智，盡量輕鬆看待抵制日貨所帶來的影響，尤
其是大聲疾呼藉機滅絕華人賭博的禍害，更見出其道德宣導之反擊
意味。這些態度之形成都源自於日本人在美國歧視環境下，不得不
回頭擁抱祖國，而在故國情懷的籠罩下，他們自然採用母國觀點來
對待同被美國歧視的華人族群。

三、「抵制日貨」熱潮落幕

隨著日方壓迫愈甚，中日交涉愈艱，美國華人於 1915 年 4 月
之後走向額捐、樂捐行動，並開始主張備戰、宣戰。三月底，舊金
山「華僑救國會」在中華會館集議，謂美國各城華人多已開捐，籌
措軍費，以拒日人，於是與會眾人議決以下事項：㈠即刻籌款，以
為拒日之費。倘有祕密賣國者，即將此款作為排除賣國賊之用。到
時將與各埠救國會共同表決，以期一致進行；㈡籌款之法，以即收
現款為主，以應急需；㈢採額捐、樂捐並行。額捐以每人二十美金
為底，樂捐則多多益善；㈣另選職員，以專責成。職員由每個會館
選出一員，惟寧陽會館選出兩員，教會有一員，限於四月第一個週

---

⑱　《在米日本人史》，頁 395-6；防賭委員會，《河下日本人會紀錄》，頁
65；Azuma, *Between Two Empires*, 103-5.

六、日前選出，以便任事。❺到了五月七日，袁政府接受日本之無理要求，商民更悲憤地將之視為國恥。北京總商會向各省商會發出急電，將該日定為國恥日：「我四萬萬人立此大誓，共奮全力，以助國家。時日無盡，奮發有期，此身可滅，此志不死。」額捐、樂捐行動至此日消，到了六月，轉成是救國儲金。此一變化似乎暗示額捐或儲金方式的便利性，只要捐輸錢財即可，至於錢財用何種方式賺來則不計較。如此轉變既可保持某些華人堅持與日本人互賴共生，又可化解華人社群內部分裂的危機，甚至還熱烈捐款，照舊維持愛國報國之美名。❺此一變化正如一位史家所言：海外華人民族意識的內化是個不斷協調轉換的過程（... the internalization of nationalist values among Chinese migrants was a constantly negotiated process）。❺

此外，主戰聲浪愈趨高昂，使得備戰需求日升，「抵制日貨」終究不如義捐之有效。報社論點多以闡揚對日戰爭之需要，如指出日本近日決定增兵朝鮮，其實意在中國，並言「近探我國民一般之心理則多趨於主戰，寧願戰敗而亡，不願坐以待斃」，並舉中國國內報社、團體、軍官等，主張宣戰者不一而足，又言「我美洲華僑團體，亦多提倡集款，以備戰費。」文末並以 1914 年美國入墨西

---

❺　〈華僑救國會之議案〉，《世界日報》，1915 年 4 月 1 日，頁 3。

❺　根據一項研究，1915 年 9 月，中國政府公布的第十屆捐助「國民捐」人員愛國徽章之清單數額，達到二十萬兩千餘元，創下歷史新高。這與當時中日外交交涉案引起華人對祖國之愛國行動有關。見陳士源，《分歧的「愛國」華僑——民初華僑對祖國政治之態度（1912-1916）》，頁 82-3。

❺　Adam McKeown, *Chinese Migrant Networks: Peru, Chicago, Hawaii, 1900-1936* (Chicago: University of Chicago, 2001), 90.

哥干涉亂事，墨國舉國一致對外、仇美拒美，由此評論日本侵中國，比之美國侵墨，有過之而無不及，用以呼籲國人全體一心。⑮
猶有甚者，有位朝鮮人文讓穆發表其談論，以朝鮮亡國之哀勸戒華人，並說明抵制日貨只是末節，譬之如「猛虎入室，專伐虎穴外圍之林木，何有濟於必噬之患乎」，因而認為抵制日貨終不如與日對戰之痛下決心。⑱

　　這些轉變固然緣於中日局勢發展漸趨緊迫，但另一面其實也顯示抵制日貨和日商之不成，由本章之分析，可以見出美國的華、日兩族之經社關係匪淺，要推行抵制當地日人和日商有其困難處，終以雷聲大、雨點小收尾，改以額捐、樂捐為主，用於軍餉，以濟戰事所需。

　　只是即使有此轉變，華人社群仍出現同為救國，卻因各持己見而分立門戶。舊金山地區，抵制行動自四月轉為樂捐籌餉，然而過程紛擾不斷。第一次所定議案，至第二次集議竟然取消，顯見各界意見難融，異議既生，則多所非難，自不能免。⑲紐約則是當地中華公所自舊金山號召抵制日貨後，召集全體華人開會拒日，時當余主席在任而成立「救亡會」。不幸余主席忽焉過世，於是突有楊詠萼之士另擬「旅紐約全體華僑合群救國會」，捨中華公所而另組一會、獨立運作，形成雙頭馬車。中華公所暫代主席因而抨擊其「多

---

⑮　允，〈本報論說：主戰慨言〉，《中西日報》，1915 年 4 月 2 日，頁 1-2。

⑱　高麗文讓穆，〈來稿：現下中日交涉結局與黃種人將來關係〉，《中西日報》，1915 年 4 月 2 日，頁 7。

⑲　顯微，〈本報論說：敬告愛國會諸君〉，《中西日報》，1915 年 5 月 7 日，頁 1-2。

立界限，即是離群矣；多耗金錢，有何裨于救國。咸疑醉翁之意不在酒，僑胞有耳有目，誰得欺其聾盲無識哉。」可見即使同是基於愛國、救國熱忱，日久之後，華人社群不免因意見有別或黨派不同而產生分裂。⑩

結 論

綜觀 1915 年舊金山所發起的「抵制日貨和日商」行動，主要由該市販賣日本藝品店之華商與華文報社知識菁英等聯手號召。前者之利潤已受日本商家侵蝕，後者藉美西白人排日風潮、以愛國之名而順勢拒日，最後衍成華、日兩個少數族群相互排斥。這項發展在華商一方為「爭利權」，在知識菁英一方則是「爭國體」、「爭尊嚴」。雖然以「爭利權」、「爭國體」為名而動員群眾，乍看似乎與中國境內的抵制運動無大差別，都具有強化政治與經濟相互結合的民族主義內涵，但細究其中緣由、過程、方式，則可見出不同。

美國華人「抵制日貨」運動之「爭利權」、「爭國體」所蘊含的民族主義，是受到當地環境因素之影響，凸顯源自居留地之在地

---

⑩ 〈紐約中華救國會之確定〉，《中西日報》，1915 年 5 月 13 日，頁 10。關於當時華人社群的黨爭，可分為憲政黨、致公堂、國民黨。憲政黨多為保守的中上層商人階級，中華會館成員有不少是傾向憲政黨。致公堂則較多中下層的勞工、小商，並曾是孫逸仙革命黨的同盟者。辛亥革命成功之後，憲政黨勢力受挫，但民初時期，在海外華人社會仍具相當影響力。見麥禮謙，《從華僑到華人：二十世紀美國華人社會發展史》，頁 204-9。

意識而生的特質，由此推行「抵制日貨和日商」運動，自然有別於中國境內的「抵制日貨」。華文報界菁英的反日態度經常舉用當時白人社會排日的觀點和作風，透露出源自當地環境刺激而萌生的自我族群意識，而夾雜於民族主義中表現出來。這些特質與發展在在應驗美國社會種族歧視力量之深遠，對華人形塑其民族主義具有強大作用力。

　　但民族主義並不必然地普及於各個階級的美國華人。有些華人根據其利益和網絡，利用或排斥這股民族主義情懷。證諸美國華人「抵制日貨」運動的發展可以見出，華、日兩族因歷來白人種族歧視而在經社方面產生複雜關係，不少下層階級華人與日人互賴共生，上層和知識菁英與日人則是互競對立，遂使彼此以亂易整。上層華人的初始目的定在「挽利權」、「爭尊嚴」，企圖推動華人民族意識之生成。但不同階級、職業或教育背景的華人所關照的國族觀念和在地利益不同，對民族主義的認定與作法各有其思考之出發點，不免造成彼此各行其是、相互敵對，而撕裂華人社群的團結，驟然遽行抵制日人行動，反而引發華人群體內部的分裂。

　　隨著中日政局變化，華人社群轉由抵制日貨走向義捐籌餉，此舉正好化解華人內部的紛爭。在此之下，各階級、職業之人士參與籌款活動或其他政治愛國行動，一方面是報效祖國、貢獻己力，但另一方面也可確立或維持在當地的人際關係或經社生態，海外華人藉著協調內部各階級之利益，以及轉換表達愛國之手法，凝聚出彼此可以接受的民族意識。只是華日兩族間的怨隙已然因「抵制日貨」運動而日益擴大，由日本人對此運動的回應方式即可管窺，到了1920年代以後的發展更見分曉，這將是下一章的重點。

（本章初稿宣讀於師大歷史學系教學研討會，2008 年 4
月，並經增刪，感謝林麗月、陳豐祥、蔡淵洯、吳志鏗、陳
健文等老師所提意見。）

第六章
國際局勢與華日兩族關係，
1918-1937

1910 年代以來，美國西部社會之排日風潮如火如荼，已如第四章所述。至「1924 年移民法案」，美國嚴格限制日本人入境，排日怒潮稍歇，但華人對待日人的態度已由互賴共生轉而出現敵視現象。❶而如第五章所論，華日兩族的關係因「抵制日貨」而使雙方對立情況白熱化。

一戰之後，隨著中日兩國間的衝突升高（「五四運動」、「五卅上海罷工案」、「五三濟南慘案」），以及日本侵略中國的軍事行動益烈（「九一八瀋陽事變」、「一二八淞滬戰役」），國際社會對日本以武力破壞國聯和平約定，交相譴責，至「七七蘆溝橋事變」到太平洋戰爭爆發，美國白人的仇日氛圍又逐步凝聚。❷本章以此為背景，分析

---

❶　Gary Y. Okihiro, *The Columbia Guide to Asian American History* (New York: Columbia University Press, 2001), 105.

❷　Ito, *Issei*, 116.

華日兩族在此世局下的互動關係，尤其此一時期也是兩族新生代逐漸成長之時，更可見到兩族各自動員的景況，不斷對內宣傳教化，又借用土生第二代之力，訴諸美國社會大眾。

一、募款與對外文宣

　　一戰之後，巴黎和會各國代表於 1919 年將德國原在中國山東利權判歸日本承繼，導致北京學生發起「五四運動」。影響所及，中國各省紛紛罷市，要求嚴懲國賊、釋放學生，並力促中國和會代表盡力抗爭。除此之外，中國國內又有群眾提倡「抵制日貨」，學、商各界排日風潮日益劇烈。

　　1925 年 5 月下旬，中國上海一地的日本紗廠華籍工人發生罷工風潮，日本海軍上陸脅迫工人回廠工作。上海學生見此武力行動，憤而協助工人向紗廠和日本海軍抗議，卻遭租界英人巡警鎮壓，兩相衝突，學生與工人遭擊斃十餘人，傷者數十人，是為「五卅慘案」。事件之後，中國各地聞風抗議，各大商埠罷工、罷課、罷市，民氣義憤激昂，似乎將要演成排外運動，致使英美日法等國各派海軍赴中國示威。

　　美國華人關注中國排日的發展，適時以不同方式，呼應母國立場。1919 年，華人雖然反對山東案的裁決，但此回僑社的作法與母國有些不同。❸學自 1915 年的經驗，美西華人不復實行抵制日

---

❸　〈我國對日風潮益險惡〉，《中西日報》，1919 年 5 月 9 日，頁 2；〈僑胞反對山東判案紀略〉，5 月 10 日，頁 3；〈中國抵制日貨風潮劇烈〉，5 月

貨，只是轉引白人在中國對抵制日貨之觀察，或報導世界各地華人的排日運動。❹報紙刊載數則華人搭乘日輪所受冤屈：如坐二等艙，受日人無理待遇，被要求轉換艙房；或華客攜帶藤椅於船中使用時，需加收費用，但其他外籍人士則不用；甚至對日人侍役，要以先生稱之。❺諸如此類怨言，雖用來警告華客小心並抵制之，但也反映仍有華人不顧排日行動，繼續搭乘，由此而知抵制之不易行。

　　此次華文報社有關「抵制日貨」之言論多是針對中國境內推行此運動的建言。華文報紙反思之前「二辰丸案」、「二十一條要求」案所引發的抵制活動，認為當時日人大受損失，可惜「相持未久，而往來如故、交易如故，既往之事，漠然不介於懷」，顯示先前經驗乃虎頭蛇尾，以致於功敗垂成。社論批評運動過程最大弊病在於，當對外交涉之際，國人大聲疾呼、群起力爭；及積日累月，事過境遷，漠然置之，遂成過眼雲煙，徒然為外人笑。其次，排外之所以不能堅持永久，實因國貨不足以供給，故而僅言抵制，而不謀彌補外貨缺乏，則民氣一消，外貨又趁機而入。因此必須振興土

---

17 日，頁 2。

❹　〈歸客述抵制日貨〉，《中西日報》，1919 年 6 月 19 日，頁 3，其中言及中國對美國友善，有利於中美商機；〈星加波華僑排日熱〉，6 月 20 日，頁 2；〈星加波華僑排日熱續誌〉、〈菲律賓華僑排日熱〉、〈海參威華僑排日熱〉，6 月 27 日，頁 2。新加坡華人的排日衍成暴動，需調來英軍和警察從事鎮壓。

❺　〈過客述國人之對日〉，《中西日報》，1919 年 6 月 21 日，頁 3；〈春洋丸搭客之不平鳴〉，6 月 24 日，頁 6。

貨，以為根本要圖。❻尤其華文報提及此次抵制運動，觀其熱度，較前有加。從前幾次活動多由中國南方發起，而北方置若罔聞，海外也是冷淡回應。此次則由北京學界鼓吹在先，中國各大城市附和於後，海外亦莫不奮然興起，以為聲援。再加上振興工藝、集合資力，組織公司，則國家前途庶幾有望。❼這些言論反映美國華人重視外人觀感，以從前的失敗經驗，勸誡國內人士。

　　至於美國當地，舊金山華人的作法則改而提倡募捐，並言其目的「專為國民貯金，為政府抵抗矮倭後盾，非為私圖而設。」❽除此之外，還有各界人士的演講，對外向白人大眾說明中國立場，❾對內鼓吹華人社群的愛國心。有人以朝鮮為借鏡，演說朝鮮亡國之慘狀，勸勵華人發揚愛國熱誠，勿重蹈朝鮮之覆轍。❿另有舊金山和洛杉磯的熱血青年成立「中華鐵血演說團」，於華埠鄰近街角演唱愛國歌曲，再次第演說。內容或痛責古今國賊之遺害，或詳述北京排日風潮，或強調圖強之急務。⓫這種文宣工作，尤其是對美國社會大眾解釋和宣揚中國立場，遂成日後要項，也讓在美日人不受美國人諒解，吃足苦頭之餘，起而大加學習，以牙還牙。

---

❻　新，〈本報論說：為抵制日貨進一籌〉，《中西日報》，1919 年 6 月 13日，頁 1-2。

❼　東〈本報論說：論排斥日貨〉，《中西日報》，1919 年 6 月 28 日，頁 1-2。

❽　〈照錄救國團之特別通告〉，《中西日報》，1919 年 5 月 22 日，頁 3。

❾　〈伍盤照博士應聘演說〉，《中西日報》，1919 年 5 月 29 日，頁 2。

❿　〈高麗傳教士演說〉，《中西日報》，1919 年 5 月 10 日，頁 3；〈基督教聯會歡迎徐謙君〉，5 月 21 日，頁 2。

⓫　〈愛國者之文明鼓吹〉，《中西日報》，1919 年 5 月 29 日，頁 3；〈救國之演說團〉，6 月 2 日，頁 3；〈羅省少年之熱心〉，6 月 12 日，頁 3。

　　1925 年時，美國華人眼見同胞受到殺戮摧殘，亦以籌款和文宣方式，呼應母國的排日風潮。基於兔死狐悲、物傷同類之情，華人協助上海工人學生：一以籌款捐助方式，撫卹死者、救濟傷者和失業者；二以英文書信向美國各報發表此次風潮真相。其中籌款捐助之議，於稍後已經啟動，第二項則成立「三藩市國民外交會」積極進行如下事務：電達美國國會，請其反抗和會之不公道判決；又請留美學生總會，以文字及實力向美國要人運動；商請加州學生著論反對山東問題；致函美國上下議院議員，共五百餘封信，並得到一些議員首肯在參議院中提出抗議聲明。⓬如同「五四運動」時，1925 年，美國華人亦重捐款及宣傳，而不再大力鼓吹抵制日貨等行動，倒是建議中國一心一力對外，以經濟絕交方式，作無形抵抗，堅持到底，避免遭五分鐘熱度之譏，並言「蓋吾人之所當從事者，為抵抗強權，而非拒絕商務；為保護國本，而非排斥外人也。」⓭

　　尤其延續華人知識菁英所重視之爭國體、爭尊嚴，華文報欣喜上海風潮蓬勃興盛，認為此一民氣與國魂不可多見，「猶如春芽怒發，必加灌溉……則我國國勢雖弱而能有此不屈不撓之一貫精神，

⓬　〈三藩市國名外交會要告〉，《中西日報》，1925 年 5 月 30 日，頁 3；〈中華會館上美國會書〉、〈上議員函覆同源總會〉，5 月 31 日，頁 3；〈援助滬工學團之建議〉，6 月 8 日，頁 3；〈國民外交會成立之大運動〉，6 月 26 日，頁 4。

⓭　灼，〈上海風潮中我國應取之態度〉，《中西日報》，1925 年 6 月 9 日，頁 1-2。

鼓蕩於其中焉，未始非剝極必復、將有否極必泰之一線生機。」❹
芝加哥「滬案援助會」的宣言亦稱「故吾人爭滬案，即所以爭人
格、爭國體也，」又呼籲華人「須知國勢不振，不但國內同胞任人
淫殺，即吾儕僑居於外，亦備受痛苦矣。」❺這些話語固然是為了
祖國經久受挫而生之無限期許，但也似乎反映美國華人自認境遇與
祖國命運相繫，在受盡白人歧視和日本人的鄙夷之後，所發出之抗
拒強權心聲。

此時值得注意的是，日本向巴黎和會提出三大議案（德屬南洋和
山東利權歸屬問題，以及廢除人種區別案），最後一項雖然美國華人衷心
同意，卻受制於祖國民族主義侷限，而譏笑其動機，並看壞其議之
成。以美國華人身受種族歧視之痛，當然深知化除狹隘種界區別之
重要。任何人只要解讀白人之「黃禍論」，即知白人對黃種之嫌
惡，非侵佔黃種之東亞領土，使之與非洲、南洋、美洲之同入於白
人勢力範圍不可。因此華人嘉許日本代表有此提議，「誠當務之急
也。」華報甚至批評威爾遜總統之雙重標準，奢談正義人道、民族
自決、人類自由，竟然反對此一提案。其論以林肯勉之，並認為解
放黑奴不過干涉一國一種族而已，化除種界涉及全球五種膚色種
族。兩者比較，「釋放黑奴事小，化除種界事大，則韋（威爾遜）
總統之名，當加林肯而上之矣。」尤其從華人眼中，種界之別，以
美國為最。其他國家如加拿大和英屬各處，不過取締亞人入境，或

---

❹ 鐵，〈民氣與國魂：慎勿重蹈五分鐘熱度之譏〉，《中西日報》，1925 年 6
月 24 日，頁 1-2。
❺ 〈芝加高滬案後援會宣言〉，《中西日報》，1925 年 8 月 5 日、6 日，頁
4。

勒令收取入境人頭稅而已。美國則除禁止入境之外，還加上黃白不准聯婚、不准同校，亞人不准入籍、不准置業之種種。「凡他國排亞手段所未有者，美國莫不為之作俑，他國排外律例所未及者，美國莫不嚴為規定。美國之苛待亞人，可謂無奇不有，無理可言。」❻華人道盡如許切身之痛，卻還替白人緩頰，言「白種雖富於排亞思想，終必有被屈於正義人道之一日」，反而責備日本「何以一面為私，一面為公，致有假公濟私之嫌」，才會使此案被巴黎和會各國所拒。由這些立論可見，美國華人即使飽受歧視苦痛，仍不敵其受祖國仇日、排日的召喚，而無法衷心認同日本的提議。

　　華人的排日、斥日心態隨著國際局勢而更為深化。1925 年時，太平洋沿岸各國正於檀香山舉行太平洋會議，會中除經濟問題之外，也討論種族、人口與外交問題之關連。華文報紙盛讚提議者「深明和平真諦之所在」，並說明「國際親交根於平等待遇，世界和平根於國際親交。」文中舉出日本國虐待華人、上海英租界巡警槍殺學生為例，都引起中國對日、對英的經濟抵制，由此導出美國華人的深沈期盼，即「如何廢除移民苛例，消除種族惡感，以求一親善和平之根本解決。」❼

　　然而世界和平的期望終不可即，眼前美日兩國之互動已現矛盾，影響華人的態度。1922 年「華盛頓會議」以及美國國會片面通過「1924 年移民法案」之後，引發日本極大反感，美日關係日

---

❻　東，〈日本對於和議會之三大提案〉，《中西日報》，1919 年 4 月 30 日，頁 1-2。

❼　鐸，〈對於太平洋各國國民聯誼大會之感言〉，《中西日報》，1925 年 7 月 4 日，頁 1-2。

漸緊張。兩方備戰跡象日顯。日本方面，雖然「華盛頓會議」限制日本頭等戰艦的噸位，但約文未載之他種戰器和軍事設施則不減反增，並由美國或他國運入廢鐵、鋼料、化學品，用以製造軍艦、火砲。日本又與俄國簽約，獲得石油、煤炭，以供軍事所需。美國方面，因「1924 年移民法案」深擊日本人心，日美遠東利益又相衝突，美國欲防止日本暗中破壞中國「門戶開放、機會均等」的原則，甚至完全壟斷遠東市場，也漸漸走向備戰之路。1925 年春季，美國海軍擬在夏威夷演習，華文報視之「一為鞏固其本國國防起見，二為保護其遠東市場起見，……以內振士氣而外壯聲威。」⑱

　　面對這些美日局勢牽動，美國華人菁英持著親美拒日的態度。針對日本提出「黃種聯盟」計畫，華人斥之為「恐是假惺惺」，稱日本在遠東向來欺凌弱小，直至美國通過移民新例，始轉而裝腔作勢，提倡此一聯盟。該文歷數日本罪狀，溯自 1905 年侵佔旅順和大連、1915 年提出「二十一條要求」，不見日本有何悔過實績，又擴張滿蒙，歧視在日華人，如今還敢高唱「種族平等、對華親善」，不啻是自欺欺人之論。尤其文章比較美國排華和日本排華之別，指「美國固常行之，日本何嘗未有，但美國之所排，重在工人；而日本則對於非工人之華僑，亦假明治三十二年上諭，以放逐之於境外。」⑲顯然華人菁英認為日本排華更甚於美國排華，更見

---

⑱　〈美國海軍預擬會操檀香山之意義〉，《中西日報》，1925 年 4 月 6 日，頁 1-2。

⑲　韜，〈日人之黃種自衛論〉，《中西日報》，1925 年 5 月 29 日，頁 1-2。

其親美斥日之態勢。至於下層社會的華人是否如上層菁英之抵斥日本，則要由下一輪「抵制日貨」中見出。

二、「抵制日貨」運動再起

隨著中國國內政局統整，南京國民政府於 1927 年成立之後，持續揮軍北伐，但日本對華侵略腳步也日益加速。1928 年，當北伐隊伍進駐山東濟南，日本軍隊亦採敵對行動，竟於五月三日屠殺中國軍民數千人，史稱「五三濟南慘案」。因時近「五七紀念日」，此一蠻橫行徑激起華人社會的民族情緒，推行「抵制日貨」之議再起。舊金山「陽和學校」告僑胞書言「嗚呼，五七之恥未濯，而五三之難又作，…近日國內同胞莫不悲憤填膺，願與倭奴作一死戰矣。無人雖寄居海外，惟救護國家，責無旁貸。」因而呼籲實行各項辦法，聲援國內：㈠以實力（財力、智力、體力）贊助北伐；㈡向外人宣傳是役之真相，冀其主持正義；㈢實行抵制日貨，至國恥雪滌時為止。[20]華文報章宣傳「抵制日貨」時，強調「五卅慘案」之抵制英貨，予英商重大打擊，終使其俯首屈就。彼時不若此回之嚴重，故只限於中國國內。這次經濟絕交不僅抵制日貨而已，還應該包含銀行、工廠、交通、礦山，達到全面性的抵制。[21]

此後即見美國各大城市的華人啟動抵制日貨、日船和日人旅

---

[20]　〈陽和學校為日寇事告僑胞書〉，《中西日報》，1928 年 5 月 8 日，頁 3。

[21]　曜，〈實行對日之經濟絕交：國內政府人民及海外僑胞應負有之責任及決心〉，《中西日報》，1928 年 5 月 14 日，頁 1-2。

館、銀行等商家。如同 1915 年的抵制行動，這股風潮由舊金山商人率先倡導，商董發起義捐，華商總會議決電請國內各辦庄寄付美國貨物，不再交予日船裝載，並停購日貨、停雇日人作工。㉒「九一八」事變發生之後，抵制之風復燃。舊金山華商總會再提相似的抵制方法，加州各埠則或舉辦演講、或以紅紙貼告，鼓吹拒日。㉓芝加哥、紐約的華人餐館通常向舊金山日本商店訂購冬菇、乾貝、香蕈、汀麵等貨，於此際都取消訂貨，或限時銷完即不再續訂。㉔中西部明尼蘇達州的雙子城，該市華人成立「對日經濟絕交會」，其中的擬定辦法如下：㈠有僑胞販賣倭貨者，需要立即綑綁存庫，不得任意擺列架上；㈡僑胞餐館原有雇用日人者，限期開除。㉕加州奧克蘭的「對日外交後援會」還將日本運來美洲之貨物名目、批發商號，整理列印成冊，對內宣傳，並將之訂名「爭氣集」，免費

㉒ 如〈本埠新聞：泰興隆實行對日絕交〉，《中西日報》，1928 年 6 月 11 日，頁 3。其中報導舊金山華埠都扳街的泰興隆商號（筆者猜測可能是販售日本藝品）已發電日本橫濱、神戶各辦庄，停止辦貨，但對方仍將貨物送來，該號即將貨物一律原船撥回。「抵制日貨」之相關辦法，參見書後附錄（三）。

㉓ 〈美國新聞：屋崙華僑校生鼓吹拒日、沙加緬度華僑開始拒日、金山中華總商會表決抵制章程〉，《中西日報》，1931 年 10 月 2 日，頁 3；〈本埠新聞：對敵人經濟絕交之辦法〉，1931 年 10 月 12 日，頁 3-4。

㉔ 〈本埠新聞：反對日寇之彙訊〉，《中西日報》，1928 年 5 月 11 日，頁 3；〈調元會會友禁用日貨〉，5 月 20 日，頁 3；〈本埠新聞：僑商反日救國之義捐〉，《世界日報》，1928 年 5 月 12 日，頁 3-4；〈各埠新聞：芝城中華會館抵制日貨佈告〉，5 月 22 日，頁 4。

㉕ 〈美國新聞：勝緬兩埠僑胞之反日運動〉，《中西日報》，1928 年 6 月 23 日，頁 3。

贈送各界，俾便華人有所依據，又收集各種乾濕日貨，開一展覽會，教導僑民認識日貨種類。㉖西雅圖的太平洋商務銀行，原是日商創辦，平時有半數儲戶為華人。自「九一八」滿洲事變起，華人實行抵制，紛紛向該行提支，致使該行被迫自動宣告停業。㉗甚至西人餐館裡的華人廚工恐怕日人侍者嫁禍於己，而要求雇主於中日員工中擇一，雇主即將日人辭退。㉘

華人又對內宣傳（如對學校、教會等）和倡行家庭愛國運動，以及徵賞對日人和日貨永遠抵制的良方。㉙尤其是教育下一代，成為要務，因而僑社推動家庭愛國運動，訓誡土生華人「祖國危亡，土

㉖　〈美國新聞：屋崙僑胞對日會之彙聞〉，《中西日報》，1928 年 6 月 25 日，頁 3；〈美國新聞：屋崙拒日會僑眾認識仇貨〉，1931 年 10 月 21 日，頁 3。

㉗　〈美國新聞：舍路有一日人銀行被倒〉，《中西日報》，1931 年 11 月 2 日，頁 4。

㉘　〈本埠新聞：華人廚工反日心理之面面觀〉，《少年中國晨報》，1932 年 2 月 29 日，頁 4。
　　華人之抵制日貨與捐獻物資等行為，亦可用展現男性氣概來加以解讀，見王秀惠，《種族歧視與性別：二戰前美國大陸男性華人之經歷》，頁 245-53。

㉙　〈外埠新聞：屋崙拒日會進行工作，昨日開始檢查日貨，各商店極表歡迎〉，《少年中國晨報》，1931 年 10 月 19 日，頁 3-4；〈晨光徵文：反日聲中我們青年應有的認識、國民宜合力抗日、抵制日貨為抗日之利器〉，10 月 26 日，頁 8。
　　有些藥商借力使力，趁機推銷其產品，聲明「抗日運動注意，國貨生丹是抗日的急先鋒……比較日貨優良、低廉，真是抵制日貨一員上將……」，見廣告頁，《中西日報》，1931 年 10 月 24 日，頁 7。

美國華人「抵制日貨」行動，被運用於商業推銷手法上。

生僑胞萬不能安居是邦，故宜一致參加拒寇運動。」❸這些行動顯示華人起而再次拒日。只是華日兩族偶爾不免出現擦槍走火的場面。如舊金山國民黨於舉行反日救國宣傳大會前，遍貼標語海報於街旁，卻有日人雇用兩名白人，沿途撕毀海報，遭土生華人瞥見而上前制止，並引來華人圍毆，驚動警署拘捕滋事份子。❸或有華人過渡激動，因恨日本侵入東三省，遷怒於金山日人，致連日於日本商埠張貼拒日標語，間有用磚石擲擊日商店面之玻璃窗戶，以洩其憤。日本領事投訴於警署主持公道。為此，中國金山總領事特別出面籲請華人有所節制，否則毀壞物業，於反日無益，卻傷及美國大眾對華人之印象，得不償失。❸

　　舊金山華人另成立「對日總會調查部」，負責調查日貨銷售於美洲華人，以及美洲華人與日人交通關係或其他經濟關係等事宜。❸加州奧克蘭、奧瑞岡州波特蘭、東岸波士頓等華埠亦於成立拒日會時，相繼組織調查科或糾察科。其所定辦法是將各商號現存日貨由調查員加以標記，以資識別，在填冊呈報之後，給予相當時日賣售，並隨時檢查，日後如有賣出未經檢查的日貨、或再次買入新

❸　〈美國新聞：屋崙反日會開家庭愛國運動〉，《中西日報》，1932 年 1 月 30
　　日，頁 4；〈美國新聞：家庭愛國運動〉，1932 年 2 月 3 日，頁 4。

❸　〈本埠新聞：西人撕毀宣傳品被拘〉，《世界日報》，1931 年 9 月 27 日，
　　頁 4；〈本埠新聞：撕毀反日標語之西匪被毆〉，《少年中國晨報》，1931
　　年 9 月 28 日，頁 4。

❸　〈本埠新聞：總領事館佈告照錄〉，《中西日報》，1931 年 10 月 11 日，頁
　　3；〈本埠新聞：日領投告華人排日〉，《世界日報》，1931 年 10 月 27
　　日，頁 4。

❸　〈對日總會調查部之辦事細則〉，《中西日報》，1928 年 6 月 21 日，頁 3。

貨，一經查出，將施以嚴厲懲罰。❸芝加哥華人餐館還將冬菇、干
貝（江瑤柱）、香莘等付諸一炬，以示抵制決心；又將日本罐頭蟹
肉、綠茶退回西人貨倉；連華人洗衣館通常用於漿衣的白蠟漿糊，
因來自日本，也併入抵制之列。❸這些法條、名冊、展覽會、調查
活動雖然言明有意抗眾者，必定嚴罰干究，但從中也透露出華人日
常生活以及有些華人行業其實是與日貨、日工有頗深關連。

　　抵制工作一再明令宣告與調查，其實已經反映華人依賴日貨、
日船、日商的現象，以致於出現裡外不一、有人不欲配合之事跡，
自然就不足為奇。華人因生意來往而規避抵制運動者，當然不少，
這時就出現社群壓力或上層對下管控的成分。舊金山中華總商會被
批評不如紐約商會之行動迅速果決。紐約地區已經議決規章，開始
抵制私售日貨的商家，舊金山商會對於抵制卻沒有具體行動，以致
當地「華埠的奸商，就肆無忌憚；而華埠的劣貨，就充斥了。」❸
波士頓有一華人余鳳棠開設「桃源洞咖啡店」。他先是不歡迎抵制
運動專使，又拒購戲票、不助籌餉，還出言詆毀運動人士。直到他
被列入眾人之抵制名單，生意乏人問津，才悔過認錯，以數日生意

---

❸　〈外埠新聞：屋崙拒日會進行工作，昨日開始檢查日貨，各商店極表歡
　　迎〉，《少年中國晨報》，1931 年 10 月 19 日，頁 3-4；〈外埠新聞：紐英
　　崙華僑調查餐館劣貨〉，1931 年 10 月 22 日，頁 3；〈美國新聞：砵崙檢查
　　劣貨情形〉，紐約《民氣日報》，1931 年 11 月 7 日，頁 3。

❸　〈外埠新聞：芝城餐館焚燬劣貨〉，《少年中國晨報》，1931 年 10 月 22
　　日，頁 3。

❸　〈時評：三藩市的僑胞們你但應該怎樣？〉，《少年中國晨報》，1928 年 6
　　月 2 日，頁 9。該文又批評舊金山中華總會館不如紐約中華公所，不儘速實
　　行早經議決改懸青天白日滿地紅國旗之事。

收入作為贖罪之用。❸加州市作頓「華僑學生抗日會」欲舉辦反日宣傳大遊行，前晚先巡行貼上各種反日標語，卻被華人經營之「東京」商號、「松島」商號守門和伙計撕毀，而遭學生質問是否為中國人，何以反對抗日運動。❸或是東部大城有些中日合資的餐館，以及華人經營的雜貨舖仍然陳列日本白米、餅乾、罐頭、水果等，並雇用日人在舖中工作，而被批為「涼血動物之奸商」、「奸商唯利是圖，對國體不顧，實屬可惡。」。❸紐約華人甚至成立所謂的「華僑鋤奸團」，發出信函警告仍在日人賭館任職之華人，並將其名字佈告登載於報刊上。❹

　　其他如光顧日人理髮廳、寓居於日人旅社、購食日貨者，亦所在多有。加州汪古魯（Walnut Grove）少數華人仍到日人理髮店剪髮，不但不聽從同伴相勸、共同抵制，還口出惡言。事後華人同伴齊向白人東主要求開除其職，否則全體罷工。新聞報導結語「其同伴工人之熱心誠可嘉，而甲乙二人之無恥誠可鄙矣。」❹還有華人

---

❸　〈美國新聞：反對救國運動受巨創〉，《中西日報》，1928 年 6 月 22 日，頁 3。

❸　〈美國新聞：市作頓我僑學生拒日運動〉，《中西日報》，1931 年 11 月 9 日，頁 4。該兩家商號疑為華人賭館。

❸　〈奸商之可惡〉，《民氣日報》，1931 年 12 月 12 日，頁 4；〈奸商仍與倭寇合股營業〉，《少年中國晨報》，1932 年 3 月 14 日，頁 3。
另有一類人也被稱為奸商，乃是利用抵制日貨、愛用國貨之際，趁機漲價者。他們被批此即間接推銷日貨，故稱「販日貨者奸商，國貨漲價者亦奸商。」見〈雜錄：抵制日貨〉，《民氣日報》，1931 年 12 月 7 日，頁 5。

❹　〈鋤奸團警告函照錄〉，《民氣日報》，1937 年 9 月 4 日，頁 10。

❹　〈外埠新聞：華僑堅心抗日之一班〉，《少年中國晨報》，1928 年 6 月 6 日，頁 3。

大啖日本香菇、乾貝，事後中毒、腹痛斃命。❷這些報導文後都加有訓誡意味的字詞，正顯示所謂全體行動、一致抵制，乃是假象而已，必須依賴上對下的社群壓力。

再如余振賽之例，更令人深思抵制行動之難處。余生為舊金山「外交後援會」對內宣傳科委員，被人舉發其在抗日大會上大放厥詞、鼓動如簧之舌、勸人抵日，自己卻仍住在華埠日人經營的「日谷旅館」，顯然口是心非、言行不一。余生則解釋居於該旅館非自濟南慘案發生而始，且因其有兒女家室，不比其他華人之單身身份，可隨遇而安。若果眾人有異議，基於為人為到底，送佛送上天之理，就請助其尋房。他並開出條件：三房面街；光線好、空氣足；不要太高，以利小孩上下；不要太貴，月租三十元左右。至於委員一職，有名無實，不要也罷。他的這番答辯少不了再度引發批評聲浪。有人質疑難道有妻室者就可隨意與日人交易，具豁免特權；又有人冷嘲熱諷「光線最充足者，莫如廣福生及永生（棺材店）。」❸《世界日報》報導這則訊息，因該報為康、梁之憲政黨報，向與國民黨對立，致有人指余生為國民黨人士。國民黨的《少年中國晨報》馬上為文撇清「查國民黨冊中，無余振賽之名，因他並未到黨部登記，故不能視為黨員。」❹交相指責中，免不了撕裂

---

❷ 〈外埠新聞：食劣貨者兩人斃命一人病危〉，《少年中國晨報》，1931 年 10 月 8 日，頁 3。

❸ 〈本埠新聞：反日聲中之余振賽〉，《世界日報》，1928 年 6 月 11 日，頁 4。

❹ 〈本埠新聞：抗日運動中被群眾指責之余振賽〉，《少年中國晨報》，1928 年 6 月 11 日，頁 4。

華人社群的團結。

　　余生被指「掛愛國之美名，出而欺瞞」，因此華文報章出現「幸祈努力真正愛國，勿貽五分鐘熱度之譏可也」之勉勵警語。尤其見諸舊金山日本人町之遊行隊伍內，有一彩車，前飾虎頭、後加蛇尾，中間有一華人，手提一推日貨，顯是譏諷華人抵制行動之不可成。有一報導特別加註「我僑胞對日經濟絕交，必須堅持到底，方免日寇之種種訕笑也。」❹有人不願配合，當然使抵制運動落人口實，被日人拿來大作文章。

　　日文報紙經常會報導華人抵制的新聞，如 1919 年時的「五四運動」，❹或是 1928 年的「五三濟南慘案」，並加評論。❹但這類新聞卻以輕描淡寫的態勢應對，甚至還認為日人可乘機得利。報評認為學生的排日運動只是一陣激情而已，不會對經濟和物質生活有太大影響。❹日本商店稱他們持樂觀態度，認為有些華商販售的其實是日本商品（如藝品店），抵制日貨後，日商就可趁機爭取更多

---

❹　〈本埠新聞：日人譏笑華人為虎頭蛇尾〉，《少年中國晨報》，1928 年 6 月 13 日，頁 4。

❹　〈在米支那人盛ん反對運動〉，《新世界》，1919 年 5 月 6 日，頁 2；〈支那人の大會　山東省問題の為〉，5 月 15 日，頁 2；〈王府支那人も抗議〉，5 月 17 日，頁 3（王府指加州奧克蘭，Oakland）；〈櫻府支那人學生請願〉，5 月 21 日，頁 6（櫻府即加州沙加緬度，Sacramento）；〈桑港支那人の對日運動　新に出來た國民外交會〉，6 月 27 日，頁 2（桑港即加州舊金山）。

❹　〈紐育支那人街で　日本攻擊大道演說〉，《新世界》，1928 年 5 月 15 日，頁 1；〈支那人街の公園で　日本反對の演說會〉，5 月 20 日，頁 3。

❹　〈排日問題說明　學生の運動は物質上無影響〉，《新世界》，1919 年 6 月 9 日，頁 1。

白人顧客，擴張勢力範圍；或華人只買本國貨會受拘束，終究會回頭買日貨；又或宣稱有些華商比日商更恐懼抵貨運動。日本人也警告華人會受到日人的報復。❹

　　值此抵制潮流雷厲風行之際，若有華人仍然搭乘日船，就不得不大費周章地解釋其中原委。安徽省政府建設委員徐齊華被派赴歐洲考察實業，原訂購日本郵船票位，經美赴歐，但因公延誤，未能成行。至濟南案發之後，再三交涉退票，仍是徒勞無功；又因其他公司頭等艙位已滿，而行期不能再緩，為了不讓日本公司沒收船價而佔盡便宜，決定仍搭乘「日洋丸」出洋。為此，他還需要特函通告舊金山中國總領事館，並佈告於華人大眾，以免造成誤解。❺

　　抵制日貨之外，對外文宣工作遍達美國總統、國務院、參議院外交委員會主席、其他參眾議院議員，以及一般西人團體。❺文宣甚至還及於在美日本人。「美洲三藩市中國學生聯合反日帝國主義侵略事件後援會」不但印刷中、英文反日宣傳品數千份，也以日文向在美日人訴諸溫情。文章以野心的日本武人、政客、資本家強行

---

❹　〈日本商品の非買同盟と反日本團體の設立〉，《新世界》，1928 年 5 月 15 日，頁 3；〈常市支那人のボイコチト〉，5 月 20 日，頁 7；〈支那人日貨排斥に際し此機會を善用せよ〉，5 月 24 日，頁 3；〈支那人側のボイコチト〉，5 月 28 日，頁 7。事實上，這些新聞裡也報導出日人受到華人抵制日貨的衝擊不小，如華埠裡日人開設的魚店已經沒有華人顧客，或是其他城市的日人商店之交易量比平常清淡。日報又指責有些華人藉抵制活動而哄抬價格，造成日客的損失。這些新聞卻都在文末要大家輕鬆以待。

❺　〈本埠新聞：照錄龔領事通告〉，《中西日報》，1928 年 6 月 30 日，頁 2。

❺　〈外埠新聞：屋崙拒日會進行工作，昨日開始檢查日貨，各商店極表歡迎〉，《少年中國晨報》，1931 年 10 月 19 日，頁 3-4。

資本主義和帝國主義，其禍害不但與中國民眾為敵，也傷及日本民眾。日本家鄉的親朋好友將因加入戰事而傷亡，或受經濟抵制而失業虧本，因而呼籲華日兩族合作，向日本政府抗議。❷

　　1932 年「一二八淞滬戰役」，美國社會讚許中國軍隊英勇抗日，明白表態支持中國、反對日本侵略行為。❸有些大學或教會人士督促美國政府實行經濟絕交方式，抵制日本的侵略行徑。眼見美國政府以息事寧人的姑息態度縱容日本武力侵略，這些白人人士或團體考量若國聯推動經濟抵制，而美國以非會員國而不願參加，將使之效力大失，故起而倡議推動抵制日貨，甚至函告上海美國人，請勿購買日本絲綢織物及其他用品。❹有些華人順勢推舟，在其店鋪之玻璃窗上黏貼英文標語，訴請客戶致函於國會議員，以經濟絕交抵制日本；或有華人服務於西人餐館、飯店、名望家庭者，請其

❷　〈學生聯合反日工作〉，《世界日報》，1928 年 5 月 30 日，頁 8 專件。全文參見附錄（四）。

❸　〈本埠新聞：美國男女同情我國拒寇〉，《中西日報》，1932 年 2 月 25 日，頁 4；〈緊要新聞：我能奮勇抵抗各國改觀〉，《中西日報》，1932 年 2 月 28 日，頁 3；〈各埠新聞：紐約美教員痛斥倭寇侵華〉，《世界日報》，1932 年 3 月 3 日，頁 4。

❹　〈美國新聞：教育家主張抵制日貨〉，《中西日報》，1932 年 2 月 8 日，頁 4；〈美國新聞：牧師會請以經濟抵制日本〉，2 月 13 日，頁 4；〈緊要新聞：美國人民提倡抵制日貨〉，3 月 2 日，頁 3；〈外埠新聞：南加三大學之抵制日貨運動〉，《少年中國晨報》，1932 年 3 月 6 日，頁 4。
　　諷刺的是，加拿大多倫多地區竟然出現西人搗毀華人古董商店之事。這些商店平日專辦日本工藝品。時當歐美人士也提倡抵制日貨，因而遭西人搗亂並侮辱、警告一番。〈外埠新聞：西人憤毀華人倭貨商店〉，《民氣日報》，1937 年 10 月 7 日，頁 5。

東主仗義執言。⑤就在美國社會出現指責日本的氛圍下，當有加州斐市那（Fresno）日人店東高談闊論日本在上海的獲勝戰績，不但遭到西人客戶駁斥，甚而相互扭打，至西人擊倒日人後，揚長而去，華人當然「聞者咸為稱快。」⑤

華人對美宣傳不遺餘力，引來日人的反擊，日人針對美國大眾，極力解釋日本立場。「九一八事變」之後，舊金山日本領事若杉氏於西文報上針對本埠華人排日和抵制日貨舉動，發表意見，大力說明日本立場。其謂滿洲之事，日軍乃被迫採行緊急手段，以保護南滿鐵路之讓與權利及日人之生命財產。⑤普林斯頓大學於滿洲事變之後曾經舉辦辯論，邀請哥倫比亞大學之赤誠博士與紐約大學研究生陳良猷（原南京民治報社長）相互辯詰。觀眾對中方表示同情，致使赤誠硬指陳君為中國政府所派之宣傳領袖。⑤「一二八」時，日人將中國戰地之日本男女及兒童被殺照片，寄給西文報社記者，照片中有日婦被分屍之情形，令人慘不忍睹。這些消息披露之後，華人一面批評西報記者之不公，從不見其報導日本侵華的姦殺

---

⑤ 〈美國新聞：鼓吹美人同情抵制侵略國〉，《中西日報》，1932 年 2 月 14 日，頁 4；〈本埠新聞：請華僑受顧西人處者注意〉，2 月 22 日，頁 4；〈各埠新聞：紐約華商勸人抵制日貨〉，《世界日報》，1932 年 2 月 15 日，頁 8。

⑤ 〈外埠新聞：日僑侈言戰勝取辱〉，《少年中國晨報》，1932 年 2 月 7 日，頁 3。

⑤ 〈本埠新聞：日領強辯寇滿洲事變〉，《中西日報》，1931 年 10 月 1 日，頁 3。

⑤ 〈本埠新聞：日寇滿洲案之大辯論〉，《中西日報》，1931 年 11 月 18 日，頁 4。

擄掠暴行；但另一面也唯恐日人之宣傳混淆視聽，而力請金山「拒日救國後援總會」派員到各城演講糾正。❺❾舊金山日本領事館秘書還親自上陣，走訪加州各城鎮，演講中日問題，指中國對於日本屢次之抗議訴求，例如未能肅清滿洲匪患、抵制日貨、未能繳付債息、建築與南滿鐵路平行之鐵路，這類問題中國都漠不回應，使日本含冤莫伸，不得已而出兵。華文報章長篇大論、逐條駁斥日人說詞，最重要的是在文末道「日賊自知理曲，乃派遣人員，鼓動其如簧之舌，蒙蔽世人。」故而報社呼籲「深望能操英語之各地僑胞，據此數義，時向西人解說，俾注意中日問題之西人不為日賊片面之宣傳所惑。」❻❶兩方之宣傳大戰顯然已經開打。

　由於時局日麾，日本政府發出通告，徵調海外青年回國從軍，否則需繳納軍費二百五十元給政府。❻❶這項徵調令其實並不受到在美日人的歡迎，但基於服從心態，百數十名日人隨著戰時用品而紛紛搭船歸國服務。相較之下，華人能歸國從戎者只有寥寥個位數字而已，難怪華文報於報導日人從軍新聞之後，加上「我國拒寇，吾僑青年，歸而殺賊，盍興夫來。」❻❷第一代在美日人因為由日本而

---

❺❾　〈本埠新聞：倭寇誣捏華人之虛偽宣傳〉，《少年中國晨報》，1932 年 3 月
　　16 日，頁 4；〈本埠新聞：拒日會集議紀略〉，《中西日報》，1932 年 3 月
　　20 日，頁 3。

❻❶　樂土，〈本館論說：日賊片面之宣傳[一][二]〉，《中西日報》，1932 年 3
　　月 16 日、17 日，頁 1-2。

❻❶　〈本埠新聞：日僑歸國從軍之所聞〉，《少年中國晨報》，1932 年 2 月 10
　　日，頁 5。

❻❷　〈本埠新聞：畢業華生歸國從戎〉，〈本埠新聞：倭僑隨運戰用品回國服
　　務〉，《中西日報》，1932 年 2 月 27 日，頁 4。

來，仍有忠君愛國思想，因此還會呼應日本領事的號召，回國服務；但土生第二代受美國教育，富自由思想，對日本強施徵召令極力抗拒，反對此一徵調令，甚至在說明會上還大動干戈。[63]夏威夷地區因日人人數眾多，「日本人會」還成立軍委會，強迫日人回國從軍。旋即舊金山的日本人也成立類似組織，對土生二世日人加以勸誘，對朝鮮人則是到朝鮮商店強行擄人。駭人聽聞的是，軍委會誤將華人李某拉往日本人町登記參軍，險遭不測。[64]

三、1937 年之後的華日兩族關係

1937 年中日兩國爆發「七七事變」，影響及於美國地區。有些西部城市的排日白人以日本侵略中國為由，借題發揮，鼓動排日風潮。偶有白人對著日本人所開的雜貨店辱罵「日本人滾回去」（Jap go home），或有白人拿著抗議牌，到日本領事館門前示威。[65]

禁運廢鐵運動是另一個重要焦點。此一運動起因於日本因資源缺乏，製造武器所需原料要大量從國外進口。先進國家如美國的廢鐵、廢鋼就成為重要來源。1937 年的「廣源輪」事件首度引起美國人士注意。華人透過不斷宣傳、召開大會，以及碼頭糾察活動，

---

[63] 〈本埠新聞：倭僑權武行之一幕〉，《少年中國晨報》，1932 年 2 月 20 日，頁 4。

[64] 〈本埠新聞：倭僑組立軍委會之駭聞〉，《世界日報》，1932 年 2 月 25 日，頁 4；〈本埠新聞：令人痛憤之倭僑擄人機關，軍事委員會陰謀計事，同胞猛醒為國珍重〉，《少年中國晨報》，1932 年 2 月 10 日，頁 5。

[65] Ito, *Issei*, 216.

聯合反法西斯的左派人士和工會，向美國社會宣傳日本的侵略和威脅。1938 年，因禁運廢鐵運動，又有白人拿著牌子在西雅圖港口抗議。⑯

　　白人這類反日舉動，自然令在美日本人如坐針氈，只能默默承受，卻將其中的怨恨轉而發洩到華人身上。1938 年初，有個陰謀打算炸毀停留在西雅圖、塔可瑪、溫哥華的日艦（其中包含一些一萬一千餘噸級的大船）。原先日人以為是舊金山華人所策劃，後來才知道其實是白人的陰謀。⑰這個插曲是否屬實，有待查證，但從其思考方式（先推測華人，才發現是白人）來看，可知在美日本人對華人的深層敵意，但他們也體會到國際政局發展所造成的美日對峙，其實才是助長美國白人之排日情緒的重要因素。

　　但日本人卻仍是責難華人的作為使美國社會反日情緒升高。從九一八事變到七七事變，日人指稱華人希望美國能軍事干預日本侵華之況，四處陳情，甚至在華府有個「中國遊說團」（China Lobby），將其訴求傳達給羅斯福總統、議員和各大報社編輯，促使美國社會的反日情緒愈加熾烈。⑱此外，民間也見到華人與白人合作的抗日行動。設在舊金山華埠的「加省華工合作會」（Chinese Workers Mutual-Aid Association）在其 1938 年施政報告裡，提到其重要工作項目包含抗日救國和溝通中美工人反戰、反法西斯主義。所用

---

⑯　Ito, *Issei*, 219. 中文方面，參見麥禮謙，《從華僑到華人》，頁 303-10；亦見李春輝、楊生茂主編，《美洲華僑華人史》（北京：東方出版社，1999年），頁 714-5。

⑰　Ito, *Issei*, 121.

⑱　Ito, *Issei*, 220.

策略為聯合華工與美工人共同參與工會運動，使彼此關係密切，因而稱「華工實為溝通中美工人聯合反日之重要橋樑，而美工又為促成全美民眾反日運動之主要因素。」在此之下，華工對於抗日救國的最大貢獻，就是激發美國工人及民眾起而勵行抵制日貨，進而鼓動美國當局修改其中立立場，不再姑息日本侵略行徑，並開放美國財力物資援華，使中國接濟有望。⑲日人又認定因為美國人投資生意於中國（尤其在滿州地區），而與日本有所衝突，而華人在美時間久遠，與美國人關係緊密，因此接連發生對在美日人不友善的事件，排日法案就是其中之一。⑳這些日人說詞顯示，華、日關係已然由從前的華人妒日發展成日人妒華的景況，而這種轉變固然是受母國在國際政局發展所致，但更重要的是，白人至上的威權體制不只主宰華、日少數族裔在美國社會的地位，還牽制移民看待彼此，出現相互爭寵、妒忌、傾軋的現象，而不敢有聯袂爭取權益、或表現獨立自主作為的非份之想。

即使 1937 年中日已經開戰，華人社會的抗日行動也隨之全面化，但內部仍是存在零星的紛歧意見及抗捐舉動。有些華人對於僑社強迫捐獻之舉，頗感頭痛、甚至引起反感。抗捐者常被冠上「漢奸」、「冷血動物」之名，有些地區還將這類人的名字公布出來，或是被強迫在華埠遊街示眾。㉑加州奧克蘭地區的抗捐者最多。㉒

---

⑲ 張恨棠，〈半年來之華工合作〉，《合作》，第二期（1938 年 4 月）。見 Yuk Ow research files, AAS ARC 2000/70, Ctn. 36-26, Asian American Studies Library, UC-Berkeley（以下簡稱 AAS ARC 2000/70）。

⑳ Ito, *Issei*, 223-4, 233-4.

㉑ 王秀惠，《種族歧視與性別》，頁 253。

另在「抵制日貨」運動裡，有些華商將日貨轉售附近的猶太商店，如此一來，不至損失過巨。❼❸最特殊的是在夏威夷地區。當地因日本人眾多，遠過於華人，使得當地華人不敢大力推行「抵制日貨」運動，恐怕引起日人反感，若導致兩方發生衝突，將會造成治安問題。❼❹

　　1937 年中日戰事的爆發其實對二世（Nisei）日人的影響較大。二世是在美出生的日本人，擁有美國籍，算是日裔美國人。面對美日關係逐漸惡化，且美國在中日戰事裡處於支持中國的態勢，使二世游離於應該效忠美國或隨其父輩效忠日本，陷入掙扎困境。有些二世，尤其是支持民主和反法西斯者，指斥日本在亞洲推行黷武政策，連累那些身在海外卻仍效忠日本的一世（Issei）。但這些人畢竟是少數，多數二世自認是種族偏見的受害者（Racial victimization）。日文報紙抨擊中國、華人或其美國盟友之錯誤宣傳，同時也憐憫日人二世因而被誤導而成受害者。例如《日米新聞》（*Nichibei Shimpu*）編輯指出，在林語堂和賽珍珠等通俗作家的文筆下，中國人以善良溫和之姿，忍受日本欺凌，而贏得美國社會同情，二世因其日人身份也連帶被指責。但華人堅稱他們才是受害

---

❼❷　李盈慧，〈抗戰時期華僑捐款辦法與捐款紛爭〉，《華僑與抗日戰爭論文集》（臺北：華僑協會總會，1999 年），上冊，頁 64-5；劉偉森，〈美國各埠抗日救國組織及募款分析〉，前引書，下冊，頁 480、487。筆者猜測可能與奧克蘭有較多華人賭館行業有關。

❼❸　盧鎮基，〈美國華僑抗日救國的輝煌貢獻〉，上引書，下冊，頁 529-30。

❼❹　湯熙勇，〈中國抗日時期夏威夷華人的捐獻運動〉，上引書，下冊，頁 544-6。夏威夷華人之難處，詳見下章結語部份。

者，受日本帝國主義之侵略。⑮華、日兩族互爭受害者地位，實在是少數族群身處種族歧視之社會底層所顯現的畸形心態。

有些在美的日文報社就此推動文宣，博取美國社會大眾的同情。這類文宣通常將美國華人刻畫成吸食鴉片、襲擊日本幼童或婦女的惡人，潛藏許多反社會行為。⑯ 1937 年，老牌的美國日文報社《日米新聞》和《新世界朝日新聞》更舉辦一個作文比賽，題目是「我作為二世日人，要如何辯護日本在中國的作為」，意圖教育第二代向美國社會說明並解釋日人立場，以扭轉一面倒向同情中國的態勢。⑰這類手法更顯示華、日兩族的紛爭裡，第一代日人已將其祖國民族主義結合「族群受害者」心態，烙印到第二代心靈。

有些在美日本人回憶其學生時代的生活，認為華、日兩族學生在校園中，彼此雖不至於相互敵對，但交情冷淡則是不爭的事實，而這是學自父輩的態度。一世日人經常對其他少數族群（如華人、菲律賓人）持負面看法，而禁止孩童與之交往。另有日人則稱兩族受中日交惡影響，彼此之間常是互不對眼。二世日人從小被灌輸華人不是好人的觀念，當然就不可能與華人深交。然而仍是有些華日兒童相互友善，只是「珍珠港事件」爆發後，因為白人分不清華日兩族，華人開始戴上「我是中國人」（I'm Chinese）的徽章，以與日人

---

⑮ David Yoo, *Growing Up Nisei: Race, Generation, and Culture among Japanese Americans of California, 1924-1949* (Urbana: University of Illinois Press, 2000), 87.
⑯ *Ibid.*, 88.
⑰ *Ibid.*, 89-90.

區隔。此舉自然打擊這類稀有的跨族情誼。[78]太平洋岸地區，奧瑞岡州算是華日關係較為平和者，但是「珍珠港事件」之後，亦見華人配戴徽章的現象，可見其中事態之嚴重。[79]

　　華、日勞工只在非常少見的情況下，能彼此交融，團結合作。例一是洛杉磯市「第九街果菜市場」之發展過程。二十世紀新啟之際，張翊堂原在洛杉磯開設中藥舖，後轉投資去種植蘆筍。其子張煒烯（Sam Chang）於 1915 年由中國抵美，協同其父經營農地。直到經濟大恐慌之前，此一行業的獲利情形甚為不錯。張煒烯在其留下的書信筆記裡，確曾議論華農不思長進、拒絕使用農具機器，觀念保守又固執，不屑於嘗試新式農技，並認定這是為何白人園主由華工轉而雇用日工的原因。但眼見日人辛苦耕耘，將收成成果點滴累積、匯錢回鄉，卻遭來白人的排日圍剿，張煒烯深切感嘆美國白人的排亞仇恨，甚至因此勸誨子孫回中國發展。[80]面對洛杉磯白人農產批發商排擠華、日人，致使華日聯合，並與其他小族群合作，另設「第九街果菜市場」。這個市場是洛杉磯市三個農產市場中最小的。其開市時間是清晨兩點、三點，遠早於白人市場的五點、六點，以此供應當地餐館的早餐生意，也藉此區隔以全國或國外客戶為主的白人市場營運。此一合作關係延續到 1920 年代，使他逐漸

---

[78]　Yasuko I. Takezawa, *Breaking the Silence: Redress and Japanese American Ethnicity* (Ithaca: Cornell University Press, 1995), 70-1, 77.

[79]　Marie Rose Wong, *Sweet Cakes, Long Journey: Chinatowns of Portland, Oregon* (Seattle: University of Washington Press, 2004), 261.

[80]　Haiming Liu, "The Trans-Pacific Family: A Case Study of Sam Chang's Family History," *Amerasia Journal* 18:2 (1992): 1-34.

產生華日一體的「黃種」觀，以對抗白人社會的種族偏見。如張煒
烯這種具有少數族群聯合意識的華人，算是特例而少有，而且隨即
在 1930 年代中日母國對峙裡，消蝕而去。[81]

　　另外的例證則不但是華日合作，甚至還與白人工會結盟，共同
爭取權益，而更具意義。例如「五卅慘案」起自工人罷工，所以美
國不少工會起而聲援中國工人，痛斥帝國主義和資本主義之侵略中
國。值得注意的是，其中也有在美的日人工會代表參與，如來自加
州奧克蘭的劍持和松井七郎，顯示左翼力量跨越族群國界之別，而
與各國工人連線合作。[82]此外西雅圖的餐館工人工會也是結合華日
和白種工人。來自長野縣的春原忠一於 1907 年到美國西雅圖。年
約二十歲的他先在白人餐館洗碗，工時比白人長，薪資卻只有白人
的一半或三分之二。1935 年到 1936 年期間，餐館裡的白人勞工組
織工會，要求雇主提高工資，縮短工時，增加福利。不久，白人工
會也要求日本人經營的餐館，只雇用工會成員，於是日工就組成一
個只有日人的工會，爭取權利。1937 年，日人將之擴大，包含在
白人餐館任職的日本人、華人、菲律賓人，成立「東方旅店餐館工
人聯盟」（Oriental Hotel and Restaurant Workers' Union），約有三百五十餘
名會員，總幹事就是春原忠一，下設華、日、菲人幹事各一名。這

---

[81]　Haiming Liu, "Asparagus Farming, Family Business, and Immigrant Sensibility: Sam Chang's Life and Writing As a Chinese-American Farmer," *Chinese America: History and Perspectives* (2004), 79-89, esp. 87-88.

[82]　〈美工界對滬案召集會議〉，《少年中國晨日報》，1925 年 6 月 15 日，頁 3；〈美工會為滬案簽捐〉，《世界日報》，1925 年 6 月 22 日，頁 4；〈美工黨援助滬案演說紀〉，《中西日報》，1925 年 7 月 14 日，頁 4。

個聯盟並與白人工會協議：亞洲勞工可繼續在白人餐館工作，但他們若離職，則由白人勞工頂替。此舉至少保障亞人不受白人勞工迫害而需離職，算是聯合彼此，與白人勞工平起平坐。⑧

結　論

美國華人關注中國排日的發展，適時以不同方式，呼應母國立場。一戰以後，自從 1919 年「五四運動」起，他們眼見同胞受到凌辱與殺戮摧殘，或以籌款和文宣方式，對外向白人大眾說明中國立場，博取美國社會的同情；對內鼓吹華人社群的愛國心。除此之外，又採取經濟絕交，它不僅抵制日貨而已，還包含抵制在美日人商家、銀行、工廠、交通航運，達到全面性的抵制。種種行動都是呼應母國的排日風潮，但仍有一些華人不願配合，既撕裂華人社群的團結，又使抵制運動落人口實，被日人訕笑一番。

美國華人的排日、斥日心態隨著國際局勢而更為深化。華人知識菁英尤其重視爭國體、爭尊嚴，認為中國排日風潮所顯現之民氣與國魂不可多得，其中意義固然是為了祖國經久受挫而生之無限期許，但也反映美國華人自認境遇與祖國命運相繫，在受盡白人歧視和日本人的鄙夷之後，所發出之抗拒強權心聲。

華日兩族教育第二代向美國社會說明並解釋各自的立場，以扭轉倒向另一方的態勢。這類手法更顯示華、日兩族的紛爭裡，第一代日人已將其祖國民族主義結合「族群受害者」心態，烙印到第二

---

⑧　Ito, *Issei*, 548-9.

代心靈，再次凸顯跨國移動者背負母國的國際地位與外交情勢負擔，而造成他們在異鄉生活的一大困境。

第七章 結 語

　　1937 年「七七蘆溝橋事件」的槍響，不僅點燃中日戰局的火焰，更開展在美華日兩族的不同命運。此後的一年半期間，日軍勢力往南延伸，進入上海、南京，甚至達到華南地區。美國華人訝於其變化如此迅速，而日人則歡欣鼓舞，喜見母國軍隊勢如破竹。日人社群不但熱烈捐獻錢財與物資，許多日婦縫製軍用背包或準備醫藥用品給前線軍士，還有少數二世日人遠赴中國東北，加入滿洲軍旅。❶

　　然而日本對中國的侵略行動已經破壞美國對華的「門戶開放」政策，造成美日外交關係日趨緊張，也使美國社會大眾更加同情中國。尤其 1930 年代，賽珍珠的小說「大地」，刻畫中國人愛鄉愛

---

❶　Brian Masaru Hayashi, *'For the Sake of Our Japanese Brethren': Assimilation, Nationalism, and Protestantism Among the Japanese of Los Angeles, 1895-1942* (Stanford: Stanford University Press, 1995), 133; Eichiro Azuma, *Between Two Empires: Race, History, and Transnationalism in Japanese America* (New York: Oxford University Press, 2005), 165-167; John J. Stephan, "Hijacked by Utopia: American Nikkei in Manchuria," *Amerasia Journal* 23:3 (Winter 1997-1998), 3.

土的情懷，正好符合經歷經濟大恐慌時期之後的美國人心。❷
1937 年末，又發生美國軍艦「帕奈號」（Panay）在南京進行撤僑任
務之時，卻被來襲的日機所誤擊。此舉更惹惱美國社會，升高排日
情緒。❸

　　自 1938 年起，美國社會開始呼應華人的行動。例如白人也推
動「抵制日貨」運動，工會呼籲大眾不要購買日製絲織品或魚類罐
頭。有些碼頭工人響應華人，他們或是加入拒運廢鐵運往日本的糾
察行列，或是停工拒絕起卸日船貨物。❹主流社會也發動籌款賑濟
中國人民，其中最著名者如在全美華人集中的華埠舉行的「一碗飯
運動」（Bowl of Rice），最初於 1938 年在紐約發起，1940 年、1941
年又陸續舉行。活動期間，華埠張燈結彩，舉辦各項節目，鼓舞美
國社會大眾慷慨解囊，賑濟中國難民，並聲援中國對日抗戰。❺甚
至如十月底的萬聖節，舊金山華埠還見到幼童搗亂日人藝品店，令
其有口難言。❻

　　隨著德軍進攻波蘭，英法對德宣戰，德國與義大利結合成軸
心。日軍也於 1940 年加入軸心陣營，並於 1941 年 12 月 7 日偷襲

---

❷　Karen J. Leong, *The China Mystique: Pearl S. Buck, Anna May Wong, Mayling Soong, and the Transformation of American Orientalism* (Berkeley: University of California Press, 2005), 29-30.

❸　參見楊凡逸，《美日「帕奈號」事件與中美關係（1937-1938）》（臺北：政大歷史系，民 91）。

❹　有名者如 1937 年的「廣源輪事件」，參見劉伯驥，《美國華僑史續編》，頁574-577；參禮謙，《從華僑到華人》，頁 303-304。

❺　參禮謙，《從華僑到華人》，頁 300。

❻　余進源，〈續金山唐人埠今非昔比〉，《金山時報》，1966 年 2 月 21 日。

珍珠港，美國因此正式對日宣戰，造成在美日本人於次年二月被關入集中營。為了避免華人被誤認為日本人，舊金山中國領事還發放識別證給華人，提供給美國大眾參考，以茲證明和區別。[7]日本人在匆忙中被徵召入集中營，只得賤賣家產、廉讓店鋪或農地，讓有些華人漁翁得利。[8]

夏威夷的情況迥異於美國本土大陸。1937 年「七七事變」爆發時，夏威夷有十五萬餘的日本人，華人不及三萬，而華日兩族共佔當地近四成五的人口總數。這些亞洲人口當中，85% 的華人和75% 的日人是土生，具有美國籍，但同時不少人也具有雙重國籍，對其日後的命運大有影響。[9]華人已經來夏威夷半世紀以上，甚至達八十餘年，經社地位或個人財富比日本人富裕、穩固；但他

---

[7]　Judy Yung, *Unbound Voices: A Documentary History of Chinese Women in San Francisco* (Berkeley: University of California Press, 1999), 445. 但也有日本人於此時假冒為華人，藉以避開關入集中營之禍，見 Kazuo Ito, *Issei: A History of Japanese Immigrants in North America*, 156.

[8]　如洛杉磯的農產市場，見劉伯驥，《美國華僑史續編》，頁 309。但有些華人礙於當時的抵制日貨運動，不敢馬上接手，待戰後才從猶太人中轉手而得，例如舊金山華埠的日人藝品店即是如此。見前引書，頁 295、579。

[9]　日本於 1924 年 12 月 1 日通過一個有關海外出生日本人的法規，規定若父母將新生兒女報給當地日本領事館，則兒女可享有日本國籍，否則視同放棄。在此之前的海外出生日本人則除非他們聲明放棄，否則都自動擁有日本籍。此舉使得近四分之一在夏威夷出生的日本人擁有雙重國籍。Edwin G. Burrows, *Chinese and Japanese in Hawaii during the Sino-Japanese Conflict* (Honolulu, Hawaii : Hawaii group, American council, Institute of Pacific relations, 1939), 5-6. 1938 年 10 月，日本駐夏威夷領事館以日本子民有當兵義務，曾通告 1918 年至 1924 年間出生的夏威夷日人註冊入伍，但因在海外，不可能強制執行而效果不彰。*Ibid.*, 31.

們與母國的聯繫漸失，至少遠不如來夏威夷不到半世紀的日本人與
其母國之緊密來往。❿

　　太平洋戰事展開之後，夏威夷華日兩族之敵對情勢遠低於本
土。針對「抵制日貨」運動，有些土生日人第二代認為雖然華日兩
族各自捐款挹注母國軍隊或賑助僑鄉，但捐款是將錢財帶到海外
去，而抵制活動卻是將敵意留在本地、置於華日彼此之間，這將破
壞夏威夷之多元族群環境與社會和諧。華人之「抵制日貨」運動將
使夏威夷之日人生計受阻，徒然傷害彼此同是美籍的感情，使社會
處於撕裂和對立的狀態。⓫夏威夷的華人也認為若他們抵制日人，
當地日本人也會反制華人，而夏威夷社會的華人遠少於日人，這對
華人不利。所以華人只會抵制日製商品，但不抵制當地日人的工商
業活動。即使抵制日製商品，也是不定期、不持續，因為日製商品
終究還是物美價廉（如乾香菇）。日本商家因此就強調其貨品為美國
製，或者強調其老闆店員都是美籍（雖是日裔），以避開「抵制日
貨」的敏感處。

　　夏威夷華日兩族的工商互動情況因而照常進行，只在戰爭爆發
初期稍有影響。戰爭初期，謠言四起，多少動搖華日彼此之間的來
往。中華料理和糕點一向很受日人歡迎。戰爭爆發時，謠傳日本人
到中華料理店或購買中式糕點時，老闆或侍者會在菜色或點心裡動
手腳，如吐口痰、放雜草、蟑螂、毒藥等，使得日客裹足不前。但

---

❿　*Ibid.*, 6, 27, 44-5.

⓫　*Ibid.*, 38-9.

一段時日之後,謠言破除,日客照舊回籠。❷其他行業如華人園丁仍向日本肥料商進貨,華人建築包商仍然分包給下游日商或日本師父。日本理髮廳仍有華人顧客,而華人女子美髮院也仍有日人顧客,甚至日本接生婆或華醫都仍有對方族裔的顧客。❸夏威夷的華人商店門窗不會如舊金山一般地貼出標籤(This is a Chinese Store,這是華人商店);只有少數華人店家如高級藝品店,因顧客對象為白人,投其所好,才會標出這類告示。

事實上,在夏威夷,出面倡議「抵制日貨」運動的團體不是華人社群,反而是一個日裔左派工會份子,以及一些親華的白人。有個土生日裔(Kenneth Sano)於 1938 年初組織「抵制日貨聯合會」(The United Committee for the Boycott of Japanese Goods)。他的倡議卻被華人商會和義捐組織如「旅美華僑救國會」所拒,恐造成社會撕裂與不安;連激進的白人工會組織(CIO)也認為抵制日貨運動將減低他們組織日工的號召力而不願支持。但是有些親中組織如「中國人民之友會」(The Friends of the Chinese People)慨然出面呼籲美國女性不要購買日製絲織品。最為排日者,其實是白人和原住民,並影響及於他們的年青世代,反倒是華日年輕人對戰爭議題感到厭煩,覺得浪費時間。至於年青世代的華日兩族,彼此通婚情況也不因戰局影響而減少。華日聯姻雖然令上一輩的父母失望,但對夏威夷土生的世代而言,東方式的孝道傳統終究不敵男女間的浪漫愛情。❹

---

❷　*Ibid.*, 42-3.

❸　*Ibid.*, 40-2.

❹　*Ibid.*, 35-7, 45-9, 66-7.

　　夏威夷的華日兩族彼此相處算是和善，但之所以如此的原因，並非僅僅只是居留地的新環境以及數代土生世居有以致之。❺否則此一理論可以套用於美國本土，尤其是美西地區，但卻不見相似情況出現。此時，不可忽略的重要因素之一是白人的態度；白人由排華到排日，導致華日兩族反應有別。而操縱著華日之間的族群關係，也使華人產生時而與母國立場相斥，時而相符的困擾。夏威夷的特例在於白人屬於少數，其排日態度不至於造成風起雲湧之態勢，遂使華日兩族雖是新移民，但以社會和諧安定為要；反之在美國本土，白人排日風潮熾烈，影響所及，華人也順勢採取排日態度，正好與美國和母國同聲一氣。到了 1950 年代，斗轉星移，當美國社會因冷戰對峙轉而疑懼華人連共，顯現排華氛圍，華人的命運就如珍珠港事件後的在美日人一般，受母國波及而危如累卵。❻

---

❺　*Ibid.*, 68-70.

❻　參見張四德，〈認同感與輸誠忠心——論美國種族歧視下少數民族的處境〉，《西洋史集刊》，第二期（民 79 年 12 月），頁 183-184。

附錄（一）

A. R. Dunbar's Chinese Directory of the United States, British Columbia, Canada, and Honolulu (San Francisco, CA: A. R. Dunbar publisher, 1892)

Freson, CA　啡士那

1.　p. 19: Yee Hop Kee & Co., Chinese and Japanese Fancy Goods, 1011 G St.
　　義合記日本漆器舖

Los Angeles, CA　羅省忌利

1.　p.22: Coey Ying Lung Quong Kee, Fancy Goods, Pox 570, 203 Nigger Alley
　　巨英隆日本漆器埠

2.　p. 23: Hong Lee Co., Japanese Bazaar, P.O. Box 520, 505 N. Main St.
　　興利日本漆器埠

3.　P. 30: Wo Hop, Fancy Goods, 437 S. Spring St
　　日華中國日本漆器舖

Riverside, CA　粒巴洒

1.　p. 37: Quan Sing & Co., Chinese and Japanese Fancy Goods (Without address)
　　關源盛日本漆器舖

San Diego, CA　山姐姑

1. p. 40: Ah Quin, Chinese and Japanese Fancy Goods, 1148 J St
官記棧中國日本漆器舖

2. p. 41: M. Bing Lee, Chinese and Japanese Fancy Goods 865 5th St
炳粒號中國日本漆器舖

3. p. 41:Quon Mane Kee & Co., Chinese and Japanese Fancy Goods, 631 5th St.
關明記漆器舖

4. p. 42: Tam A. Yark Co., Chinese and Japanese Fancy Goods, 1043 4th St.
得記號日本漆器舖

5. p. 43: Yee Chong Long & Co., Chinese and Japanese Fancy Goods, 1126 J St.
裕昌隆泰記日本漆器舖

San Francisco 金山正埠

1. p. 49: Chin Lee, Chinese and Japanese Bazaar, 521 Kearny St.
陳利，中國日本漆器肝地街

2. p. 69: King Lee & Co., Chinese and Japanese Fancy Goods, 410 Kearney St.
經利，唐人街日本漆器舖，乾地街

3. p. 88: Quong Wa Chong & Co., General merchandise, 728 Sacramento St (or 918 Dupont St)
廣和棧唐人日本漆器 沙架免度街

4. Quong Wah Gun & Co., Fancy Goods,
廣和昌 都板街

5. p. 107: Wing Chong Lung & Co., Fancy Goods, Novelties, & c., 617 1/2 Dupont St
榮昌隆日本漆器 都板街

6.   p. 120: Foo Kwai Chon &Co., Grocer, Baker, & c., 816 Dupont St
9basement)
富貴全日本漆器舖　都板街

San Jose, CA　山多寫

1.   p. 128: Sang Chung Lee, Fancy Goods, 101-108 S. Second St
新祥利唐人日本漆器

2.   p. 129: Yan Tie & Co., Fancy Goods, 113 S. Second St.
英泰號唐人日本蘇杭二街

Santa Barbara, CA　山地把罷

1.   p. 131: Chung Wong, Fancy Goods, 916 State St
張旺唐人日本蘇杭　士凸街

2.   p. 131: Quong Yee & Co., Fancy Goods, 1006 State St
廣義唐人日本蘇杭　士凸街

3.   p. 131: Shang Hai Co., Fancy Goods, 1000 State St
生泰唐人日本蘇杭　士凸街

Denver, Colorado　剪化

1.   p. 139: Hop On Lung, Chinese Fancy Goods, pox 2052, 1860 Curtis St,
合安隆日本漆器舖

2.   p. 139: Lun Wah, Chinese and Japanese Fancy Goods, 1549 Larimer St
聯和號日本漆器

Pueblo, Col　飄哈步路

1.   p. 141: Quen Lung & Co., Japanese Bazaar, 8 Grand St

均隆號

Chicago, IL 市卡咕

1. P. 142: Quong Wah Sing & Co., Chinese And Japanese Fancy Goods, 349 S. St
   廣和盛什貨蘇杭

2. p. 143: Wing Yee Long & Co. General merchandise, 327 S. State St
   永怡隆公司唐人日本漆器

Detroit, MI 地吐來（積采）

1. P. 150: Chung Long, Chinese and Japanese Fancy Goods,170 Randolph St.
   昌隆唐人日本蘇杭

Kanasas City, Ms 懇市失

1. p. 151: Quong San Kee, Chinese And Japanese Fancy Goods, 212 E.12th St.
   廣三記唐人日本蘇杭

St. Louis, MS 新蟲

1. p. 152: Fung Loud & Co., Chinese And Japanese Fancy Goods, 1002 Oliver St.
   錦豐號唐人日本蘇杭

2. p. 152: Quong Wah Lee Fancy Goods, 2607 Washington Ave.
   廣華利日本什貨蘇杭

Anaconda, Montana 典地港打

1. p. 154: Quong Wing Lung & Co. Chinese And Japanese Fancy

Goods, Pox 874
廣榮隆唐人日本蘇杭

Butte City, Montana 貓失地

1. p. 156: Lung, W. F. & Co., Chinese And Japanese Bazaar, 49 w. Browdway
搭步禾哈乎隆公司唐人日本蘇杭

2. p. 157: Yong Him Foon (Jim Sing), Chinese And Japanese Fancy Goods, 23 1/2 W. Galena St
張添寬唐人日本蘇杭

Helena, Montana 氣憐打

1. p 159: Hop Hing Chan & Co., Chinese And Japanese Fancy Goods, 211 main St.
合興棧唐人日本蘇杭

2. p. 159: Man Lee & Co., Chinese And Japanese Fancy Goods, 119 Broadway
萬利號唐人日本蘇杭

3. p. 159: Quong Hing & Co., Chinese And Japanese Fancy Goods, 209 W. Main St.
廣興號唐人日本蘇杭

New York 鳥約

1. p.165: Chu Jip, Chinese And Japanese Fancy Goods, 60 W. 125th St.
趙楫蘇杭舖

Portland 砵崙

1. p. 179: Kan, Andrew & Co., Chinese And Japanese Fancy Goods,

     30-32 Morrison St
     廣仁記唐人日本漆器舖

2.   p. 181: Me Me & Co., Chinese And Japanese Fancy Goods, 48
     Washington St
     美美白杉舖

3.   p. 182: Queen Lee & Co., Chinese And Japanese Fancy Goods,
     153 Third St
     均利號唐人日本蘇杭

附錄（二）

《世界日報》1915 年 3 月 1 日（第四版）

〈救國會規則之照錄〉

敬啟者：現因日人脅迫我國，侵奪主權，勢將決裂，全僑共憤，公決設立華僑全體救國會，實行抵制日貨，斷絕一切交易，議定各條款，經眾贊成，例在必行，各宜遵守。惟此係為爭國體挽利權起見，仍須各守文明規則：凡對我華人，固不宜徇情隱庇，尤不宜挾恨加誣，別生枝節，貽笑外人，反礙進行，是為至要。茲將各款開列，俾眾週知。

第一款　本會以實行停辦日貨，斷絕日人關繫，振興土貨挽復利權，共爭國體為宗旨

第二款　本會乃合眾華僑工商各界組織而成，，故命名為華僑全體救國會，

第三款　電往橫濱各辦庄所所定之貨，既定速來，未定即行止辦，

第四款　電往省城轉香港華安公所，凡有日本貨，均當一律即時止辦，

第五款　電達各埠商會及中華等團體，實行停辦日貨，一切工商，均與之斷絕交易，請協同一致鼓吹，繼續進行

第六款　凡我會內貨物人客來往付貨，不得搭日本公司輪船，倘該

　　　　　公司故意減價，以利誘人者，是日人慣技，惟始終堅持到
　　　　　底，以伸公憤，如違照罰

第七款　我會內既已停辦日貨，凡在本埠日人西人所有日貨，不得
　　　　　代彼轉購入內，亦不得假手外人代買，以期斷絕日人關
　　　　　繫，如違即以破壞大局論

第八款　凡有美屬各埠來本埠欲搭日本傳回唐者，各店不得經手代
　　　　　買船票，及代為僱車送船，如一經查出有証，即屬違例

第九款　本埠各店舖從前每有代客轉接日貨，或交稅腳，或轉載代
　　　　　付等事，雖屬外部所托，惟現既停止交易，此件尤宜謝
　　　　　絕，如有貪利私與交易，即屬違例

第十款　如有品物，雖係產于美國，而經過日人耕植製作之貨，其
　　　　　利權即為日人享有，亦應一概拒絕，或該貨品原係日貨，
　　　　　日人故變其墨頭，以圖欺售，尤需細察，勿為所欺，此種
　　　　　行為，若出自華人，更屬取巧漁利，罔顧大局，查出更須
　　　　　重罰，

《世界日報》1915 年 3 月 2 日（第三版）

〈救國會規則之續錄〉

第十一款本會成立以後，凡有會員，或有業魚濕生意者，如以交日
　　　　　人上期糧銀，或與日人合同資批耕田園，及租賃日人房屋
　　　　　居住等事，係在本會未成立以前，定有契約者，可以照批
　　　　　做滿為止，但要將批據繳交本會驗明，以昭核實，惟契約

完了，不得繼續，與之交易，此外僱工同伴，亦不宜與日
人共事，以示拒絕

第十二款凡我華人，如係在本會未成立以前，有以與日人訂立一切
定期交易契約，不得不照約履行者，仍可依期照行，若本
會成立以後，不得再與彼訂交易契約，已是限制，又本會
行友，向業日本貨物生意，如有已辦日貨，係在本會未成
立以前者，其能自己專電止辦與否，均聽其便，惟自本會
成立以後，（陽曆二月廿七號滿洲船期之日起）不得發單
再辦，但以前既辦之單，儘可來其為止，如此次滿洲船期
以後，在有新定之日貨付到，應將原貨載回，不得接納起
收貯棧薈寄，以為藉口未稅取巧者，杜絕口實，如有私行
收受，以抗例論議罰，

第十三款本會友如係業日本貨物生意，現存貨底應准照賣沽清為
止，違者依照第五款辦理

第十四款本會商店既經止辦日貨，停止與日人交易，又不得付搭日
本公司輪船，寧願犧牲力權，無非憤爭國體，但各店一切
日人開設之洗身房薙髮所洗衣管波塲會亭旅館妓院等營
業，與夫一切日本可得利益之事業與物品，雖至微極少
者，均要拒絕，如有私行嘗試，便是有意破壞，一經被人
指証確鑿，照例執罰，

第十五款本會成立，凡我華人各界團體及各墊舖，均需一律聯蓋圖
章，以昭信守，倘有不允印蓋，即是自外生成，有意破壞
大局，視為公敵，先將該店名目標貼全行商戶，不得與他
交易買賣，另籌相當對待，以為不愛國者戒，

第十六款以上罰則若干款，不拘所為何例，均一體分別輕重議罰其
　　　　執罰權，由評議部集眾公決行之，茲議首次罰銀不得過二
　　　　百元，如再次違例罰銀不得過四百元，無論何人有能指証
　　　　確鑿，其罰款半歸捉手，半歸公積，如不允遵，以該違例
　　　　者看做日人對待之，

第十七款本會現正臨時成立，所有籌集各事，擬借中華會館維敘集
　　　　之所，為事屬創始，不厭求詳，無論何界有隨時獻議磋商
　　　　之權，遇召集會議時，具柬通知各會員，依期到會，以期
　　　　實力進行，拒日賊之迫脅，挽我國之利權，實我華僑應盡
　　　　之責任，惟必須守文明規則，無貽外人口實，反至阻礙進
　　　　行，

第十八款本會所有職員，均擔任義務，不支薪水，

第十九款以上規例，乃臨時草創，如有未盡事宜，僅可隨時集議改
　　　　良，務以斷絕日貨，振興土貨，挽回利權，共爭國體，達
　　　　到目的為止，但求堅持到底，慎勿有初鮮終，是則國家之
　　　　幸，亦同人等所厚望也，

中華民國四年二月廿七日　金山全僑救國會公佈

附錄（三）

《中西日報》1928 年 6 月 7 日（第三版）

　　對日經濟絕交之辦法　○茲附錄舊金山中華總商會之辦法四條如左：

第一條　凡本會會友：由民國十七年六月六日起，須自動的停止與日人買物。日人所辦的輪船，旅館，及銀行；亦須一律停止交易，及停止雇傭日人作工。

第二條　凡本會會友：前有所訂購日貨者，須立即設法取銷之；如因事故，不能取銷，須即將證據攜交本會，查驗清楚；然後限期本年七月四日以前，須將該貨付到本埠，以後不得再行訂購。

第三條　凡本會會友：所存日貨，不論多少，須於一禮拜內，（自六月六日起計）將其存貨數目嘜頭號數及價值注明，自行報告本會，以便派人稽查，自後沽去若干，按月報告，以便登記。

第四條　凡本會會友：所存日貨，不論多少，清盤之後，不得再辦，如有陽奉陰違，希圖私利者；一經查出，本會自有相當辦法對待云。

屋崙華僑拒日救國會調查科通告
《世界日報》1931 年 10 月 13 日（第五版）

茲將十月二號調查科與各界僑商通過各案列下：

(一)日期：由民國廿年十月七號經濟絕交，調查科通告後，各商號不得以電報或信函向日本人定貨，如在未通告之前，經已定實者，不在此例。

(二)雜貨行：凡商號內所有日貨，如罐頭磁器等物，概由本會調查科蓋印後，方准發賣，至零星日貨，亦須本會檢查後方能發賣。

(三)餐館：凡餐館內存有之日貨，概由本會檢查存案，如用清存案之貨後，於必要時，須向各華人商店購買，曾經本會蓋印及檢查之貨，方為合例。

(四)日人營業，凡我華僑，不得交衣與日人洗熨，及剪髮洗身打波生花一切營業。

(五)罰例：

(甲)凡我華僑到日本及營業所幫襯由一仙至五毫者罰銀五元，若過五毫至一元者，則罰銀十元，多者類推。

(乙)如捉獲私買或私賣日貨者；將其貨物充公外仍照其貨物原價罰之。

(六)凡我華僑個人：皆有捉獲私買私賣之權。

(七)賞格：凡我華僑，如捉獲有私買私賣者，罰五元者則以五成歸捉手人所得；如罰十元者，則以二成歸之，惟凡屬拒日救國會各職員，則不能享受捉獲賞格之權利。

(八)以上各規條：如有恃頑反抗者合全體華僑對付之。

附錄（四）

《世界日報》1928 年 5 月 30 日（第八版專件）

學生聯合反日工作

　　美洲三藩市中國學生聯合反日帝國主義侵略山東事件後援會。自成立以來。對於反日帝國主義工作，積極進行。中文反日的宣傳品，以及西文向外宣傳品，經已發出數千份；同時該會發出日文宣傳品，付印數千份，向日本民眾宣傳。茲將該會向日本民眾宣傳品錄下：

　　僑美日本民眾：現在你們帝國主義的政府派遣大幫軍隊戰艦，佔據濟南，轟殺我民眾。這當然不是你們的主意，這只是你們國裡幾個野心的武人政客資本家的行徑罷。然而野心的田中氏和一切資本家，因為他們本身的利益，竟一幫幫的派出了許多軍士，和中國的民眾對敵。這些軍隊，多是你們的父子兄弟朋友。他們此去，或者送了命，或者斷了手，或者跛了足；打勝回來，只做成了幾個武人資本家的地位，這是何苦來。

　　經過了你們帝國主義的壓迫，中國民眾一定很自然的採用經濟絕交。這一來日本的工業就要冷落，你們日本工友只好失業，商人只好虧本，這不是武人和資本家的野心累了你們麼。我們希望你們

因此更加奮鬥。

　　快些起來跟我們聯合，一致向你們帝國主義的政府攻擊和反抗罷。

中日民眾攜手起來。

打倒日本帝國主義和國際帝國主義。

美洲三藩市中國學生聯合反日帝國侵略山東事件後援會文字宣傳科

參考書目

一、中文參考書目

A. 報紙與通俗刊物

《中西日報》，1900，1906-1947 年。

《少年中國晨報》，1912-1958 年。

《太平洋週報》，1949 年。

《正報》，1994 年。

《光緒述報》，甲申年（1884）。

《世界日報》，1909-1969 年。

《民氣日報》，1927 年。

《金山時報》，1966 年。

《東西報》（*East/West*），1970 年。

《東方雜誌》，1915 年 12 月。

《僑報》，1997 年。

B. 檔案

中國國民黨駐三藩市總支部第二次代表大會紀事（1928 年 10 月 22 日），黨務報告（舊金山分部）。（Asian American Studies Library, UC-Berkeley）

中研院近代史研究所外交檔，02-23 外務部，4-(6)：〈加省限制外人購擬田地案〉。

C. 期刊論文與專書

王秀惠，《種族歧視與性別：二戰前美國大陸男性華人之經歷》（臺北：允

晨文化事業公司，2006）。

王賡武，《中國與海外華人》（臺北：臺灣商務印書館，民 83 年）。

李春輝、楊生茂主編，《美洲華僑華人史》（北京：東方出版社，1999年）。

李盈慧，《華僑政策與海外民族主義（一九一二～一九四九）》（臺北：國史館，民 86 年）。

———，〈抗戰時期華僑捐款辦法與捐款紛爭〉，《華僑與抗日戰爭論文集》（臺北：華僑協會總會發行，1999 年），上冊，頁。

———，《抗日與附日——華僑、國民政府、汪政權》（臺北：水牛出版社，民 92 年 3 月）。

李達嘉，〈罪與罰——五四抵制日貨運動中學生對商人的強制行為〉，《新史學》，第十四卷二期（2003 年 6 月），頁 43-108。

林明德，《近代中日關係史》（臺北：三民書局，民 73 年）。

———，〈安奉鐵路改築問題與抵制日貨運動〉，《中央研究院近代史研究所集刊》，第二期（民 60 年 6 月），頁 345-64。

吳劍雄，《華人與海外社會》（臺北：允晨文化事業公司，1992 年）。

胡禮忠，《從望廈條約到柯林頓訪華——中美關係，1844-1966》（福州：福建人民出版社，1996 年）。

陳士源，《分歧的「愛國」華僑——民初華僑對祖國政治之態度（1912-1916）》（臺北：海華文教基金會，民 91 年 12 月）。

陳靜瑜，《美國族群史》（臺北：國立編譯館，民 95 年 2 月）。

———，〈在美之中國移民與日本移民之比較〉，《海華與東南亞研究》，第四卷第二期（民 93 年 4 月），頁 1-32。

陶文釗，〈日美在中國東北的爭奪（1905-1910）〉，《第三屆近百年中日關係研討會論文集（上）》，中央研究院近史所編（85 年 3 月），頁 155-78。

張四德，〈認同感與輸誠忠心——論美國種族歧視下少數民族的處境〉，《西洋史集刊》，第二期（民 79 年 12 月），頁 171-84。

麥禮謙，《從華僑到華人——二十世紀美國華人社會發展史》（香港：三聯書店，1992）。

許苓西，《戊申考查西美商務情形報告》（1908）。

梁啟超，《新大陸遊記》，收錄入福建師範大學歷史學系華僑史資料選輯組編，《晚清海外筆記選》（北京：海洋出版社，1983年）。

郭征之，《華埠滄桑——紐約唐人街史話》（香港：博益出版集團，1985）。

程光銘，〈美國新移民法與中國之關係〉，李定一編纂，《中國近代史論叢》，第二輯，第四冊（臺北：正中書局，民50年11月），頁137-48。

湯熙勇，〈中國抗日時期夏威夷華人的捐獻運動〉，《華僑與抗日戰爭論文集》（臺北：華僑協會總會發行，1999年），下冊，頁534-53。

楊凡逸，《美日「帕奈號」事件與中美關係（1937-1938）》（臺北：政大歷史系，民91年）。

楊瑞松，〈爾有黃禍之先兆，爾有種族之勢力：「黃禍」與近代中國國族共同體想像〉，《政大歷史學報》（200年11月），頁65-108。

楊麗祝，〈二辰丸事件之交涉與抵制日貨運動〉，《嘉義農專學報》第九期（民72年5月），頁20-34。

劉伯驥，《美國華僑史》（臺北：黎明文化事業公司，民65年）。

———，《美國華僑史續編》（臺北：黎明文化事業公司，民70年）。

劉偉森，〈美國各埠抗日救國組織及募款分析〉，《華僑與抗日戰爭論文集》（臺北：華僑協會縱會發行，1999年），下冊，頁480-92。

盧鎮基，〈美國華僑抗日救國的輝煌貢獻〉，《華僑與抗日戰爭論文集》（臺北：華僑協會縱會發行，1999年），下冊，頁516-33。

羅志田，〈「二十一條」時期的反日運動與辛亥五四期間的社會思潮〉，《新史學》第三卷三期（民88年9月），頁37-90。

羅香林，《梁誠的出使美國》（香港：香港大學亞洲研究中心，民66年）。

二、英文參考書目

A. 檔案

a. Asian American Studies Library, UC-Berkeley
Him Mark Lai research files.

Yuk Ow research files.

Records of cash receipts for fandan games in various gambling houses: ms, 1893-1912.

b. Survey of Race Relations, Hoover Institution Archives, Stanford University

Box 27-154-2, Interview with Mr. Peter Mayberg (the humane department of the Seattle police force).

Box 27-160-2, Interview with Mr. Commissioner Weedin (Seattle Immigration Station), April 23, 1924, by R. H. G.

Box 27-170-3, interview and social document of Chas. F. Riddell, Seattle, Washington by D. H. Johnston.

Box 27-172-5, Life History as a Social Document of Bong Chin, Seattle, Washington, August 7, 1924, by C. H. Burnett

Box 27-178-2, Life History and Social Document of Andrew Kan (Seattle, Washington), interviewed on August 22, 1924, by C. H. Burnett.

Box 27-181-3, Interview with Lum Ming Tak (a minister of the Chinese Bapatist Church in Seattle), August 13, 1924, by C. H. Burnett

Box 27-183-8, Mr. Woo Gen (Chinese Import and Export Company, Wah Chong Co., Seattle), interviewed on July 29, 1924, by C. H. Burnett.

Box 27-188-5, Interview with a Chinese Student in Oregon Agricultural College, August 9, 1924, by C. H. Burnett

Box 27-189-6, Interview with Charlie Lui; SRR Box 35-278, Interview with Wakabayashi, July 15, 1934.

Box 27-190-9, Interview with Mr. Faris, Deputy of Commissioner of Immigration, Seattle, by C. H. Burnett, on August 8, 1924.

Box 27-193-8, Interview with Albert King, July 31, 1924 by C. H. Burnett.

Box 28-219-2, Second interview with Mr. Henry A. Monroe, August 26th, 1924.

Box 28-227, Statement by Rev. J. K. Fukushima, Pastor, Japanese Congregational Church, Fresno, California.

Box 29-271-1, Life History and Social Document of S. C. Eng, Seattle,

Washington, August 28, 1924, by C. H. Burnett.

Box 30-279-20, Master Thesis by Hidesaburo Yokoyama, Department of Sociology, University of Chicago, 1921.

Box 31-327-2, Public Opinion of the Oriental in San Jose, California.

Box 31-328, Statement Regarding Schools in the Vicinity of San Jose in the Midst of a Large Foreign Population by William C. Allen, May 9, 1925.

Box 31-334-6, Interview with Mr. Sera of the Japanese Association of San Jose.

Box 36-370, Chinese Lotteries in San Jose, California, March, 18, 1925.

B. 報紙與通俗刊物

Chinatown Report《華埠導報》, 1974.

Seattle Times, 1900-1909.

Will Irwin, "The Japanese and the Pacific Coast," *Colliers* 40 (October 19, 1907): 17.

Commonwealth Club of California, Vol. XI, no. 8 (December, 1916), *Land Settlement in California* (San Francisco: 1916).

"Say Chinese Don't Care," *New York Times*, May 16, 1895.

C. 官方報告

12th Biannual Report of the Bureau of Labor Statistics of the State of California, 1905-1906 (Sacramento: Superintendent of State Printing), 70.

California State Archives, Legislative Papers 10:3, "Chinese Gambling Investigation Hearing; San Francisco's Chinatown, 1901," Transcript of Testimony: 476-7, 47.

Japanese Immigration and Colonization, A Counter Brief, 1922 (To that of Mr. V. S. McClatchy, in behalf of the California Committee of Justice and Other Citizens).

Stuart Marshall Jamieson, *Labor Unionism in American Agriculture* (Washington D. C.: U. S. Department of Labor, Bureau of Labor Statistics, Government Printing Office, 1945), 2-6, 129-32.

U.S. Congress, Senate, Immigration Commission, *Reports of the Immigration Commission: Immigrants in Industries*, Part 25, "Japanese and Other

Immigrant Races in the Pacific Coast and Rocky Mountain States," 61st Cong., 2d sess. (1911), Senate doc., Vol. 23, Vol. 24, Vol. 25.

Japanese Immigration: Hearings before the Committee on Immigration and Natualization, Part 1: San Francisco and Sacramento, 66th Cong. 2d Sec. (1920, July 12-14) (Washington D. C.: Government Printing Office, 1921).

Proceedings of the Asiatic Exclusion League, June, 1908 (San Francisco, Organized Labor Print).

State Board of Control of California, *California and the Oriental: Report of State Board of Control of California to Governor William D. Stephens* (Sacramento, CA: California State Printing Office, 1922).

Transactions of the Commonwealth Club of California, Vol. XI, no. 8 (December, 1916), *Land Settlement in California* (San Francisco: 1916).

V. S. McClatchy, Representative of the Japanese Exclusion League of California, on "Japanese Immigration and Colonization" filed with the Secretary of State, 67th cong. 1st sess., Doc. #55, 1921.

W. Almont Gates (Secretary of the State Board of Charities and Correction of the State of California), *Oriental Immigration on the Pacific Coast* (An Address Delivered at the National Conference of Charities and Correction at Buffalo, NY, June 10, 1909).

D. 期刊論文與專書

Anbinder, Tyler. "Nativism and Prejudice against Immigrants," in Reed Ueda, ed., *A companion to American Immigration* (Malden, MA: Blackwell Publishing, 2006).

Appadurai, Arjun. *Modernity at Large: Cultural Dimensions of Globalization* (Minneapolis: University of Minnesota Press, 1996).

Azuma, Eiichiro. Walnut Grove: Japanese Farm Community in the Sacramento River Delta, 1892-1942 (M.A. thesis, UCLA, 1992).

———. "Racial Struggle, Immigrant Nationalism, and Ethnic Identity: Japanese and Filipinos in the California Delta," *Pacific Historical Review* 67:2 (1998): 163-200.

————. *Between Two Empires: Race, History, and Transnationalism in Japanese America* (New York: University Of Oxford, 2005).

Bailey, Thomas. *Theodore Roosevelt and the Japanese-American Crises* (Gloucester, MA: Peter Smith, 1964).

Beach, Walter G. *Oriental Crime in California: A Study of Offenses Committed by Orientals in That State (1900-1927)* (New York: AMS Press, 1971, reprinted from the edition of 1932, Stanford).

Beginnings: Japanese Americans in San Jose (8 Oral Histories) (San Jose Japanese American Community Senior Service, 1981).

Bonacich, Edna and Chang, Lucie eds., *Labor Immigration under Capitalism Asian Workers in the United Sates before World War II* (Berkeley: University of California Press, 1984).

Brubaker, Rogers. *Nationalism Reframed: Nationhood and the National Question in the New Europe* (Cambridge University, 1996).

Burrows, Edwin G. *Chinese and Japanese in Hawaii during the Sino-Japanese Conflict* (Honolulu, Hawaii: Hawaii group, American council, Institute of Pacific relations, 1939).

Chan, Sucheng. *This Bitter-Sweet Soil: The Chinese in California Agriculture, 1860-1910* (Berkeley: University of California Press, 1986).

————. *Asian Americans: An Interpretive History* (New York: Twayne Publishers, 1991).

———— ed., *Entry Denied: Exclusion and the Chinese Community in America, 1882-1943* (Philadelphia: Temple University Press, 1991).

Chacon, Ramon D. The Beginning of Racial Segregation: the Chinese in West Fresno and Chinatown's Role as Red Light District, 1870s - 1920s, *Southern California Quarterly* Vol. 70, no. 4 (1988): 382.

Chen, Shehong. *Being Chinese, Becoming Chinese America* (Urbana: University of Illinois Press, 2002).

Chen, Yong. *Chinese San Francisco: A Trans-Pacific Chinese American Community, 1850-1943* (Palo Alto: Stanford University Press, 2000).

Clifford, James. "Diaspora", *Cultural Anthropology* 9 (1994): 302-38.

Cole, Cheryl L. A History of the Japanese Community in Sacramento, 1883-1972: Organizations, Business and Generational Response to Majority Domination and Stereotypes (M.A. thesis, California State University, Sacramento, 1973).

Daniel, Cletus E. *Bitter Harvest: A History of California Farmworkers, 1870 - 1940* (Berkeley: University of California Press, 1982).

Daniels, Roger. *The Politics of Prejudice: The Anti-Japanese Movement in California and the Struggle for Japanese Exclusion* (Berkeley: University of California Press, 1962).

————. *Asian America: Chinese and Japanese in the United States since 1850* (Seattle: University of Washington Press, 1988).

————. *Coming to America: A History of Immigration and Ethnicity in American Life* (Princeton, N. J.: Harper Perennial, 1990).

Duara, Prasenjit. "Transnationalism and the Predicament of Sovereignty: China, 1900-1945," *American Historical Review* 102:4 (October 1997): 1029-51.

Flaherty, Stacy A. "Boycott in Butte: Organized Labor and the Chinese Community, 1896-1897," *Chinese on the American Frontier*, ed. by Arif Dirlik, (New York: Rowman & Littlefield Publishers, Inc., 2001).

Friday, Chris. *Organizing Asian American Labor: The Pacific Coast Canned-Salmon Industry, 1870-1942* (Philadelphia: Temple University Press, 1994).

————. "In Due Time": Narratives of Race and Place in the Western United States," in Paul Wong ed., *Race Ethnicity, and Nationality in the United Sates: toward the Twenty-first Century* (Boulder, Colo.: Westview Press, 1999).

Fuller, Varden. *The Supply of Agricultural Labor as a Factor in the Evolution of Farm Organization in California* (Ph.D. thesis in agricultural economy, UC Berkeley, 1939).

Gerth, Karl. *China Made: Consumer Culture and the Creations of the Nation* (Cambridge, MA: Harvard East Asian Mongraphs, no. 224, 2003).

Glenn, Evelyn Nakano. *Issei, Nisei, War Bride: Three Generations of Japanese American Women in Domestic Service* (Philadelphia: Temple University, 1986).

Glick, Clarence E. *Sojourners and Settlers: Chinese Migrants in Hawaii* (Honolulu: Hawaii Chinese History Center and the University Press of Hawaii, 1980).

Gulick, Sidney Lewis. *American Democracy and Asiatic Citizenship* (New York: Scribner, 1918, reprint edition 1978 by Arno Press Inc.).

Gungwu, Wang. "The Limits of Nanyang Chinese Nationalism, 1912-1937," *Southeast Asian History and Historiography*, eds. by C. D. Cowan and O. W. Wolters, (Ithaca: Cornell University Press, 1976).

Hammond, Phil ed., *Cultural Difference, Media Memories: Anglo-American Images of Japan* (London: Cassell, 1997).

Hannerz, Ulf. *Transnational Connections* (New York: Routledge, 1996).

Hata, Donald Teruo. *Undesirables: Early Immigrants and the Anti-Japanese Movement in San Francisco, 1892-1893* (New York: Arno Press, 1970).

Harvie, Jean. *An Account of Locke: Its Chinese and the Dai Loy Gambling Hall* (Walnut Grove, CA: Sacramento River Delta Historical Society, 1980).

Hayashi, Brian M. *'For the Sake of Our Japanese Brethren': Assimilation, Nationalism, and Protestantism among the Japanese of Los Angeles, 1895-1942* (Stanford University Press, 1995).

Higham, John. *Strangers in the Land: Patterns of American Nativism, 1860-1925* (New York: Antheneum, 1978).

Hirata, Lucie Cheng. "Free, Indentured, Enslaved: Chinese Prostitutes in Nineteenth Century America," *Sign* Vol. 5, No. 1 (1979): 13.

Hosokawa, Bill. *Nesei: The Quiet Americans* (Rahway, NJ: Quinn and Boden Co., 1969).

Hsu, Madeline Y. *Dreaming of Gold, Dreaming of Home: Transnationalism and Migration between the United States and South China, 1882-1943* (Stanford, CA: Stanford University Press, 2000).

Ichihashi, Yamato. *Japanese in the United States: A Critical Study of the Problems of the Japanese Immigrants and Their Children* (Stanford: Stanford University Press, 1932).

Ichioka, Yuji. "Ameyuki-san: Japanese Prostitutes in Nineteenth-Century America," *Amerasia* 4:1 (1977).

————. "Japanese Immigrant Labor Contractors and the Northern Pacific and the Great Northern Railroad Companies, 1898-1907," *Labor History* 21 (1980): 325-50.

————. *The Issei: The World of the First Generation Japanese Immigrants, 1885-1924* (New York: The Free Press, 1988).

————. "Japanese Immigrant Nationalism: The Issei and the Sino-Japanese War, 1937-1941," *California History* 69:3 (Fall 1990).

Ito, Kazuo. *Issei: A History of Japanese Immigrants in North America* (Translated by Shinichiro Nakamura and Jean S. Gerard) (Seattle: Japanese Community Service, 1973).

Iwata, Masakazu. *Planted in Good Soil: A History of the Issei in United States Agriculture* (San Francisco: Peter Lang, 1992).

Jamieson, Stuart M. *Labor Unionism in American Agriculture* (Ph.D. thesis, UC Berkeley, 1943).

Jasso, Guillermina and Rosenzweig, Mark R. "Characteristics of Immigrants to the United States; 1820-2003," in Reed Ueda, ed., *A Companion to American Immigration* (Malden, MA: Blackwell Publishing, 2006).

Johnson, Kevin R. *"The Huddled Masses" Myth: Immigration and Civil Rights* (Philadelphia: Temple University Press, 2004).

Jones, Thomas R. *You Bet: How the California Pioneers Did It* (Sacramento: News Publishing Co., 1936).

Kawaguchi, Gary. *Race, Ethnicity, Resistance, and Competition: A Historical Analysis of Cooperation in the California Flower Market* (Ph.D. UC Berkeley, 1995).

Kawakami, Kiyoshi Karl. *American-Japanese Relations: An Inside View of Japan's Policies and Purposes* (New York: Fleming H. Revell Company, 1912).

————. *Asia at the Door: A Study of the Japanese Question in Continental United States, Hawaii and Canada* (New York: Fleming H. Revell Company, 1912).

————. *The Real Japanese Question* (New York; MacMillian Co., 1921).

Katzman, David. *Seven Days a Week: Women and Domestic Service in Industrializing America* (New York: Oxford University Press, 1978).

Kikumura, Akemi. *Through Harsh Winters: The Life of a Japanese Immigrant Women* (Novata, CA: Chandler and Sharp Publishers Inc., 1981).

————. *Promises Kept: The Life of An Issei Man* (Chandler and Sharp Publishers, 1991).

Kimura, Yukiko. *Issei: Japanese Immigrants in Hawaii* (Honolulu: University of Hawaii Press, 1988).

Kiyama, Henry Yoshitaka (山木義喬). *The Four Immigrants Manga: A Japanese Experience in San Francisco, 1904-1924* (CA: Stone Bridge Press, 1998).

Lai, Him Mark. *A History of the Chinese in California* (San Francisco: Lawton and Alfred Kennedy, 1969).

Lee, Erika. *At America's Gates: Chinese Immigration during the Exclusion Era, 1882-1943* (Chapel Hill: The University of North Carolina Press, 2003).

————. "A Nation of Immigration and a Gatekeeping Nation: American Immigration Law and Policy," in Reed Ueda, ed., *A Companion to American Immigration* (Malden, MA: Blackwell Publishing, 2006).

Liestman, Daniel. "Utah's Chinatowns: The Development and Decline of Extinct Ethnic Enclaves," *Chinese on the American Frontier*, ed. by Arif Dirlik, (New York: Rowman & Littlefield Publishers, Inc., 2001).

Light, Ivan. "From Vice District to Tourist Attraction: The Moral Career of American Chinatowns, 1880-1940," *Pacific Historical Review* Vol. 43 (1974): 367-94.

Little, Lawrence S. "AME Responses to Events and Issues in Asia in the Age of Imperialism, 1880-1916," *Journal of Asian and African Studies* (Leiden University, Netherland) Vol. 33:4 (1998).

Liu, Haimin. *The Transnational History of a Chinese Family: Immigrant Letters,*

Family Business, and Reverse Migration (New Brunswick: Rutgers University Press, 2005).

———. "Asparagus Farming, Family Business, and Immigrant Sensibility: Sam Chang's Life and Writing as a Chinese-American Farmer," *Chinese America: History and Perspectives* (2004), 79-89.

———. *The Transnational History of a Chinese Family: Immigrant Letter, Family Business, and Reverse Migration* (New Brunswick: Rutgers University Press, 2005).

Leong, Karen J. *The China Mystique: Pearl S. Buck, Anna May Wong, Mayling Soong, and the Transformation of American Orientalism* (Berkeley: University of California Press, 2005).

Lo, Karl and Lai, H. M. comps., *Chinese Newspapers Published in North America, 1854-1975* (Washington, D. C.: Center for Chinese Research Materials, 1977).

Lou, Raymond. "Chinese American Community of Los Angeles, 1870-1900: A Case of Resistance, Organization, and Participation" (Ph.D diss. of UCLA, 1982).

Low, Victor. *The Unimpressible Race: A Century of Educational Struggle by the Chinese in San Francisco* (San Francisco: East/West, 1982).

Lukes, Timothy J. and Okihiro, Gary Y. *Japanese Legacy* (Cupertino, CA: California Historical Center, 1985).

McCoy, Donald R. *Calvin Coolidge-The Quiet President* (New York: The MacMillan Company, 1967).

Mckee, Delber L. "The Chinese Boycott of 1905-1906 Reconsidered: The Role of Chinese Americans," *Pacific Historical Review* 55 (1986).

McKeown, Adam. *Chinese Migrant Networks: Peru, Chicago, Hawaii, 1900-1936* (Chicago: University of Chicago, 2001).

Masumoto, David Mas. *Country Voices: The Oral History of a Japanese American Family Farm Community* (Del Rey, CA: Inaka Countryside Publisher, 1987).

Ngai, Mae M. *Impossible Subjects: Illegal Aliens and the Making of Modern*

America (Princeton, N.J.: Princeton University Press, 2004).

Niiya, Brian ed. *Encyclopedia of Japanese American History* (New York: Checkmark Books, 2001).

Okihiro, Gary Y. *Cane Fire: the Anti-Japanese Movement in Hawaii, 1865-1945* (Philadelphia: Temple University Press, 1991).

————. *The Columbia Guide to Asian American History* (New York: Columbia University Press, 2001).

Omi, Michale and Howard Winant. *Racial Formation in the United States from the 1960s to the 1990s* (New York: Routledge, 1994).

Raaphorst, Donna L. Van. *Union Maids Not Wanted: Organizing Domestic Workers, 1870-1940* (New York: Praeger, 1988).

Rowell, Chester H. "Chinese and Japanese Immigrants – A Comparison," in *Chinese and Japanese in America: the Annals of the American Academy of Political and Social Science* Vol. 34, No. 2 (September, 1909).

Sarasohn, Eileen S. *The Issei: Portrait of a Pioneer An Oral History* (Palo Alto: Pacific Books, 1983).

Satsuma, Gay Michiko. "Japanese Immigrant Patriotism during the Sino-Japanese and Russo-Japanese Wars, 1894-1905" (M.A. Thesis, University of Hawaii, 1990).

Saxton, Alexander. *The indispensable enemy: labor and the anti-Chinese movement in California* (Berkeley: University of California Press, 1971).

Schiller, Nina G., Basch, Linda. and Blanc-Szanton, Cristina. "Transnationalism: A New Analytic Framework for Understanding Migration," in *Toward a Transnational Perspective on Migration: Race, Class, Ethnicity, and Nationalism Reconsidered* (New York: The New York Academy of Sciences, 1992), 1-20.

Schulzinger, Robert D. *American Diplomacy in the Twentieth Century* (New York: Oxford University Press, 1994).

Seward, George F. *Chinese Immigration* (New York, 1888).

Stephan, John J. "Hijacked by Utopia: American Nikkei in Manchuria," *Amerasia*

Journal 23:3 (Winter 1997-1998).

Strong, Jr., Edward K. *Japanese in California* (Based on a 10% Survey of Japanese in California and Documentary Evidence from Many Sources) (Stanford University Press, 1933).

Takahashi, Jere. *Nisei/Sansei: Shifting Japanese American Identities and Politics* (Philadelphia: Temple University Press, 1997).

Takaki, Ronald. *Strangers from a Different Shore: A History of Asian Americans* (New York: Penguin Book, 1989).

Takami, David A. *Divided Destiny: a history of Japanese Americans in Seattle* (Seattle: University of Washington Press: Wing Luke Asian Museum, 1998).

Takezawa, Yasuko I. *Breaking the Silence: Redress and Japanese American Ethnicity* (Ithaca: Cornell University Press, 1995).

Vertovec, Steven. "Three Meanings of 'Diaspora,' Exemplified among South Asian Religions," *Diaspora* 6 (1997): 277-99.

Warren, James Francis. *Ah ku and Karayuki-san: Prostitution in Singapore, 1870-1940* (New York: Oxford University Press, 1993).

Willson, Margaret and MacDonald, Jeffrey L. "The Impact of the "Iron Chink" on the Chinese Salmon Cannery Workers of Puget Sound," in Paul D. Buell, Douglas W. Lee, and Edward Kaplan, eds., *The Annals of the Chinese Historical Society of the Pacific Northwest* (Bellingham, WA, 1984).

Wilson, Robert A. and Hosokawa, William K. *East to America: A History of the Japanese in the United States* (New York: Morrow, 1980).

Wong, Marie Rose. *Sweet Cakes, Long Journey: Chinatowns of Portland, Oregon* (Seattle: University of Washington Press, 2004).

Yamamoto, Eriko. "Cheers for Japanese Athletes: The 1932 Los Angeles Olympics and the Japanese American Community," *Pacific Historical Review* 69 (2000): 399-431.

Yoo, David. *Growing Up Nisei: Race, Generation, and Culture among Japanese Americans of California, 1924-1949* (Urbana: University of Illinois Press, 2000).

Young, Ernest P. *The Presidency of Yuan Shih-k'ai: Liberalism and Dictatorship in Early Republican China* (Ann Arbor: University of Michigan Press, 1977).

Yu, Connie Young. *Chinatown, San Jose, USA* (San Jose: San Jose Historical Association, 1991).

Yu, Renqiu. *"To Save China, To Save Ourselves": The Chinese Hand Laundry Alliance of New York* (Philadelphia: Temple University Press, 1992).

Yung, Judy. *Unbound Feet: A Social History of Chinese Women in San Francisco* (Berkeley: University of California, 1995).

———. *Unbound Voices: A Documentary History of Chinese Women in San Francisco* (Berkeley: University of California Press, 1999).

Zolberg, Aristide R. "Global Walls: Responses to Migration, 1885-1925," in Wang Gungwu ed., *Global History and Migrations* (Boulder, Colorado: Westview Press, 1997), 287-91.

三、日文參考書目

A. 報紙與通俗刊物
《新世界》，1900-1932 年。

B. 期刊論文與專書

Karl G. Yoneda,《在美日本勞動者の歷史》（東京：新日本出版社，1967）。

小林政助論文集，井深清庫編纂，《日本民族の世界的膨脹》（東京：岡浪之助發行，1936）。

四至本八郎，《支那人街》（東京：太陽閣發行。昭和 12 年，1937）。

在米日本人會，《在米日本人史》（東京：在米日本人會，1940）。

伊藤一男，《北米百年櫻》（西雅圖：北米百年櫻實行委員會，1969）。

村井蛟，《在米日本人產業總覽》（羅府：米國產業日報社，昭和 15 年，1941）。

柏村桂谷，《實地踏查北米》（東京：龍文堂發行，大正二年，1913）。

粂井輝子，《外国人をみぐる社会史——近代アメリカと日本人移民》（東京：雄山閣出版株式会社，1967）。

寅井順一編，《北米日本人總覽》（東京：北米日本人總覽社藏版，1914）。

藤賀與一編著，《日米關係在米国：日本人發展史要》，（王府 Oakland, Ca：米國聖書協會日本人部，1927）。

鶴谷壽，《亞米利加西部開拓と日本人》（東京：日本放送出版社，1977）。

《米國日系人百年史：在米日系人發展人士錄》（羅府：新日米新聞社發行，1961 年）。

《北米年鑑》（*The North American Times Yearbook*）（沙港：北米時事社發行）（第四號，1913）。

國家圖書館出版品預行編目資料

跨國移動的困境：美國華日兩族的族群關係，1885-1937

王秀惠著. - 初版. - 臺北市：臺灣學生，2008.08
面；公分
參考書目：面

ISBN 978-957-15-1420-8(精裝)
ISBN 978-957-15-1419-2(平裝)

1. 族群問題 2. 族群認同 3. 中美關係 4. 中日關係

546.5952   97013749

跨國移動的困境：美國華日兩族的族群關係，1885-1937

著　作　者：王　　　秀　　　惠
出　版　者：臺 灣 學 生 書 局 有 限 公 司
發　行　人：盧　　　保　　　宏
發　行　所：臺 灣 學 生 書 局 有 限 公 司
　　　　　　臺北市和平東路一段一九八號
　　　　　　郵 政 劃 撥 帳 號 ： 0 0 0 2 4 6 6 8
　　　　　　電　話：(0 2) 2 3 6 3 4 1 5 6
　　　　　　傳　眞：(0 2) 2 3 6 3 6 3 3 4
　　　　　　E-mail：student.book@msa.hinet.net
　　　　　　http：//www.studentbooks.com.tw

本書局登
記證字號：行政院新聞局局版北市業字第玖捌壹號

印　刷　所：長 欣 印 刷 企 業 社
　　　　　　中 和 市 永 和 路 三 六 三 巷 四 二 號
　　　　　　電　話：(0 2) 2 2 2 6 8 8 5 3

定價：精裝新臺幣五〇〇元
　　　平裝新臺幣四〇〇元

西　元　二　〇　〇　八　年　八　月　初　版

臺灣學生書局 出版

史學叢刊（叢書）